Terror e resistência no Xingu

Ana Alves De Francesco

Altamira, 2021

Instituto Socioambiental

"Onde os seres
são mútuos,
as experiências
são mais do que
individuais."

Marshall Sahlins

Para seu Tracajá
e todos os beiradeiros
que perderam a vida
longe do Xingu
(*in memoriam*)

Para todos aqueles que
seguem lutando, nosso
profundo respeito.

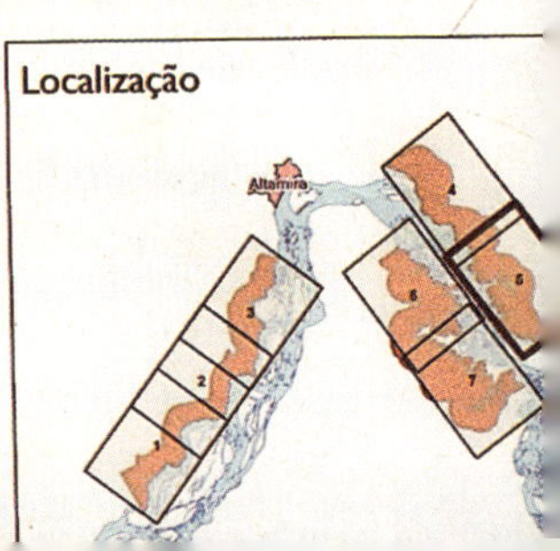

Agradeço ao Instituto Socioambiental por possibilitar a realização do trabalho descrito neste livro, ampliando o alcance de uma história importante, de resistência e construção coletiva, que marca um precedente importante no reconhecimento dos direitos das populações afetadas por grandes obras e dos direitos territoriais dos povos tradicionais no Brasil. Agradeço especialmente a equipe do Programa Xingu pela parceria.

Este livro resulta de uma pesquisa de doutorado em Antropologia Social realizada na Universidade Estadual de Campinas. O apoio da bolsa de pesquisa da Capes foi imprescindível para a realização do trabalho. Agradeço ao professor Mauro William Barbosa de Almeida pela orientação, no sentido mais amplo do termo. Agradeço ao programa pela indicação do trabalho ao Prêmio Capes de tese.

Agradeço a todos os professores e pesquisadores que contribuíram com este trabalho e, sobretudo, que integraram o grupo de apoio do Conselho Ribeirinho em diversos momentos. A coprodução de conhecimento foi aqui tanto método, como a principal ferramenta para garantir justiça aos ribeirinhos expulsos do Xingu. Especiais agradecimentos a Thais Santi, Manuela Carneiro da Cunha e Sônia Magalhães que deram o impulso inicial para garantir aos ribeirinhos o apoio e o protagonismo necessários para que pudessem criar suas estratégias de (re)existência, e a Antônia Melo, grande defensora da Amazônia e de seus povos.

Aos ribeirinhos do Xingu e, em especial, aos membros do Conselho Ribeirinho, agradeço pelos ensinamentos, pela partilha e por terem feito tudo o que fizeram.

Siglas

ACNUR
Alto-comissariado das Nações Unidas para Refugiados

ANA
Agência Nacional de Águas

ANEEL
Agência Nacional de Energia Elétrica

APP
Área de Preservação Permanente

BNDES
Banco Nacional de Desenvolvimento Econômico e Social

CCBM
Consórcio Construtor Belo Monte

CESP
Companhia Energética de São Paulo

CNDH
Conselho Nacional de Direitos Humanos

DPE
Defensoria Pública do Estado

DPU
Defensoria Pública da União

DUP
Decreto de Utilidade Pública

FGV
Fundação Getúlio Vargas

FGV - CeDHE
Fundação Getúlio Vargas - Centro de Direitos Humanos e Empresas

Funai
Fundação Nacional do Índio

GT
Grupo de Trabalho

Ibama
Instituto Brasileiro do Meio Ambiente e dos Recursos Naturais Renováveis

ICMBio
Instituto Chico Mendes de Conservação da Biodiversidade

IDMC
The Internal Displacement Monitoring Centre

Incra
Instituto Nacional de Colonização e Reforma Agrária

Inpe
Instituto Nacional de Pesquisas Espaciais

Ipea
Instituto de Pesquisa Econômica Aplicada

IPTU
Imposto Predial e Territorial Urbano

ISA
Instituto Socioambiental

LI
Licença de Instalação

LO
Licença de Operação

MPF
Ministério Público Federal

NESA
Norte Energia S.A.

OIT
Organização Internacional do Trabalho

ONU
Organização das Nações Unidas

PAC
Programa de Aceleração do Crescimento

PBA
Plano Básico Ambiental

PBA-CI
Projeto Básico Ambiental Componente Indígena

RAR
Reassentamento em Área Remanescente

RIR
Reassentamento em Ilhas Remanescentes

RUC
Reassentamento Urbano Coletivo

SBPC
Sociedade Brasileira para o Progresso da Ciência

Semas
Secretaria de Meio Ambiente e Sustentabilidade

SPU
Secretaria do Patrimônio da União

Sudam
Superintendência da Amazônia

TAUS
Termo de Autorização de Uso Sustentável

UFOPA
Universidade Federal do Oeste do Pará

UFPA
Universidade Federal do Pará

UHE
Usina Hidrelétrica

Unicamp
Universidade Estadual de Campinas

USP
Universidade de São Paulo

Convenções de escrita

Em *itálico*
termos e expressões locais; falas das pessoas.

"Aspas"
citações de textos escritos.

Siglas
Uso de siglas das instituições, e omissão do nome por extenso, quando a sigla é de uso corrente.

87
86
85
84
83

Prefácio I

Mauro William Barbosa de Almeida

É uma honra prefaciar *Terror e resistência no Xingu*, livro de estreia de Ana Alves De Francesco que está destinado a fazer história na Antropologia de movimentos sociais que reagem a ações de Estado e de megaempresas aliadas e subsidiadas pelo Estado. É um livro notável sob vários aspectos. Trata dos efeitos e contraefeitos da megabarragem de Belo Monte, projeto antigo e controverso, ressuscitado apesar de inúmeros pareceres contrários tanto por seus impactos destrutivos e irreversíveis sobre a natureza e os povos indígenas e ribeirinhos que foram exaustivamente documentados em esforço de pesquisa encomendado pela Sociedade Brasileira para o Progresso da Ciência (CARNEIRO DA CUNHA e MAGALHÃES, 2017) e por pareceres de cientistas de reputação internacional (Philip Fearnside e Célio Bermann, por exemplo), quanto por sua ineficiência energética e econômica, compensada apenas pelos vultuosos subsídios a grandes empreiteiras. Do ponto de vista de suas causas e efeitos, Belo Monte, que talvez só fique atrás de Três Gargantas, na China, em gigantismo na destruição de paisagens e deslocamentos populacionais, tem sido foco de muitos e suficientes estudos. Por isso, esse caso tem alcance e importância global, além de lançar uma nova luz sobre a ideia de "matriz energética limpa" no país e de ocultamento de seus custos sociais e ambientais.

O livro de Ana De Francesco inverte o ponto de vista que se concentra no Estado, colocando o leitor na perspectiva dos habitantes do rio Xingu. Com essa mudança de ponto de vista, Ana mostra que os ribeirinhos não são meras vítimas que sofrem passivamente os efeitos devastadores da destruição da paisagem natural-humana, mas são capazes de reagir a esses efeitos, constituindo-se para isso em agente coletivo – o Conselho Ribeirinho –, capaz de formular sua alternativa para reconstruir um Território Ribeirinho, que, se não reconstitui o passado desmantelado, representa pelo menos a escolha autônoma em um horizonte de possíveis. As duas inovações – o Conselho e o Território – são interligadas. Isso porque o eixo diretor das ações do Estado, representado pelo Ibama e pela Empresa Norte Energia, foi confrontar como agente central com máxima densidade de poder e informação uma multidão de ribeirinhos tratados separadamente como indivíduos sem poder e sem informação – com uma miríade de acordos injustos e imorais forçados sobre cada um deles, gerando empobrecimento, perda de laços sociais, erosão da cultura, distanciamento do rio, além de tristeza e esquecimento. Em contraposição a esse destino caracterizado como "terror", os ribeirinhos se reuniram em um Conselho como agente unificado de resistência, e aliaram-se a numerosos agentes científicos e técnicos para resistir ativamente ao que fizeram deles na forma da proposta de um Território Ribeirinho.

Ana De Francesco não foi mera observadora desse processo porque foi parte integrante da constituição tanto do Conselho Ribeirinho como do Território Ribeirinho. Isso quer dizer que a antropóloga interfere no objeto de investigação? Sim, é evidente. E isso não é novidade epistemológica para quem não é completamente ignorante da ciência contemporânea – tanto na Antropologia como na Física, sabe-se que a atuação do observador interfere inevitavelmente no processo observado. A questão é saber em que direção se dá essa interferência. No caso desta autora, ela se deu amplificando o horizonte de liberdade dos ribeirinhos e atuou ao mesmo tempo como geradora de informação sobre eles – com a investigação baseada em documentos e entrevistas exaustivas – e com o influxo desses dados e de conexões com aliados para apoiar a agência dos ribeirinhos, contando com o apoio do Ministério Público Federal – um elo com o Estado – e com o ISA, uma organização não-governamental.

Isso tudo não seria garantia de excelência para este livro. Para entender a importância é preciso olhar de perto a atuação de Ana De Francesco sob três pontos de vista. Primeiro, a pesquisa confundiu-se inextricavelmente com um curso de vida pessoal, desde que Ana, abandonando um projeto anterior em Paraty, mudou-se para Altamira, onde constituiu residência e família na vizinhança de beiradeiros expulsos por Belo Monte. Seu filho Tomé foi beiradeiro por "consideração", porque a residência foi construída a pouca distância do poderoso rio Xingu, onde brincava e pescava em companhia de beiradeiros deslocados. Em segundo lugar, a pesquisa de Ana sempre foi parte de uma rede de pesquisadores em disciplinas que incluíam a ecologia, a geociência, a economia, o direito e a antropologia, para a qual contribui com uma base sólida de dados sobre os ribeirinhos – dando à sua contribuição um lastro de objetividade que sustenta a verdade das afirmações da ciência e dos moradores. Em terceiro lugar, mas com igual importância, Ana não é uma observadora neutra. Nem isso é possível se levarmos em conta que, seguindo a indicação de Lévi-Strauss, a possibilidade mesma da Antropologia como elo entre culturas é o compartilhamento da emoção – *compaixão*, que é comum a humanos e a animais, e que significa literalmente *co-emoção*. Esse sentimento compartilhado dá o tom e explica o título do livro, pois o "Terror" é um efeito-emoção, enquanto a "Resistência" é uma contraemoção – o fulgor da luta contra a destruição. Essa é a dialética revelada em paralelo na atitude de Ana e dos ribeirinhos.

Alguns autores que trataram de rebeliões camponesas contra o Estado ressaltaram o papel de intelectuais na atuação desses "povos sem história", ou reduzidos a usar "armas dos fracos" como a fofoca e a transgressão local – a atuação de Ana De Francesco é um exemplo de como, no caso brasileiro, antropólogas e antropólogos têm adotado esse papel de articuladores entre camponeses e Estado. A Antropologia brasileira tem uma tradição de articulação desse tipo. O leitor do livro de Ana deve ter em mente o silêncio que ela mantém amiúde sobre seu papel no movimento dos ribeirinhos.

Não é o caso de resumir o conteúdo do livro porque ela mesma o faz. Mas não posso deixar de indicar, para finalizar este prefácio, a arquitetura do livro. Após um prólogo em que interação entre a autora e os ribeirinhos se manifesta em bela prosa, o capítulo "Beiradão" contém uma preciosa história dos moradores das margens do Xingu – assunto que merece romance e filme, desdobrando no tempo e no espaço a trajetória de camponeses brasileiros que ocupam inúmeras funções e atividades, e exploram possibilidades ecológicas para se manterem como camponeses independentes face a pressões de grileiros, do Estado e de empresas. O capítulo "Desfiguração" apresenta Belo Monte como *bomba* – simbolizada pelo "cadastro", a listagem das vítimas condenadas ao desaparecimento pelo *diktat* da empresa e do governo. O capítulo "Respostas institucionais à catástrofe" traz as respostas – políticas, institucionais e locais – à *bomba*. A estrutura em três fases – situação inicial, terror e resistência –, em sua simplicidade, é convincente. Ela traz uma mensagem mais geral: como tem dito a antropóloga Ana Tsing, das ruínas do capitalismo emergem novas formas de vida. Por fim, o quarto capítulo, "Resistências" dá um luminoso exemplo dessas formas emergentes de vida: a formação do Conselho Ribeirinho e do Território Ribeirinho, resultados da ação de resistência criativa contra o terror, acompanhadas passo a passo por Ana De Francesco. Um exemplo de antropologia de alta qualidade, de belíssima prosa e de comprometimento pessoal com povos locais que renascem das ruínas.

Prefácio II

Biviany Rojas e Isabel Harari

Como trezentas famílias ribeirinhas, expulsas de forma violenta de suas casas e de suas vidas, conseguiram enfrentar Belo Monte, a maior usina hidrelétrica brasileira, dar a volta por cima e pleitear coletivamente seu direito de ser ribeirinhos e de permanecer no seu território às margens do rio Xingu?

Este livro de Ana Alves De Francesco, responde a essa pergunta. De famílias tratadas individualmente, codificadas em cadastros desconexos, desagregadas de qualquer coletivo e desterritorializadas de qualquer contexto, os ribeirinhos se tornaram protagonistas da luta pelos seus direitos.

A hidrelétrica de Belo Monte, maior obra de infraestrutura da Amazônia e quarta maior hidrelétrica do mundo, completou seis anos de operação em 2020, mas contabiliza uma série de obrigações inadimplentes com povos indígenas, ribeirinhos e moradores urbanos da região. Belo Monte é a própria repetição dos erros do passado, quando as grandes hidrelétricas de Balbina e Tucuruí foram construídas a ferro e fogo. A construção da usina e sua operação tem um extenso legado de graves violações aos direitos humanos que ainda esperam justiça nas 22 ações civis públicas que correm na Justiça Federal.

A partir de 2015, com o enchimento do reservatório da usina, as famílias ribeirinhas que viviam nas ilhas e margens do Xingu foram compulsoriamente removidas de suas casas. A brutalidade e o terror que Ana De Francesco descreve só pode ser explicado pela certeza que tinham os operadores da NESA da impunidade de seus atos contra os ribeirinhos, suas casas, roças, animais, paisagens, contra tudo. Essa truculência, somada à omissão do Estado que passivamente observou a instalação do terror no rio Xingu, deu origem ao poderoso movimento de resistência descrito e vivenciado por Ana.

Este livro, longe de ser o relato de um observador externo ao processo, é o registro analítico de quem participa da reunião e, ao mesmo tempo, de quem faz a ata minuciosa, atenta e precisa de um processo político muito complexo, pulsante e dinâmico.

A conformação do Conselho Ribeirinho, assim como a qualificada descrição do Território Ribeirinho como o lugar adequado para se viver, onde é verdadeiramente possível exercer o direito de ser e estar para as trezentas famílias ribeirinhas é a conquista descrita neste livro.

O título do livro reflete precisamente o caminho trilhado pelos ribeirinhos: terror, quando suas moradias, identidades e direitos foram negados para o enchimento do reservatório; e resistência à conquista de seu território no Xingu. Esses dois subjetivos comportam ainda um longo processo de organização e articulação com diversas instituições governamentais e da sociedade civil, e conta ainda com um extenso painel de especialistas de diversas áreas que, junto com os ribeirinhos, construíram alianças e trabalharam para reverter a lógica de vítimas ou "afetados" para sujeitos de direitos. Um novo sujeito coletivo de direito, que reivindica seus direitos de *ser* e de se *autorreconhecer*, assim como o direito de *estar* no lugar que apenas eles mesmos podem identificar, descrever e qualificar.

Ana De Francesco descreve magistralmente o processo exercido pelos ribeirinhos do Xingu de retomar o seu poder para definir quem é e quem não é ribeirinho, exercido anteriormente pela Norte Energia. A primeira vitória indiscutível desse processo foi a conquista do direito de se autoidentificar e de identificar seus pares sem a intervenção abusiva e autoritária de uma empresa privada que nada tem a ver com a identidade dessas famílias.

Depois da verbalização do novo sujeito coletivo, representado não mais em famílias individualmente consideradas e sim no Conselho Ribeirinho, o livro descreve o processo de elaboração do mapa do Território Ribeirinho, com a qualificação detalhada de cada elemento que faz possível a manutenção e reprodução do modo de vida ribeirinho. Tudo foi devidamente colocado no mapa que virou a mesa do jogo e colocou os ribeirinhos no protagonismo da discussão sobre seu presente e futuro.

A história da luta dos ribeirinhos do Xingu é o relato contemporâneo da luta de povos tradicionais pelo seu reconhecimento como povos diferenciados, sem que necessariamente sua existência e permanência territorial esteja vinculada a processos de conservação ambiental e a criação de Unidades de Conservação, como a maior parte dos precedentes de reconhecimento de direitos para esse tipo de povos.

Nas últimas décadas têm crescido a pressão pela construção de obras de infraestrutura na Amazônia – rodovias, ferrovias, hidrelétricas e mineradoras –, impulsionada pelo crescente interesse de *traders* e investidores internacionais nos projetos, ao mesmo tempo que aumenta a pressão para a flexibilização de normas socioambientais e salvaguardas dos potenciais impactos sobre populações tradicionais.

Nesse contexto, a luta dos ribeirinhos do Xingu é inspiração e alento para as demais populações impactadas por grandes obras de infraestrutura. Se tem algo que esse processo pode nos ensinar é que mesmo em meio ao terror, resistir é necessário.

Prólogo

Conheci seu Tracajá em abril de 2018, em uma viagem de campo ao beiradão que, além de beira do Xingu, tornara-se reservatório da usina hidrelétrica de Belo Monte. Não era uma viagem de campo usual, mas uma expedição do Conselho Ribeirinho para identificação e mapeamento daquilo que os beiradeiros, moradores da beira do rio, transformavam em território tradicional das famílias deslocadas pela usina. Pouco mais de cem famílias já viviam ali, e quase trezentas aguardavam a concretização de seu direito ao retorno para a beira do rio.

Eu não sabia que seu Tracajá nos acompanharia: ele me disse que, antes de ser chamado para essa viagem, *eles* haviam lhe dito que partiria para uma missão. Para mim tornou-se claro que estávamos em uma missão quando Júlia, uma garotinha de cinco anos, disse-me que estava só esperando *bater o ponto* – marcar uma localização com um aparelho receptor de localização georreferenciada, o GPS – para voltar a viver com seu pai, para sempre, no beiradão.

Seu Tracajá nasceu em 1937, em uma aldeia indígena no rio Iriri. Aos nove anos falava pouco o português, mas já sabia da existência dos brancos pelas rápidas visitas que os *gateiros* faziam à aldeia, para trocar cachaça pelas peles de gato-maracajá. Naquele ano, uma travessura mudou para sempre seu destino. Foi mexer na roça de seu tio e esse, ao perceber o estrago, lhe deu uma surra de cipó. Seu Tracajá, que carregava no braço direito duas pedras de poraquê, que seu pai havia colocado ali para lhe dar a força e a eletricidade do peixe, foi para a mata fazer um arco e uma flecha. Na manhã seguinte se escondeu no caminho da roça e, ao ver passar o tio, flechou-o na perna. Antevendo o que lhe aconteceria, foi correndo para casa, pegou uma muda de roupa, uma faquinha e fugiu para a mata.

Seu Tracajá calcula que ficou um mês andando, *varando a mata virgem, tomando água de cipó e comendo palmito de açaí*, até chegar a Itaituba. Conseguiu sobreviver e chegar à cidade porque *eles* conversavam o tempo inteiro, não o deixaram um instante sozinho.

Chegando à cidade, dormiu na rua e comeu carne crua caída no chão, no mercado. Um tenente ouviu a história do indiozinho e resolveu adotá-lo. Seu Tracajá foi morar na fazenda do tenente, que soube que a mãe do menino era uma cearense roubada pelos índios em Alter do Chão. O tenente mandou buscá-la na aldeia e trazê-la para Santarém. Pediu autorização para adotar o menino e batizá-lo. A mulher autorizou e voltou para a aldeia.

O tenente queria batizá-lo com o nome de Manuel, mas Tracajá não aceitou. Diziam-lhe que aquele nome não lhe pertencia, tinha que se chamar Benedito. Assim foi: o tenente concordou e o batizou como Benedito. Mesmo assim, Tracajá não gosta de ser chamado pelo nome de batismo. Diz que é um nome muito complicado e que é melhor chamá-lo apenas de Tracajá. Benedito é um nome que pertence a eles. Eu perguntei se poderia arriscar dizer o nome que eu usaria para me referir a eles, para saber se seu Tracajá julgava ser o nome correto. Seu Tracajá pediu para não nomeá-los, pois eu já sabia quem eram, que pertenciam tanto a ele, como a mim, bem como a todos que acreditam em sua existência. Mas seus nomes são muito fortes, e por isso não deveríamos nomeá-los.

Seu Tracajá passou a infância e a adolescência com a família do tenente. O militar tinha grandes embarcações que pescavam no rio Amazonas, na rota entre Manaus e Macapá. Seu Tracajá foi trabalhar em um desses barcos. Depois de cada viagem, tinha quinze dias de folga. Comprou uma casa em Santarém e uma chácara nas redondezas. Casou-se com uma mulher chamada Francisca, com quem teve dois filhos.

Ficava muito tempo longe de casa, trabalhava embarcado. Quando voltava para a licença de quinze dias, entregava todo o dinheiro para Francisca e os meninos. Ele suspeitava que algo andava estranho. Francisca não era mulher de grandes felicidades, ao contrário, era bastante tristonha, e naqueles tempos andava sorrindo demais. Em um de seus retornos para casa, seu cunhado lhe disse que não queria que fizesse nenhuma maldade, mas que a mulher o estava enganando.

Seu Tracajá naquela noite foi para casa normalmente. Mandou Francisca fazer um *frito*, uma mistura de farinha com carne, pois estava com vontade de caçar e voltaria apenas no dia seguinte. Seu Tracajá pegou o *frito* e colocou vinte cartuchos de espingarda em uma bolsa. Foi para a mata. Na *espera*, local onde os animais se alimentam, rapidinho matou uma paca. Antes de voltar para casa, passou na casa de um vizinho, pediu para ele mandar a esposa ficar com a caça e tirar apenas uma banda para ele. Enquanto a mulher repartia a caça, seu Tracajá, que não bebia havia anos, tomou dois copos de cachaça. O vizinho percebeu que alguma coisa estava errada, mas não disse nada.

Já meio anestesiado pela cachaça, foi para casa, decidido a fazer aquilo que tinha que ser feito, que era seu *direito*: matar os dois. No caminho, *eles* lhe disseram:

– Rapaz, não vá se perder por aquilo que já está perdido.

Repetiram várias vezes. Seu Tracajá ficou pensando naquelas palavras enquanto caminhava. A raiva e a tristeza foram passando, ele começou até a achar graça.

Chegou em casa e a porta da frente estava aberta, entrou devagar. O quarto de dormir era separado dos outros cômodos da casa por uma cortina de pano. Ele afastou a cortina com a mão e viu o homem em cima de Francisca. Naquele instante, ouviu a mulher dizer:

– Vai rápido, é capaz daquele homem voltar a qualquer momento e fazer uma loucura.

Seu Tracajá, tranquilizado pelas palavras *deles*, disse alto:

– Podem terminar o serviço de vocês, pois eu já estou aqui.

A mulher começou a chorar e a implorar por sua vida. Seu Tracajá mandou ela tomar um banho e fazer café. Apoiou a espingarda na mesa e se sentou. Mandou o homem se sentar em uma cadeira ao seu lado. Quando a mulher chegou com o café, mandou que se sentasse em frente ao homem. Ela chorava, implorava, dizia que não queria tomar café. Seu Tracajá, muito calmo, disse:

– Mulher, nós não tomamos café juntos todas as noites? Pois então você vai tomar esse café.

Quando terminaram o café, seu Tracajá disse para a mulher arrumar suas roupas em uma bolsa e mandou o homem carregar. Eles foram andando na frente, seu Tracajá atrás, com a espingarda.

Foram até um hotelzinho que tinha ali perto. Seu Tracajá pediu um quarto, pegou a chave, mandou os dois entrarem e trancou a porta por fora.

Foi alugar um carro para ir até a casa dos pais de Francisca, que moravam em um local distante, na *colônia*. Chegando lá, contou a história para o sogro, que ficou indignado com seu Tracajá por não fazer o que era seu *direito*, aquilo que é esperado, que é considerado correto e digno, um dever. O pai da mulher disse que não aceitaria mais a filha em sua casa. Seu Tracajá o acalmou:

– O prejudicado nessa situação sou eu. Não tem por que o senhor ficar pensando nessas coisas. Deixa isso para lá.

Subiram todos no carro, seu Tracajá, o pai e a mãe de Francisca, e foram para Santarém. Lá, falaram com uma juíza, que passou todos os bens de seu Tracajá, a casa na cidade e o sítio na Matinha para o nome dos filhos, exceto a embarcação a motor, que lhe permitiria seguir a vida. Francisca não teria direito a nada, apenas a roupa do corpo. Tracajá disse à juíza que daquele momento em diante os pais de seus filhos seriam aquele homem e aquela mulher, os pais de Francisca.

Seu Tracajá pegou o barco e foi embora para o garimpo. Nunca tinha trabalhado em garimpo, mas há tempos ouvia falar e tinha vontade de ir. Em um mês, deu sorte e *bamburrou*, encontrou muito ouro. Com todo aquele ouro, ficou pensando no que gostaria de fazer. Decidiu conhecer sua terra: Altamira.

Na viagem, o ônibus parou na rodoviária de Rurópolis. Lá estava o pai de Francisca. Encontrou-o com a cabeça baixa, chorando. A filha tinha ido embora com um homem de Goiás para outro garimpo. Chegando lá, aconteceu a mesma coisa: o goiano pegou-a na cama com outro homem. Mas era muito difícil alguém ter o mesmo pensamento de seu Tracajá. O marido traído meteu o facão nos dois, atravessou os dois corpos na mesma facada. Ele mesmo chamou a polícia e mostrou os corpos mortos na cama. Os homens disseram que, por eles, estava livre, que ele estava então por conta dos parentes das vítimas.

Seu Tracajá disse para o velho não se perder por aquilo que já estava perdido, para pensar em seus netos. Deu metade do ouro que tinha, pediu que levasse para os meninos e colocou-o no ônibus de volta para casa. Seu Tracajá seguiu viagem para Altamira, de lá nunca mais foi embora.

Estive pela primeira vez em Altamira em outubro de 2012, em uma viagem de campo de mais de dois meses com Augusto Postigo. Sem que eu me desse conta, Augusto me amansava para as lógicas nada óbvias do beiradão, que se tornariam, nos anos seguintes, parte importante de minha vida. Naquele ano, um ano após a emissão da licença de instalação da usina hidrelétrica de Belo Monte, os índios Araweté começavam a comer sal e açúcar trazidos pela Norte Energia, consórcio vencedor do leilão para a construção da usina, nas cestas básicas e listas de compras que inchavam o plano emergencial. Esse plano era uma obrigação da empresa para mitigar ou reparar os danos que causaria, e acabou se tornando um dos principais agentes de ruptura e transformação na vida dos povos indígenas (MPF, 2015b e 2020). Nessa época, os Parakanã viajavam continuamente em voadeiras lotadas de galões de combustível, e assim aproximavam as aldeias, que se multiplicavam, da rua. Os beiradeiros, que não haviam sido incluídos nos mapas da destruição e nos planos de reparação, vendiam farinha para os índios, que deixavam de produzi-la, e frequentavam suas escolas e postos de saúde. Em troca, os índios tinham liberdade para caçar em suas terras e colher os frutos de seus quintais. As dinâmicas sociais ganhavam novas formas, tanto na rua como no beiradão.

Eu me mudei para Altamira em fevereiro de 2014. Estava certa de que a estadia não seria breve. Logo nos primeiros dias, fui convidada por Biviany Rojas, advogada do Instituto Socioambiental, o ISA, para conhecer a aldeia Mïratu na Terra Indígena Paquiçamba, do povo Juruna, na Volta Grande do Xingu. Naquela noite, dormindo na casa redonda do centro da aldeia, as crianças quiseram dormir conosco. Já deitadas em suas redes, nos contaram que não conseguiam dormir por conta dos constantes pesadelos que tinham à noite: sonhavam que a barragem se rompia e a aldeia desaparecia embaixo d'água.

Alguns dias depois, Cristiane Carneiro, então doutoranda em Biologia pela Universidade Federal do Pará (UFPA), me convidou para acompanhar a primeira expedição de identificação dos impactos da construção da usina sobre a pesca, uma parceria entre a Colônia de Pescadores de Vitória do Xingu, o ISA e a UFPA. Dessa expedição resultaram os primeiros produtos de nossa parceria, os mapas dos impactos sobre a pesca ao longo da instalação da usina, a jusante e a montante da barragem de Belo Monte (CARNEIRO E DE FRANCESCO, 2015a). Naquele dia, seu Giacomo, então presidente da colônia, nos mostrou o que estava acontecendo com o rio Xingu. Com lágrimas nos olhos, disse que tirar dele o rio e os peixes era o mesmo que tirar sua vida, vida essa que já estava perdida, pois não sabia o que deixaria para seus filhos, ele, que só sabia pescar (ISA, 2014b).

Essas primeiras experiências de campo já anunciavam o que estava por vir. Eram imagens do terror – os pesadelos das crianças Juruna e o desespero de um pescador que não encontrava mais peixes no rio – que antecederam a desfiguração do mundo e que instalaram em mim o incômodo pessoal e a obrigação política de dedicar os anos de pesquisa que tinha pela frente a questões que fizessem sentido para eles.

No mesmo dia em que fui para o rio com Cristiane, Giacomo e Letícia Leite, jornalista do ISA, soube que teria um filho. A descoberta de minha gravidez, concomitante à descoberta de um mundo que desapareceria, redefiniu completamente os rumos de minha vida e, consequentemente, os caminhos da pesquisa. Talvez, como bem me alertou a professora Sylvia Caiuby quando participou do exame de qualificação, etapa preliminar do trabalho de doutorado que deu origem a este livro, apenas frente a essa nova vida que gerava em meu ventre, foi possível enfrentar, como objeto de pesquisa, por tanto tempo e de forma tão cotidiana, o ruir de muitas vidas.

Quase cinco anos depois, antes de me afastar por um curto período de tempo para sistematizar pilhas de cadernos de campo, relatórios e um emaranhado de histórias partilhadas, em uma versão final da tese, ao pensar sobre o que fizemos ao longo desses anos, Cristiane, minha parceira de muitos campos, reuniões e relatórios, definiu com precisão: produtos para a guerra. Este livro é a narrativa dos bastidores dos documentos que produzimos ao longo desses anos, para que os pescadores e ribeirinhos do rio Xingu fossem incluídos no mapa da destruição provocada pela usina de Belo Monte e para pressionar para que suas denúncias fossem ouvidas e seus direitos garantidos.

Nos anos de 2014 e 2015, organizamos a publicação *Atlas dos Impactos da UHE Belo Monte sobre a pesca*, uma colaboração entre o ISA, a UFPA, os Juruna da aldeia Mïratu e os pescadores de Altamira, Vitória do Xingu e Senador José Porfírio. O *Atlas* sistematizava, em um plano cartográfico, as observações dos pescadores sobre as mudanças que ocorriam com o rio e os peixes de um amplo trecho do rio Xingu, desde as ilhas do Tabuleiro do Embaubal, no baixo Xingu, até as Terras Indígenas que delimitam o início do mosaico de Áreas Protegidas da Terra do Meio, no Médio Xingu. O Atlas resultou de um trabalho colaborativo em vários níveis, mas foi sobretudo uma experiência de construção coletiva de conhecimento junto aos pescadores, ribeirinhos e indígenas afetados pela construção da usina.

Costumo dizer que em Altamira não se trata de enfrentar um leão por dia: quase sempre lidamos com um leão de manhã e outro à tarde. A publicação do *Atlas* coincidiu com o início do deslocamento forçado dos beiradeiros que viviam na área destinada à formação do reservatório principal da usina. No mesmo dia em que fizemos o lançamento, em setembro de 2015, a Casa de Governo em Altamira, órgão então vinculado à Secretaria da Presidência da República, convocou uma reunião ampla chamada Diálogos ribeirinhos, que tinha por objetivo construir soluções conjuntas para a situação gerada pelo deslocamento forçado dos beiradeiros que viviam nas ilhas e margens do rio Xingu. Tratava-se de uma resposta governamental às denúncias feitas pelo Ministério Público Federal (MPF), por organizações da sociedade civil e sobretudo pelos próprios beiradeiros.

Optei por utilizar, ao longo deste livro, os termos beiradão e beiradeiros, por serem termos de autorreferência, mas também por conterem em si a relação indissociável que existe entre lugares e pessoas, por explicitar, portanto, o regime de coprodução entre identidade e território: beiradeiro, assim, é aquele que vive no beiradão. Ao longo deste livro, a categoria ribeirinho se torna mais frequente na medida em que é utilizada pelas instituições, por ser, ou por ter se tornado, uma categoria identitária para fora, que encontra lastro nas políticas públicas, tonando-se uma categoria identitária positivada.

Quando os beiradeiros começaram a ser expulsos de suas casas, o Ministério Público Federal convocou uma inspeção interinstitucional para verificação *in loco* do processo de deslocamento forçado. Os antropólogos Mauro Almeida, Manuela Carneiro da Cunha e Sônia Magalhães participaram da inspeção a convite da procuradora da República em Altamira, Thais Santi. A inspeção foi um ponto de inflexão. Desde então, comecei a trabalhar diretamente com os beiradeiros deslocados pela usina, aqueles que perderam seu território, desfigurado pela formação de um lago. Os beiradeiros, por sua vez, ganharam o apoio permanente desses professores, fundamentais para os desafios que viriam a enfrentar, e de Thais Santi, que colocou na ordem do dia a violação de direitos humanos contra os povos indígenas e beiradeiros que acontecia no rio Xingu.

As profundas transformações sociais e ecológicas provocadas pelo barramento do rio Xingu e o deslocamento forçado dos beiradeiros alavancaram a criação de mecanismos de resistência. Eu acompanhava o início da organização política dos beiradeiros em reuniões semanais. Também participei de um grupo de pesquisadores, mobilizados pelo MPF, para acompanhar essa questão. Os dois processos, a organização dos beiradeiros e a atuação do MPF, da comunidade científica e de organizações da sociedade civil em defesa de seus direitos, se unificaram com a realização de uma audiência pública, em novembro de 2016, que resultou na oficialização do Conselho Ribeirinho.

Na audiência, foram apresentados os resultados de um estudo realizado pela Sociedade Brasileira para o Progresso da Ciência (SBPC). Desdobramento da inspeção interinstitucional, o estudo avaliou a situação dos beiradeiros deslocados pela usina e propôs medidas de reparação fundamentadas para essa população. Esse estudo foi coordenado por Manuela Carneiro da Cunha e Sônia Magalhães, e reuniu pesquisadores de diversas áreas do conhecimento e instituições de ensino e pesquisa (CARNEIRO DA CUNHA e MAGALHÃES, 2017).

No âmbito dessa força-tarefa, realizada entre setembro e novembro de 2016, fui responsável por coordenar uma equipe, mobilizada pelo ISA, que ficou responsável pelo levantamento das famílias beiradeiras deslocadas pela usina. Esse levantamento reuniu informações sobre a história de ocupação do território e sua organização social, bem como as experiências e consequências do deslocamento forçado. Essas informações também compõem este livro.

Na audiência pública, os beiradeiros foram provocados a criar uma organização que os representasse. Antes da audiência, muito se discutiu sobre os diferentes modelos de conselho existentes, sobretudo no âmbito do Sistema Nacional de Unidades de Conservação. Falou-se sobre conselhos consultivos e deliberativos, todos com composição mista de moradores, pesquisadores, governo e sociedade civil. O professor Mauro Almeida foi enfático: era preciso refletir sobre as limitações dos modelos e experiências existentes, era preciso ser criativo e pensar em um formato que garantisse de fato a representação e a autonomia dos beiradeiros.

Foi nesse contexto, e sob o convite à criatividade para solucionar um problema para o qual não havia nenhum plano oficial, que os beiradeiros assumiram e reforçaram uma identidade coletiva positivada, *ribeirinhos*, que lhes permitiu recriar sentidos para suas vidas e se organizarem politicamente para a defesa de seu modo de viver e habitar o mundo.

Este livro conta a história desse povo que vivia nas ilhas e margens do rio Xingu e que, sem alternativa, *tiveram que sair* de suas localidades para dar lugar ao reservatório da usina de Belo Monte. Procuro descrever o mundo preexistente: os processos históricos que configuraram o beiradão, as dinâmicas sociais que o animavam, os contornos de sua territorialidade. Faço isso para então construir uma narrativa sobre o deslocamento forçado em suas múltiplas dimensões: econômicas, ecológicas, geográficas e subjetivas, que me levaram a compreender esse processo, tal como ocorreu em Altamira, como uma guerra ontológica, na qual uma ontologia, a do desenvolvimento e das grandes corporações, se impôs sobre os modos de existência locais, tornando-os inicialmente invisíveis e, em seguida, pressionando sua própria possibilidade de existência.

Descrevo o barramento do rio Xingu, a interrupção de seu fluxo natural que provocou mudanças abruptas na cidade de Altamira, nas ilhas, nos beiradões e no próprio Xingu, como um ato de desfiguração do mundo, responsável por alterações amplas, múltiplas e irreversíveis, tanto do ponto de vista social como ecológico. O termo desfiguração me parece apropriado na medida em que não há possibilidade de retorno para a realidade pretérita. Coube aos moradores do rio Xingu recriar sentidos e estratégias de sobrevivência a partir de novas condições sociais e ecológicas.

Procurei, por outro lado, produzir um registro etnográfico das respostas articuladas frente a essa desfiguração, os mecanismos de resistência, de organização social e de fortalecimento de um coletivo estruturado em torno de uma identidade coletiva que serviu de alicerce para compreender e ressignificar um mundo em ruínas, recriando sentidos e novas possibilidades de existência e reexistência. Frente a um mundo desfigurado, coube aos beiradeiros encontrar novos sentidos e meios para reexistir. Por um lado, descrevo as principais respostas institucionais à situação enfrentada pelos beiradeiros, respostas do Ministério Público Federal, do governo federal, do setor privado e da academia; por outro, descrevo a articulação dos beiradeiros a partir da reanimação das redes sociais preexistentes, da aliança com novos atores, a incorporação de outras tecnologias e linguagens, na busca por reparação e na defesa, sobretudo de seus direitos territoriais.

No processo de deslocamento forçado, cadastros e listas foram protagonistas do drama. Trata-se de dispositivos de controle usados pelo Estado e pela empresa concessionária para se relacionar com a população atingida. Cadastros e listas se tornaram personagens da vida cotidiana que serviam para classificar, valorar, identificar e nomear. Por meses, as pessoas andaram pelas ruas de Altamira com seus cadastros e fotografias em sacolas de plástico debaixo do braço porque precisavam provar quem eram antes do cadastro, mecanismo que as imobilizou em um código fundiário. Cadastros e listas se tornaram alvo de disputa e negociação.

Os produtos para a guerra também foram contralistas e contramapas, que implicaram na criação de metodologias que possibilitassem a construção coletiva de informações, a transparência dessas informações e a elaboração de documentos que pudessem ser incorporados no processo de licenciamento ambiental da usina, produzindo os efeitos esperados pelos ribeirinhos. Conversas registradas em rolos de papel kraft, croquis de redes de vizinhanças e diagramas de parentesco, construídos coletivamente, serviram para dar um registro gráfico às discussões dos ribeirinhos, constituindo também materiais etnográficos deste livro.

Foi o esforço dos beiradeiros para entender novos ambientes e criar novos sentidos e modos de existência que acompanhei de perto. Ao entrar nesse campo de disputas entre beiradeiros e o aparato técnico do Estado e da Norte Energia, esse ambiente desterrado tornou-se também meu. Se me tornei uma transcritora de listas, tornei-me também escudo. Tornar-me escudo foi algo que senti na pele, mas a expressão me foi sugerida em uma das muitas reuniões com os beiradeiros. Durante uma pausa para o almoço, enquanto comíamos nossas marmitas nas escadarias da universidade, eles agradeciam insistentemente o apoio de Thais quando alguém se lembrou de mim: "E a Ana?". A pergunta foi respondida sem nenhuma formalidade: "A Ana? Ah, a Ana é o nosso escudo".

Introdução

O Banco Mundial estima que cerca de 10 milhões de pessoas são deslocadas anualmente por projetos de desenvolvimento, como a construção de barragens, rodovias e outras obras de infraestrutura. Esse número desconsidera pessoas que não foram fisicamente deslocadas, mas que sofreram os efeitos desses projetos em seus modos de vida e territórios, o que tem sido chamado de "deslocamento *in situ*". Segundo a Agência da ONU para Refugiados (ACNUR), no final de 2019, havia ao redor do mundo quase 80 milhões de pessoas deslocadas forçadamente, por perseguição, violência, violação de direitos humanos, enquanto apenas 5,6 milhões de pessoas conseguiram retornar para seus lugares ou países de origem. No ano de 2005, a ACNUR trabalhava com 6,6 milhões de pessoas internamente deslocadas. Em 2010, esse número saltou para 15 milhões, chegando, no final de 2019, a 43,5 milhões de pessoas (UNHCR, 2019).

Pessoas internamente deslocadas são aquelas que tiveram que sair de seu lugar de origem, mas não tiveram que cruzar uma fronteira internacional. Embora seja o grupo mais numeroso atendido pela ACNUR, a agência reúne informações apenas de deslocamentos internos provocados por conflitos, pois, diferentemente dos refugiados, pessoas internamente deslocadas não são protegidas por legislação internacional ou elegíveis para receber ajuda humanitária, pois estão legalmente sobre a proteção de seu governo.

O Centro de Monitoramento de Deslocamento Interno (Internal Displacement Monitoring Centre – IDMC) reúne informações mais abrangentes, tanto sobre deslocamentos provocados por violência e conflito como por desastres, naturais ou provocados por intervenção humana. O centro estima que, apenas em 2019, 33,4 milhões de pessoas sofreram deslocamento interno por motivos relacionados a conflitos ou desastres. Dessas, quase 24 milhões tiveram que fugir de suas casas ou foram deslocadas por eventos diretamente vinculados às mudanças climáticas (IDMC, 2020).

O Brasil, em 2019, foi o terceiro país no mundo com o maior número de pessoas deslocadas internamente. Cerca de quinhentos desastres desencadearam o deslocamento de 295 mil pessoas, a maioria foram eventos relacionados a enchentes e desabamentos, mas também seca e erosão costeira. As queimadas na Amazônia certamente provocaram deslocamentos e fugas, mas não existem dados sobre isso. Também não existem dados oficiais para deslocamentos provocados por projetos de infraestrutura, conflitos agrários e violência urbana (IDMC, 2020).

Os estudos acadêmicos sobre deslocamento forçado começaram a ganhar fôlego a partir da década de 1980, sobretudo com o trabalho do sociólogo Michael Cernea junto ao Banco Mundial. A recorrência nesse tipo de estudo das categorias acima mencionadas, e sua tendência à comparação e generalização, pode ser atribuída ao frequente financiamento desses estudos por agências diretamente interessadas, como o Banco Mundial ou as Nações Unidas. Trata-se de um tema de pesquisa que esteve tradicionalmente voltado a subsidiar soluções para minimizar os efeitos negativos de grandes projetos ou de conflitos, objetivos esses externos às problemáticas clássicas da antropologia (SIGAUD, 1986, pp. 4-5).

Na última década, o crescimento do deslocamento forçado em escala mundial e o potencial agravamento da crise pelas mudanças climáticas repercutiu em um rápido crescimento desse tema no âmbito acadêmico e na difusão de uma classificação detalhada das causas do deslocamento: deslocamento induzido por barragens, deslocamento induzido por mineração e deslocamento induzido por conservação são exemplos de categorias que entraram para o discurso acadêmico corrente. As pesquisas versam sobre uma diversidade de temas relacionados ao deslocamento forçado, sendo os principais deles a análise de suas causas e consequências; os estudos sobre desenvolvimento, segurança e direitos humanos; as dimensões étnicas e de gênero; as estratégias para minimizar os efeitos do deslocamento e mecanismos de assistência humanitária; a integração entre as pessoas deslocadas e as comunidades que as recebem; o deslocamento interno e os processos de resolução de conflitos; a análise da rede de atores envolvidos e as consequências psicológicas do deslocamento forçado (TERMINSKI, 2015).

Esses estudos, focados nos impactos gerados por intervenções de Estado ou corporações, tendem a desconsiderar as especificidades sociais dos locais onde tais eventos ocorrem, perdendo de vista que é a organização social preexistente que sobredetermina[1] os efeitos da intervenção. O desafio teórico dos estudos cuja proposta é superar modelos e generalizações é avançar em análises que, justamente, incorporem as estruturas sociais sobre as quais ocorre a intervenção, bem como a dimensão política do processo que se desencadeia (SIGAUD, 1986).

Mais recentemente, com o agravamento da crise de refugiados em nível planetário, o avanço de projetos de grande porte em regiões habitadas por populações tradicionalmente estudadas por antropólogos, bem como a insatisfação dos técnicos que trabalham com refugiados com a frieza e rigidez dos procedimentos da ajuda humanitária, têm impulsionado pesquisas interessadas nos agenciamentos, subjetividades e protagonismo dos grupos sociais forçados a saírem de seus locais de origem.

Este livro se insere em duplo movimento: de um lado, trata-se de uma pesquisa etnográfica de longa duração cujo pressuposto é a aproximação do modo como as pessoas viveram, nomearam e reagiram à experiência do deslocamento; por outro, procuro descrever as políticas públicas e corporativas geradoras desse processo. Para tanto, mantenho ao longo do texto termos e categorias que trazem em si a violência daquilo que descrevo, explicitando como assumem novos significados a partir das especificidades do contexto local.

*

Desde que cheguei a Altamira, estive vinculada a diferentes instituições. No primeiro ano, atuei como pesquisadora associada ao ISA, desenvolvendo uma pesquisa em colaboração com os pescadores sobre os impactos provocados pela instalação da usina na atividade pesqueira. Essa experiência foi fundamental por garantir minha entrada em campo e por me permitir conhecer uma região bastante extensa do rio Xingu, tanto a jusante como a montante da cidade de Altamira, e do barramento do Xingu. Por outro lado, também me aproximou dos mecanismos legais do licenciamento ambiental e dos processos de litígio estratégico associados, que eu desconhecia por completo.

A partir dessa primeira experiência passei a contribuir com o Ministério Público Federal como perita *ad hoc* para a questão dos ribeirinhos e pescadores afetados pela construção da usina. Isso me possibilitou participar de diversas reuniões com a diretoria de licenciamento ambiental do Ibama, com a Norte Energia e o próprio MPF, na cidade de Altamira, em Brasília e São Paulo. Também me colocou em um lugar específico na relação com os ribeirinhos, para os quais não era apenas uma pesquisadora, mas alguém que servia como uma ponte com as instituições, ou um *escudo*, como me disseram.

No final de 2017, com o término de minha bolsa de pesquisa, comecei a colaborar com o ISA como consultora, o objetivo era dar continuidade ao trabalho que a instituição havia começado no âmbito da força-tarefa constituída pela SBPC para propor medidas de reparação adequadas para os ribeirinhos. Essa colaboração foi fundamental para garantir os subsídios técnicos e jurídicos necessários para a organização política dos ribeirinhos e sua incidência no processo de licenciamento ambiental da usina, que resultou na coprodução de uma estratégia inovadora de reparação, o Território Ribeirinho, que propõe o retorno de todas as famílias deslocadas para as margens do rio Xingu.

Desde a criação do Conselho Ribeirinho, instância de representação criada em dezembro de 2016, integro como assessora técnica o Grupo de Apoio do Conselho, do qual também faz parte o Movimento Xingu Vivo Para Sempre.

Em 2020, fui convidada para integrar, como pesquisadora colaboradora, o Centro de Direitos Humanos e Empresas (CEDHE) da Fundação Getúlio Vargas, o que me permitiu acompanhar de forma mais próxima um projeto de pesquisa iniciado anos antes. Junto ao CEDHE e o Conselho Ribeirinho, realizamos, no início de 2020, um *survey* com a quase totalidade das famílias ribeirinhas, baseado nos paradigmas dos direitos humanos, do *bem viver* e dos indicadores da ONU de moradia digna.

Esse trânsito institucional me permitiu acessar diferentes espaços e discussões, e implicou na aquisição de habilidades e conhecimentos que estão, de alguma forma, reunidos neste livro. Esse trânsito também resume de alguma forma as sucessivas alianças e parcerias realizadas pelos próprios ribeirinhos, visto que estive vinculada a essas instituições na medida em que era um canal de interlocução com eles. Esses múltiplos vínculos me permitiram estar em campo por um longo período: foram quase sete anos de imersão em um lugar e uma rede de socialidade que englobaram todas as dimensões de minha vida, profissional, pessoal e familiar.

Esse múltiplo engajamento torna minha experiência de campo um pouco distinta do paradigma da observação participante: eu era um dos atores no processo que descrevo. Assim, o distanciamento e a análise dos pressupostos que orientam a ação dos diferentes atores não me foi possível. Meu material etnográfico são diários de campo, entrevistas, relatórios, memórias de reunião, notas e pareceres técnicos, e também os afetos e as dores que também sofri. Não me foi possível outro modo de fazer etnografia, pois o que alimentou meu trabalho ao longo desses anos foi a empatia. Sentir empatia por aqueles que investem trabalho para alimentar essa máquina de destruição de mundos não me é possível. Por outro lado, os vínculos que construí e o apoio que tive garantiram essa imersão, fundamental para conseguir de fato acompanhar um processo de mudança social.

O estilo narrativo do livro não é linear, mas traz idas e vindas, repetições e prioriza imagens e falas, mais do que um debate teórico com outros autores. Minha intenção, não tão consciente no início da escrita, é provocar no leitor esses afetos e dores, o desconforto que inevitavelmente se imprime naqueles que se debruçam sobre a desfiguração do mundo provocada pela construção da usina de Belo Monte, um agenciamento cosmopolítico, como generosamente sugeriu a professora Tânia Stolze Lima. Ninguém passa ileso por Altamira.

Este livro não tem conclusão, e isso, mais do que estilo narrativo, é uma posição política. Como me disse o antropólogo e amigo Diego Amoedo: "A conclusão deste livro tem nome e sobrenome". Isso significa que a conclusão virá quando o último ribeirinho estiver retornado ao beiradão.

*

No capítulo "Beiradão" retomo a história de ocupação não indígena do médio curso do rio Xingu, e assumo como pontos de partida a expedição científica de Emília Snethlage e os relatos do senhor Sabá Bacabeira sobre sua infância no rio Iriri e as expedições de "pacificação" dos povos indígenas chefiadas por Francisco Meirelles. Esse resgate histórico permite situar a constituição histórica do beiradão a partir das tensões e conflitos que lhes são constituintes. Aqui, inspirada por Michael Taussig, descrevo o terror provocado pelo choque entre mundos, terror inerente aos processos de colonização, que é atualizado em cada período histórico que compõe a história do beiradão. Terror é o efeito da colonização, da violência de Estado e das rupturas ontológicas decorrentes.

No capítulo ″Desfiguração″, descrevo a ruptura ontológica provocada pela captura operada pelos dispositivos de controle da empresa sobre a vida dos beiradeiros. A ruptura da lógica relacional entre humanos, não humanos, ambientes e também entre o rio e a *rua*. Descrevo a suspensão da vida provocada por cadastros socioeconômicos que apagam identidades e relações ao transformar pessoas em números, ou códigos fundiários, ou corpos a serem deslocados, e sobretudo negam às pessoas a possibilidade de serem quem são. Falo aqui da desfiguração do mundo que ocorre quando transformações sociais e ecológicas abruptas alteram toda a ordem e sentido das coisas, fazendo com que a ontologia beiradeira deixe de corresponder aos encontros pragmáticos, aqueles tidos como certos, causando um tipo de desorientação que se assemelha à loucura.

O capítulo ″Respostas institucionais à catástrofe″ trata do "engajamento maciço"[2] das instituições para fazer frente à violação e à violência, uma articulação para a pesquisa colaborativa em torno de problemas urgentes: o desaparecimento daquele mundo. Na medida em que o embate entre beiradeiros e o aparato técnico da empresa e do Estado se tornou uma guerra técnica, foi fundamental uma ampla articulação política e científica. Assim, descrevo a atuação do Ministério Público Federal, com a Inspeção Interinstitucional; da SBPC, com os Estudos Ribeirinhos; do governo federal, com os Diálogos ribeirinhos; e da Norte Energia, com as realocações.

No quarto e último capítulo, ″Resistências″, procuro mostrar como a resistência dos ribeirinhos à usina de Belo Monte foi também uma resistência ontológica. Ao se apropriarem das tecnologias políticas do deslocamento – cadastros, listas e mapas – subvertendo-as a partir de suas próprias lógicas, concepções e desejos, puderam criar soluções adequadas à reconfiguração de seu mundo. Descrevo fragmentos de reuniões que aconteceram entre os anos de 2014 e 2020, bem como os dispositivos acionados nessas reuniões, mantendo, mais do que uma ordem cronológica, uma sequência narrativa cuja intenção é descrever um processo amplo de embate e negociação coletiva. Nesse sentido, o objeto de minha investigação é descrever o modo como os ribeirinhos incorporaram essas tecnologias, imprimindo a elas dinâmicas próprias e como, muito lentamente, conseguiram subverter a ineficácia desses dispositivos para seus propósitos, produzindo efeitos concretos no mundo. Descrevo como os ribeirinhos se engajaram e mesmo se apropriaram desses dispositivos de captura, para fazer valer suas lógicas identitárias e territoriais e garantir seus direitos coletivos a partir da incidência política nas negociações do licenciamento ambiental.

À desfiguração do mundo, os ribeirinhos contrapunham aquilo que tinham em comum, uma história partilhada, o pertencimento a um território e uma parentela, com o objetivo de transformar em território habitado aquilo que foi transformado em lago.

Beiradão

> "As três importantes casas comerciais são Santa Júlia, São Francisco e Boca do Curuá. Perto delas acham-se roças extensas, em estado de alta cultura, verdadeiros paraísos de frutas tropicais, cereais etc., que chegarão em breve a tornar este rio independente da importação destes gêneros alimentícios necessários. A pescaria e, até agora, mesmo a caça dão resultados riquíssimos, de maneira que no curso da nossa viagem nunca foi preciso comer carne seca, comida quase obrigatória do seringueiro e do cachoeirista de outros rios."
>
> (SNETHLAGE, A travessia entre o Xingu e o Tapajós, 1910)

A história da ocupação não indígena da região de Altamira começou com a Missão Tavaquara, fundada por jesuítas por volta de 1750. Os padres se estabeleceram em Souzel, hoje Senador José Porfírio, entre 1723 e 1758. É atribuída a eles a abertura de uma estrada de varação que permitia transpor as cachoeiras[3] da Volta Grande do Xingu e chegar ao médio curso do rio Xingu, onde fundaram a missão. Tavaquara foi habitada por índios Xipaya, Kuruaya, Juruna, Arara, Takunyape e, provavelmente, outras etnias não registradas. O fim da missão é atribuído ao assassinato dos padres, em pouco tempo, pelos indígenas (MACEDO, 2016), bem como à expulsão dos jesuítas do império português em 1759 (VIVEIROS DE CASTRO, 1986). Seguiu-se um século de ausência de documentos históricos sobre os indígenas, protegidos das frentes de colonização pela não navegabilidade da Volta Grande e por sua fama de canibalismo (NIMUENDAJÚ, 1948). Não obstante o isolamento geográfico e a escassez de documentos históricos sobre esse período, estudos apontam para a existência de uma intensa malha comercial, ainda no século XVI, entre indígenas, sobretudo do tronco tupi, e portugueses, ingleses, franceses e holandeses, assim como a ocorrência de intensos processos migratórios, de fusão, guerra e aliança entre diferentes povos indígenas (FAUSTO, 2001; FARAGE, 1991; GALLOIS e GRUPIONI, 2003; HARRIS, 2010 e SWEET, 1977).

A chegada de não indígenas à região ganhou um novo impulso no final do século XIX e início do século XX e está ligada, de um modo geral, à exploração do látex das seringueiras nativas. No Xingu, mais marcadamente no médio Xingu, esse processo migratório ocorreu de forma tardia, se comparado a outras regiões amazônicas. Isso é atribuído à impossibilidade de navegação contínua desde o rio Amazonas.

Três importantes monografias foram escritas entre as décadas de 1970 e 1990 sobre a região. A primeira delas é a tese de sociologia rural de Emílio Moran, defendida em 1975 na Universidade da Flórida, *Agricultores pioneiros da rodovia Transamazônica: adaptação e produção agrícola nas terras baixas dos trópicos*. Seguindo a linha de investigação de Charles Wagley, orientador da tese, Moran interessa-se pelas estratégias de adaptação dos primeiros colonos que se estabeleceram às margens da rodovia Transamazônica, a partir da década de 1970, nas proximidades da cidade de Altamira. A tese descreve os mecanismos de colonização e adaptação dos agricultores na Transamazônica; a organização da produção familiar; e o estabelecimento das comunidades planejadas, as agrovilas (MORAN, 1975).

Dez anos depois, em 1984, Eduardo Viveiros de Castro defendia no Museu Nacional sua tese de doutorado *Araweté: uma visão da cosmologia e da pessoa tupi-guarani*. Os Araweté se deslocaram da região do Bacajá para o Xingu na década de 1960. Com a construção da rodovia Transamazônica, na década de 1970, o governo intensificou as operações de atração e "pacificação" dos povos indígenas da região. O contato oficial dos Araweté com os agentes de Estado data de 1976. Contudo, a relação entre os Araweté e os brancos são bem mais antigas. Na tese, alguns comentários sobre as relações estabelecidas entre os Araweté e os beiradeiros aparecem nas entrelinhas e nas notas de rodapé.

"O contato Araweté com os brancos é muito anterior à década de 70. Nas águas do Bacajá, há pelo menos 50 anos, um grupo de brancos massacrou 13 Araweté; e somos conhecidos até hoje como Karama-ri ropinã, 'os matadores de Karama-ri' (uma das vítimas). Epidemias de provável origem civilizada também grassaram entre os Araweté quando ainda estavam no Bacajá. E o costume de se obterem machados de ferro nas capoeiras abandonadas sugere uma relativa 'simbiose' ecológica antiga, mesmo que marginal. Mas os homens adultos afirmam que só vieram a ver, realmente, os brancos, quando chegaram ao Ipixuna. Isto é, foi apenas lá que eles tiveram interação não guerreira com eles. Presentes no Ipixuna, em grande número, nas décadas de 60 e 70, os gateiros foram estimulados pelos 'patrões', desde 1967 (quando a caça tornou-se proibida), a darem presentes aos índios. Chegaram a visitar algumas aldeias, tomando cauim e mesmo, segundo os índios, dormindo lá"

(VIVEIROS DE CASTRO, 1986, p. 179)

Uma década depois, em 1997, Carlos Fausto defendia na mesma instituição uma tese sobre os Parakanã, vizinhos dos Araweté, intitulada *A dialética da predação e familiarização entre os Parakanã da Amazônia Oriental*. No primeiro capítulo, que trata da cisão entre os Parakanã ocidentais e orientais, Fausto menciona o mito Oakara, que define um padrão de relação com brancos, como a troca de jabutis por ferramentas; a relação com castanheiros; e a guerra dos Parakanã ocidentais contra os Asurini, dos quais roubavam redes de algodão que obtinham dos brancos.

As duas teses de etnologia indígena apontam para a existência de uma complexa rede de relações entre os povos indígenas da região, assim como relações desses povos com os brancos desde fins do século XIX e, em maior escala, a partir de 1940. Essas relações foram de guerra e predação, mas foram também de troca, tanto de ferramentas como de técnicas.

Ao olharmos para esses três trabalhos, percebemos que há uma diferenciação social entre os "brancos". Se existe uma predominância de estudos sobre povos indígenas no âmbito da antropologia, há uma tendência nas ciências humanas de tratar os "brancos" como uma alteridade genérica. Contudo, existe uma diferença grande entre os processos de ocupação e os modos de vida dos grupos sociais não indígenas que chegaram à região a partir do final do século XIX e primeiras décadas do século XX e se estabeleceram, sobretudo, a partir dos rios e igarapés; as frentes de migração dos camponeses que chegaram à região após a abertura da rodovia Transamazônica na década de 1970; e fazendeiros, grandes proprietários de terras que chegaram de forma mais acentuada a partir da década de 1990. O ofuscamento das diferenças entre beiradeiros, colonos e fazendeiros pode levar a uma alteridade genérica monocromática, a partir da qual distintos modos de vida perdem seu contorno e o beiradão passa a ser visto como residual e fadado ao desaparecimento.

> "O caboclo amazônico é um tipo humano geralmente depreciado. Enquanto escritores tendem a romantizar seu modo de vida, a verdade é que ninguém quer ser um caboclo. Referências geralmente indicam baixa escolaridade, preguiça, embriaguez e maus hábitos alimentares e higiênicos. O caboclo não é confiável, de acordo com a crença comum. Não é surpreendente, então, ver pouca menção da população cabocla existente pelos planejadores do governo nos projetos de colonização"
> (MORAN, 1975, p. 72, tradução da autora)

No campo da antropologia, caboclos, camponeses amazônicos, beiradeiros ou ribeirinhos, categorias que foram sucessivamente atribuídas a essa população tradicional não indígena, foram, por um certo período, colocados em segundo plano, por serem considerados antagonistas dos povos indígenas ou uma alteridade parcial, que fugia ao referencial teórico da disciplina (ADAMS *et. al.*, 2006). No âmbito da antropologia, estudos considerados fundadores sobre caboclos amazônicos são as obras de Charles Wagley e Eduardo Galvão, ambos realizados na década de 1950 na cidade de Gurupá, localizada próxima à foz do rio Xingu, no rio Amazonas[4]. Dessa pesquisa resultou a tese de Eduardo Galvão, *Santos e Visagens,* e uma das primeiras etnografias sobre seringueiros, de autoria de Wagley, *Uma comunidade amazônica*. Havia, contudo, uma farta produção regional, menos conhecida, de autoria de ficcionistas e folcloristas. Dentre os autores regionais, estão Dalcídio Jurandir, que acompanhou Wagley em seu trabalho de campo em

Gurupá, Pádua Carvalho, Sant'Anna Nery, José Veríssimo, Jorge Hurley, entre outros (MAUÉS, 2005).

A essa primeira fase marcada pelos paradigmas da ecologia cultural, seguiram-se estudos que colocavam os beiradeiros como uma alteridade real, uma coletividade caracterizada por uma organização social e processos históricos específicos. Nesse sentido, Deborah Lima introduziu a definição de "campesinato histórico" para diferenciar os beiradeiros dos migrantes que chegaram à região a partir da década de 1970 (LIMA, 1999). Mark Haris, em pesquisa histórica sobre a constituição de práticas específicas, também aproximou essa população de um tipo particular de campesinato (HARRIS, 2010). Nesse sentido, Mauro Almeida escreveu uma tese de doutorado sobre o processo de trabalho dos seringueiros na floresta, abordando a história local em sua interface com a história nacional e mundial, concluindo que esse campesinato florestal não é um tipo de proletariado obrigado a permanecer na floresta para suprir demandas ou pela escravidão por dívida, mas possui uma economia altamente diferenciada, com unidades econômicas independentes no interior da floresta, e com padrões tecnológicos e sociais diferentes de outras economias camponesas não florestais (BARBOSA DE ALMEIDA, 1993).

Este livro procura descrever como, paralelamente a esse movimento no campo da antropologia, existe uma movimentação em torno da afirmação e da positivação identitária desses camponeses amazônicos, motivada sobretudo pela articulação social em torno da garantia de direitos e da defesa de seus territórios. Esse movimento começou a ganhar visibilidade com os seringueiros do Acre, na década de 1980, com a luta contra a derrubada da floresta e a grilagem de terras. Esse movimento, liderado por Chico Mendes, resultou na criação da "Aliança dos Povos da Floresta" e das primeiras Reservas Extrativistas (BARBOSA DE ALMEIDA, 2004). Desde então, houve mudanças nos planos de governo, dos projetos de colonização e integração nacional para os grandes projetos de infraestrutura da atualidade. Aqui, descrevo como os beiradeiros, que permaneceram na beira do rio e fora dos planos de governo, mantêm o esforço de se posicionarem enquanto uma coletividade detentora de mecanismos sofisticados de existência, e reexistência, material e simbólica.

*

Emília Snethlage chegou ao Xingu em junho de 1909. O propósito de sua expedição era verificar se havia uma conexão hidrográfica entre os rios Xingu e Tapajós, sugerida pelos mapas elaborados por Henri Coudreau, que esteve na região em 1886. A conexão terrestre entre as duas bacias "facilitaria muito a exploração destas regiões quase desconhecidas" (SNETHLAGE, 1910). Emília Snethlage navegou pelos rios Xingu, Iriri e Curuá. Do rio Curuá, acompanhada por quatro mulheres e quatro homens Kuruaya, seguiu a pé, em uma viagem de quase um mês, até o rio Jamanxim, na bacia do rio Tapajós.

A expedição foi anunciada como a principal realização científica do Museu Paraense Emílio Goeldi daquele ano. O breve relato de viagem publicado por Emília difere dos relatos das expedições científicas da época pelas densas descrições de paisagens, personagens e experiências pessoais. E traz pistas, ainda hoje fundamentais, para compreender a história da ocupação não indígena na região.

O primeiro contato de Emília Snethlage na pequena vila de Vitória do Xingu foi o coronel José Porfírio de Miranda, "proprietário de importantes territórios no Xingu, assim como de todos os seringais até agora explorados nos rios Iriri e Curuá" (SNETHLAGE, 1910, p. 51). José Porfírio nasceu na Bahia e cedo se mudou para o Piauí. Chegou ao Xingu em 1890 para cuidar dos negócios de seu tio, o seringalista Agrário Cavalcante, que controlava os seringais do Baixo Xingu (MACEDO, 2016, p. 40). Na década de 1880, a economia extrativista estava consolidada na Amazônia brasileira, o que havia fortalecido a posição política de aviadores e seringalistas das províncias (WEINSTEIN, 1993, p. 91). Esse período coincidiu também com a sobre-exploração dos seringais mais antigos, próximos ao rio Amazonas, já não mais suficientes para suprir a demanda internacional pelo látex das seringueiras, gerando interesse na expansão da indústria da borracha para regiões mais remotas[5].

A chegada de José Porfírio coincide com o período em que os altos cursos dos rios Xingu e Tapajós se tornavam atrativos para a indústria extrativista. Foi seu tio, Agrário Cavalcante, quem concluiu, na década de 1890, a obra de reabertura da antiga estrada de varação que chegava a Altamira, interligando o médio curso do rio Xingu ao Amazonas (MACEDO, 2016, pp. 37-38). A reabertura da estrada de varação marca o início da exploração intensiva dos seringais do *Alto*, modo como são localmente nomeados o rio Iriri e o rio Xingu a montante de Altamira[6]. O controle sobre a estrada e a grande influência política de José Porfírio garantiram seu domínio por algumas décadas sobre uma extensa porção territorial que chegava ao rio Curuá, onde estava a última *colocação* de seringueiros[7], que marcava o início de uma "região desabitada que separa o território do senador Porfírio das terras dos índios" (SNETHLAGE, 1910, p. 68).

Ao chegar a Altamira, Emília Snethlage foi recebida pelo coronel Ernesto Accioly de Souza. Ele a acompanhou em sua viagem até o rio Curuá, onde a ajudou a montar uma equipe entre os índios Kuruaya, que a acompanhariam até a primeira colocação de seringueiro que encontrassem no rio Jamanxim. Após um mês de caminhada, a partir do rio Curuá, a equipe encontrou uma colocação onde viviam dois seringueiros.

Ernesto Accioly já havia sido mencionado por Henri Coudreau como um dos principais seringalistas do rio Iriri. Segundo Coudreau, "Calcula-se que seja de setenta o número total dos trabalhadores e membros de suas famílias que vivem com Ernesto [Accioly] ou trabalham para ele nos seringais ou como canoeiros" (COUDREAU, 1977, p. 36).

Quinze anos depois da expedição de Coudreau, Emília Snethlage descreveu o enorme crescimento da população local, estimando que mais de mil pessoas trabalhavam nos seringais e nas casas de comércio, ou *barracões*, do rio Iriri (SNETHLAGE, 1910, p. 57). A *colocação* Santa Júlia, a mais velha e importante do Iriri, mencionada por Coudreau como propriedade de Ernesto Accioly, é descrita por Emília como uma povoação com algumas casas maiores, barracas bem arrumadas e um estaleiro, sucursal da casa Porfírio Miranda Júnior.

Se analisarmos esses relatos à luz da literatura sobre a história e organização da exploração da borracha na Amazônia é coerente afirmar que José Porfírio era o principal seringalista da região entre os anos de 1890 e 1930, ano em que o coronel se mudou para o Rio de Janeiro (ALARCON e TORRES, 2014, p. 22). Essa posição parece estar associada à sua influência política no âmbito regional e nacional, o controle que exercia sobre o escoamento da produção em Vitória do Xingu e sobre a estrada de varação para Altamira. Já a influência de Ernesto Accioly estava mais circunscrita ao rio Iriri e à cidade de Altamira, onde era um seringalista subordinado ao aviamento[8] de José Porfírio.

Selva

A vida nossa aqui era assim: a gente saía, tomava a benção do pai e não sabia se voltava. Muitos saíam, quando chegava uma hora dessas, que eles já deviam ter voltado:
– Fulano chegou?
– Não.
– Então caboclo matou.
Eles iam lá e traziam o corpo. Acontecia direto, direto, o verão todinho. Quando matava pouco, matava quinze, vinte seringueiros.

Sabá Bacabeira
Altamira, 2016

No Xingu, em comparação com outras regiões amazônicas, a exploração da borracha começou de forma tardia e, assim como em outras regiões, foram violentos os conflitos entre indígenas e não indígenas. Contou-me seu Sabá Bacabeira, que nasceu na década de 1940 no rio Novo, um dos principais afluentes do rio Iriri, que o seringalista Agrário Cavalcante, tio de José Porfírio, vestia e armava os Kayapó para que atacassem os seringueiros que trabalhavam para outros patrões.

Ele tinha um espírito mal e os índios já não prestavam mesmo, aí mandava atacar os outros seringalistas. Daí eles iam matar lá para o Iriri, Curuá, Igarapé Preto, rio Novo. Tudo eles atacavam armados pelo Cavalcante. Porque os índios andavam todos nus antes disso, depois que o Cavalcante começou a dar arma para eles, andavam todos com aquela mescla azul, camisa de mescla, calção de mescla, cabelo cortado. Aí você sabia que eram os índios do Cavalcante. Todo ano eles subiam, daqui iam até as cabeceiras e voltavam matando gente.

Sabá Bacabeira
Altamira, 2016

Embora essa narrativa pareça não fazer sentido em um cenário de escassez de mão de obra, ela não é estranha ao imaginário que marcou o início da exploração da borracha na Amazônia, tampouco diverge dos relatos do que aconteceu em outras regiões nesse mesmo período. Michael Taussig, no livro *Xamanismo, colonialismo e o homem selvagem*, justapõe diversas narrativas sobre a violência durante a exploração da borracha no vale do Putumayo, descrevendo aquilo que chamou de "economia do terror". Ali, não foram raros os conflitos entre patrões. Os irmãos Arana, por exemplo, passaram a ter domínio sobre a região capturando e exterminando indígenas e pequenos comerciantes. Os irmãos também foram responsáveis pela disseminação de histórias sobre selvageria e canibalismo entre os indígenas a fim de manter afastados aventureiros e interessados nos lucros do comércio da borracha.

Taussig considera que a fabulação do terror foi uma importante estratégia para a consolidação da hegemonia colonial, por garantir solo fértil para a disseminação das "notícias horripilantes" propagandeadas pelos irmãos Arana. O relatório de Roger Casement sobre os indígenas que trabalhavam na coleta de borracha no Putumayo em 1910, uma das principais fontes de Taussig, traz inúmeras narrativas sobre essa economia do terror: a banalidade da tortura e dos assassinatos sumários, executados por diversão. Ao falar sobre os administradores dos seringais, diz Casement: "Tais homens haviam perdido de vista o que significava extrair a borracha. Não passavam de animais ferozes, que viviam às custas dos índios e se deliciavam em derramar sangue" (CASEMENT *apud* TAUSSIG, 1993, p. 67)[9].

Minha intenção não é investigar se no Xingu o seringalista Cavalcante de fato armava os Kayapó para atacarem outros seringalistas. A importância dessa narrativa é revelar essa economia do terror que no Xingu, assim como no Putumayo, marca a memória coletiva daqueles que vivem e viveram no beiradão. Em uma região onde documentos históricos são escassos, o desafio não é cruzar narrativas orais à procura de uma possível verdade, mas de "ouvir essas histórias não como uma ficção ou como sinais disfarçados da verdade, mas como algo real" (TAUSSIG, 1993, p. 87).

Optei por reconstruir a história de ocupação do beiradão a partir das narrativas da experiência sobre o terror após conhecer seu Sabá Bacabeira. Assim, a narrativa que segue tem como fio condutor a história de vida de seu Sabá, justaposta às histórias de outros beiradeiros com quem conversei ou que entrevistei ao longo desses anos. Conheci seu Sabá em uma conversa com um grupo de pessoas que queria retomar o corte da seringa na região do Boa Esperança, localizada entre a cidade de Altamira e a boca do rio Iriri. Durante essa reunião, seu Sabá ficou calado, com uma expressão serena e sorridente. Ao final da conversa, quando as pessoas começavam a se levantar, ele me disse: *Minha borracha nunca quebrou, eu sou do tempo antigo, quando a gente tinha palavra.* Em seguida, ele me levou até a estrada de seringa para me mostrar como deve ser cortada uma seringueira.

Ao percorrer com ele a estrada de seringa da casa onde estávamos, estrada que pertencia à dona Raimunda, filha do último seringalista da região, Antônio Alves de Souza, seu Sabá e dona Raimunda me mostraram como deve ser o corte da seringueira para a extração do látex: com uma faca apropriada, o corte da casca da árvore deve ser superficial, mas suficiente para permitir que a seiva, o *leite de seringueira,* escorra, mas sem danificar a árvore. Se o corte for profundo, pode ferir a árvore e provocar a formação de um caroço que dificulta os cortes futuros ou abrir caminho para fungos que podem matar a árvore. A árvore também deve ser raspada periodicamente e o lugar do corte, *a bandeira,* alternado.

O látex extraído das seringueiras era transformado em bolas de borracha por meio de um processo de defumação. As bolas eram marcadas com as iniciais do seringueiro antes de serem entregues ao *patrão.* Quando a defumação não era realizada corretamente, ou seja, quando não era extraída toda a água do látex, as bolas perdiam peso durante o transporte. A isso era dado o nome de *quebra,* ou seja, a diferença entre o peso anunciado pelo seringueiro e o peso real. Essa diferença podia dever-se ao conteúdo de água, mas podia também resultar da adição de areia ou de outros materiais na bola. Ao dizer que sua borracha nunca quebrava, Sabá Bacabeira me informava sobre seu conhecimento e sua ética. Essa afirmação revelava, por um lado, seu domínio técnico sobre a fabricação da borracha e, por outro, que era um seringueiro honrado, pois, além de dominar o processo de corte da seringueira e a fabricação da borracha, não trapaceava no peso.

Seu Sabá me contou de seu tempo de criança. Por perder cedo a mãe, começou logo a andar no mato e aprendeu, com um velho *mateiro,* a não se perder[10]. Falou da guerra de sua família com os índios, do dia em que um caboclo matou de uma só vez oito pessoas de sua família. Impressionou-me a doçura com que contava uma história cruel, de ódio, guerra e terror.

Alguns dias depois, visitei seu Sabá em sua casa que, junto à dona Maura, esperava-me com dois blocos de borracha na porta de casa. Fizeram os blocos em 2012, antes de venderem sua terra no beiradão e se mudarem para o Santa Benedita, um bairro na periferia de Altamira. Venderam o lote na região do Boa Esperança porque sabiam que a barragem estava chegando. Era melhor *se garantir* do que esperar para ver o que aconteceria.

O pai de seu Sabá chegou do Ceará com onze anos, em 1912, para trabalhar para o seringalista José Porfírio, em uma localidade a dois dias de viagem da Praia do Anfrísio, no Riozinho do Anfrísio, afluente do rio Iriri. Sua família foi uma das primeiras a chegar à região, os chamados *pioneiros*. Chegaram no *tempo do carrancismo*, quando o patrão era *chefão, era capitão, era tenente, era povo grande. Carrasco. Era carrasco*, contou seu Sabá.

O *tempo do carrancismo*, dos grandes seringalistas da província, chamados de *patrões*, foi marcado por um intenso controle dos seringueiros. Isolados dos centros urbanos, muitas vezes impedidos de cultivar a terra e sem outros contatos comerciais, ficavam continuamente endividados por terem que comprar todo o necessário para a sobrevivência nos barracões administrados pelos patrões, que tinham também a exclusividade sobre a compra da borracha produzida (GUERRERO, 2015, p. 25 e 35). A violência, bem como o direito costumeiro, era empregada para garantir uma situação de monopólio sobre os recursos naturais e *commodities* (BARBOSA DE ALMEIDA, 1993).

Na década de 1910, a indústria da borracha na Amazônia entrou em declínio devido à produção agrícola de seringueiras no sudeste asiático. Para a região do Xingu isso não significou o abandono dos seringais que, ao contrário, continuaram a crescer em população, mas na falência dos grandes patrões e em uma maior distribuição do poder que, com o tempo, levou ao fim o *tempo do carrancismo*. Nesse período, algumas famílias *pioneiras* permaneceram na região e assumiram as relações de aviamento e comercialização, tornando-se pequenos seringalistas. É o caso, por exemplo, de Anfrísio Nunes, cearense que foi cortar seringa no rio Iriri e, para evitar endividar-se com o patrão, produzia parte do que consumia e comprava na cidade suas provisões a um custo muito menor do que no barracão do seringalista. Em alguns anos, conseguiu economizar o suficiente para comprar a terra do patrão endividado (WEINSTEIN, 1993, p. 39).

Com o crescimento do setor bancário e uma maior facilidade de acesso ao crédito, pequenos comerciantes conseguiram montar seu próprio esquema de comercialização da seringa (WEINSTEIN, 1993, p. 97). Esse foi o caso de Cícero Maia, cearense que, na primeira viagem para o *Alto*, conheceu a esposa do gerente do banco, que lhe pediu para trazer uma veadinha. Ao voltar para a cidade de Altamira, presenteou-a com o solicitado filhote de veado, conseguindo, com a relação estabelecida, um alto financiamento. Em menos de um ano na Amazônia, contou-me seu Sabá, Cícero Maia tinha se tornado um patrão da borracha.

As trajetórias de Anfrísio Nunes e Cícero Maia são certamente exceções, assim como a história de dona Raimunda, uma senhora que vive nas proximidades da vila de Belo Monte do Pontal. Ela foi morar sozinha em uma colocação onde cortava seringa com uma irmã, levou flechada de índio, teve filhos com diferentes homens que passaram por sua colocação e criou todos sozinha. Atualmente, vive encurralada entre a rodovia Transamazônica e a usina de Belo Monte. O beiradão de dona Raimunda foi beira conectada e transformada por diferentes políticas econômicas, discutidas e planejadas muito longe dali: o mercado internacional da borracha, as políticas de integração nacional e colonização e os programas de aceleração do crescimento. Hoje essas políticas estão de algum modo inscritas na paisagem do quintal de sua casa, espremido entre a estrada e a barragem.

Apesar de exceções, essas trajetórias são exemplos de que a vida no seringal não foi apenas de massacres, escravidão e miséria, tampouco foi um universo exclusivamente masculino. Longe dos centros urbanos e da atuação do Estado, os seringueiros gozavam de uma peculiar autonomia que lhes permitiu desenvolver estratégias próprias para viver na floresta (BARBOSA DE ALMEIDA, 1993).

Com a eclosão da Segunda Guerra Mundial, e a ocupação japonesa dos seringais do sudeste asiático, houve o aumento da demanda internacional pela borracha amazônica, sobretudo por parte dos Estados Unidos da América. Esses arranjos comerciais fizeram parte dos "Acordos de Washington", que tiveram início em 1941, quando os Estados Unidos declararam guerra aos países do Eixo e entraram na Segunda Guerra Mundial. No Xingu, a partir de 1943, começaram a chegar os *soldados da borracha* trazidos pela empresa Rubens Reserva.

Muitos chegaram lá, o patrão botava os que sabiam para ensinar: botar a borracha no defumador, mostrar a estrada, rapar a seringueira. Muitos só tiveram direito de cortar no primeiro dia, cortou e não colheu. Saiu de casa para ir colher e os caboclos mataram. Outros cortaram vinte, trinta anos, se aposentaram. A gente ensinava os

Sabá Bacabeira
Altamira, 2016

que chegavam. Eu cansei de ensinar. Muitos trabalhavam o verão, se davam bem, tinham saudades da família e voltavam. Muitos ficaram aqui mesmo. Poucos arigós voltaram para ficar no Ceará.

Seu Sabá contou-me que alguns *arigós* chegaram com a família, outros voltaram para se casar no Ceará e depois regressaram. Mas também era comum o casamento com mulheres indígenas. Abundam histórias de mulheres indígenas sequestradas durante o auge da exploração da borracha na Amazônia (PANTOJA, 2004 e SCHEIBE, 1999). Muitos beiradeiros que entrevistei, sobretudo aqueles nascidos na década de 1940, são netos de mulheres indígenas sequestradas. Muitas vezes ouvi, ao se referirem às avós ou, em menor medida, às mães, a expressão *era uma índia roubada da mata.*

A brutalidade do sequestro de mulheres indígenas e sua incorporação às famílias que se formavam no beiradão certamente favoreceu, ao longo do tempo, a consolidação de um conjunto de conhecimentos e técnicas originados da combinação dos conhecimentos indígenas com os dos camponeses trazidos do sertão, o que permitiu a permanência dessas famílias na floresta, mesmo quando a borracha deixou de ser de interesse do mercado.

Os caboclos vinham pelo beiradão e, quem topasse com eles na estrada [de seringa], metiam flecha, aí ninguém ia mais. Quando chegava na estrada e estava tapada, ninguém ia não. Eles já avisavam, se a estrada estava tapada, tapagem bem-feita era a deles, com pau, que ninguém fosse. Eles botavam as tigelas [usadas para coletar o látex das seringueiras] de boca para baixo, assim, na madeira. Eles pregavam a tigela de boca para baixo avisando que tinham passado e que ninguém fosse lá, porque eles vinham descendo. Só os índios Kayapó. Essa aldeia aqui dos Araras da Cachoeira Seca, esses não mexiam com ninguém não, mas os Kayapó e os Asurini eram tudo bruto.

Domingos Vieira
Altamira, 2014

Seu Domingos Vieira nasceu em 1944 na ilha do Bacabal, próxima à cidade de Altamira. Começou a cortar seringa em 1957, período em que, segundo ele, *os caboclos voltaram a atacar*, após um período de trégua.

Na década de 1950, a borracha deixava de ser uma fonte de renda monetária exclusiva no beiradão. Ganhava importância, ao lado da castanha-do-pará, a comercialização da *pele de gato*: o couro de animais silvestres, como gato-maracajá, onça-pintada, ariranha, lontra (ALARCON e TORRES, 2014, p. 25) e também do *porcão*, chamado de queixada em outros lugares. A caça desses animais para comercialização implicou, de um lado, uma maior circulação dos seringueiros na floresta e, de outro, uma mudança na própria atividade de caça, antes restrita ao consumo. Nesse período, conforme nos conta seu Domingos, intensificaram-se os conflitos com indígenas.

Ouvi muitas histórias sobre os avisos que os indígenas deixavam na mata: as *tapagens*, paus fechando os caminhos percorridos; as tigelas viradas; seus *arremedos* na mata que imitavam os sons dos animais para atrair, confundir e assustar os seringueiros. Eram sinais para que não voltassem, um aviso de que aquele território não lhes pertencia. O terror novamente instalou-se no beiradão. Esse terror era provocado pela vida em um ambiente fora do domínio do domesticável, um ambiente que pertencia aos índios, mas também aos animais da floresta e a seus donos, como Caipora. Os beiradeiros estavam na beira, beira da mata e beira entre mundos.

Ficar perdido na mata, inexplicavelmente, em caminhos conhecidos que se tornam misteriosos; lagos que surgem inesperadamente, impedindo de chegar ao rio, à fuga, ao caminho de volta para casa. A mata que se torna sombria. O medo, os barulhos, os *arremedos*, barulho de animais por toda parte, diferentes animais, em todas as direções. Saber que se está cercado pelos índios. Saber que eles estão muito próximos, mas não conseguir enxergá-los. Perceber-se preso em um mundo desconhecido e incontrolável, saber-se invasor do mundo de outros. Ouvi histórias parecidas diversas vezes. Narrativas semelhantes existem em outros lugares da Amazônia (ANDRADE e POSTIGO, 2017, pp. 59 e 60). Mauro Almeida as sintetizou assim:

> "Caçadores experientes perdem-se na floresta, e voltam para casa depois de horas, com o corpo e as roupas rasgados por espinhos, com marcas de açoite, tomado de medo – o assombro. Cães de caça sofrem a mesma experiência – mesmo os mais corajosos voltam da mata ganindo, marcados por surra, tomados de pavor. Clareiras naturais na floresta que são inexplicáveis. Essas experiências são vividas por todo caçador.

> Todos esses eventos são evidências da presença de Caipora. São situações de medo, de susto, e de respeito."
>
> (BARBOSA DE ALMEIDA, 2013, p. 10)

O medo gerado pelo conflito territorial com os indígenas era potencializado por um conflito interno, relativo à própria ontologia beiradeira, seu direito costumeiro, que implicava no respeito à mata e aos animais que a habitam. Em 2012, estive na casa de seu Reginho, no Riozinho do Anfrísio. Era minha primeira experiência profunda no beiradão. Sentados no chão de terra batida de sua casa, em um dia de chuva, Reginho contou uma longa história do *tempo do gato*. As expedições de caça de gato podiam durar meses, as peles eram vendidas para os *patrões*. Muitos foram para essas expedições. No Riozinho, havia um homem que matava caça demais, inclusive porcão, não para comer, mas para vender a pele. Sua ganância foi tanta que, numa Sexta-feira Santa, dia em que os seringueiros mal saíam de suas casas, resolveu ir atrás de um bando de porcões. Foi a última vez: ele se perdeu e, sem direção, começou a ouvir o bando de porcões chegando. Chovia muito, e o homem subiu em uma árvore para esperá-los com sua espingarda. Os porcões chegaram, mas estavam todos sem couro, na carne viva. No maior deles, todo branco, vinha Caipora. Caipora disse para o homem ver o que tinha feito com seus bichos, que aquilo era crueldade e covardia, e foi embora. O homem voltou para casa assombrado e nunca mais caçou.

Aquele homem encontrou com Caipora na mata porque rompeu com as regras, desrespeitou o acordo, *só se vende aquilo que se cria,* ameaçando a continuidade da vida dos animais na floresta, pois não os tratou com respeito. Não pretendo explorar a importância ontológica de Caipora ou do *assombro* para a consolidação do direito costumeiro e as regras de uso do território, embora sejam elementos fundamentais. O que me interessa é colocar em evidência a frequência e abrangência dessas narrativas de assombro no Xingu, que operaram tanto como mito de origem de novas relações de convívio, como para estabelecerem mecanismos de controle e acesso a recursos e territórios.

A beira é limiar, é ponto de encontro entre mundos. Joseph Conrad, ao falar sobre a colonização do Congo, descreveu o que a floresta causava naqueles que chegavam: o fascínio pelo incompreensível, que é também detestável. Algo semelhante escreveu Michel Taussig sobre o Putamayo, onde imperava, no início da exploração da borracha, a economia do terror, alimentada pela fabulação – o exagero e a repetição das narrativas que criam um realismo mágico – que se torna também um instrumento de controle e dominação.

Foi em um momento em que proliferavam esses conflitos, de sangue e de ontologias, que se fez presente a intervenção do Estado que, para aplacar o terror da guerra entre beiradeiros e indígenas, usou uma estratégia de fabulação. Ao imperativo da morte por vingança que vigorava na beira, foi imposta a convivência por meio de um processo de paz forjado na rendição dos indígenas.

Os seringueiros não conseguiam produzir; cada vez que saíam para cortar seringa não sabiam se voltariam. Cada vez que os índios *faziam dano*, ou seja, matavam alguém, um grupo de homens era destacado para vingar a morte. No Xingu, diferentemente de outros lugares, não havia o termo *correria*, mas existiu a matança.

Se os seringueiros não produziam, os seringalistas não conseguiam pagar suas dívidas. Assim, os seringalistas se juntaram para negociar uma intervenção do Estado. Contou-me Bacabeira que os seringalistas Isaac Benarrós, Frizan Nunes, Raimundo de Oliveira e Áureo foram para a capital, no Rio de Janeiro, pedir uma intervenção:

Ou doma os índios, ou libera para a gente passar um verão sem trabalhar, só matando índio, para poder trabalhar depois.

Sabá Bacabeira
Altamira, 2016

Diante do apelo dos seringalistas, o governo federal convocou o sertanista Francisco Meirelles para cuidar da situação. O sertanista pediu para que interrompessem o *fabrico*, a produção da borracha, naquele ano e o ajudassem com seus homens e embarcações. Com esse compromisso, Meirelles foi para o Xingu.

Enquanto essas negociações aconteciam na capital, seu Sabá estava no Rio Novo quebrando castanha, mas ele e seus companheiros tiveram suas provisões roubadas pelos índios e voltaram para casa. Lá, ouviram que Francisco Meirelles entraria nos rios Xingu e Iriri para *amansar* todos os índios. Seu Sabá achou graça, *era índio demais*, disse. Os beiradeiros foram surpreendidos não só pela promessa de Meirelles de *amansar* todos os índios, o que parecia impossível, mas por uma inversão na lógica relacional à qual estavam habituados.

"Eu sei que quando eles faziam dano assim, que matavam o seringueiro, eles arrumavam quinze a vinte homens e mandavam atrás. Lá apareceu esse senhor por nome Chico Meirelles. Aí os caboclos tinham feito um dano. E foram uns vinte homens com esse Meirelles. Foi um cunhado meu, foi Chico do Bento, foi seu Sinhozinho, foi compadre Hugo, foram uns vinte homens com Chico Meirelles. Mas eles não foram para fazer dano em maloca. Chegaram lá, seu Chico Meirelles levou um língua. O língua é quem fala a gíria do caboclo. [...] Ele chegava e falava, porque a maloca tem um tuxaua, o chefe. Aí dizia: 'Chefe, nós queremos a paz. Queremos fazer a paz. Aqui tem esses vinte homens, mas ninguém veio brigar não'."

(Seu Manelito, Altamira, 2015, apud ANDRADE e POSTIGO, 2017, p. 51)

Para uma história que está viva na memória das pessoas que a viveram, mas para a qual são escassos os documentos históricos, a recorrência das narrativas orais é uma importante, senão a única, via de acesso. É nesse sentido que a narrativa transcrita acima, de seu Manelito, é relevante: trata-se da mesma narrativa que ouvi de seu Bacabeira, as mesmas palavras – *dano, língua, tuxaua* – e a mesma surpresa frente à possibilidade de ir ao encontro dos índios para conversar, e não vingar uma morte.

Onde havia guerra, chegava Francisco Meirelles falando em paz, por isso, na memória das pessoas que viveram aquele tempo, ficou marcado o pedido de Meirelles para *não fazer dano*. *Dano* significava matar, *dano* era a lógica relacional entre indígenas e beiradeiros. À guerra de sangue, Meirelles contrapunha uma nova lógica, segundo a qual todos são humanos e devem viver em paz, sob a proteção e assistência do Estado, doutrina esta cujo mentor é Cândido Mariano da Silva Rondon, conhecido como Marechal Rondon.

A todos surpreendia a perspectiva de ir ao encontro dos índios não para matá-los, mas para construir uma possibilidade de convivência que, obviamente, não foi nada favorável aos indígenas. Uma epidemia de gripe foi apenas a primeira das consequências para os índios do Xingu[11].

Seu Sabá ainda era menino, mas grande conhecedor dos igarapés da região. Ele, que perdeu cedo a mãe e foi criado junto aos mateiros, foi escolhido para pilotar um dos barcos que levaria os mantimentos da expedição. Meirelles seguiu com seus homens por terra, uma comissão que incluía os intérpretes, os *línguas*, índios Gorotire e Kokraimôro recém-contatados (FREIRE, 2008, p. 98).

A primeira parada foi no igarapé Encravado. Aos beiradeiros foi dada a ordem de não atirar nos índios, se fossem atacados deveriam apenas dar uma rajada para o alto, para assustá-los. Para Sabá era uma recomendação inverossímil. Ele era ainda menino, ficava esperando no barco, não ia com os outros cercar a aldeia. Contou que os homens voltavam para o barco cheio de mordidas, mas não atiravam.

Sabá Bacabeira
Altamira, 2016

Quando conseguiram pegar o chefe, Meirelles falou com ele. Falou, falou e falou. Até que o chefe baixou a cabeça chorando, deu uma urrada, um urro medonho, e acabou. Os índios chegaram tudinho, mansinho, mansinho, na beira do rio.

Tanto Sabá Bacabeira como Manelito se surpreenderam com a proposta de ir procurar os índios na mata para conversar. Depois se impressionaram com a capacidade de Meirelles de conversar com os índios.

Sabá Bacabeira
Altamira, 2016

Ele falou, falou e falou pedindo paz.

Sabá diz que quando Meirelles parou de falar, os índios já estavam rendidos, ajoelharam-se no chão, choraram e gritaram. *Tava ali um homem que sabia falar*, me disse Bacabeira.

Do igarapé Encravado a expedição foi para uma aldeia maior, no rio Jabuti, perto do seringal do Frizan. Foram seis dias de viagem de barco. Quando seu Sabá chegou, a aldeia já estava dominada por Meirelles. De lá a expedição se dividiu, Meirelles foi para o rio Curuá, ao encontro dos índios Kararaô, e Raimundo Araújo assumiu a frente de atração dos Kokraimôro (FREIRE, 2008).

Seu Sabá foi para o rio Curuá, receoso.

Sabá Bacabeira
Altamira, 2016

Vão matar a gente aqui, pensei. Ninguém sabia que a aldeia era tão grande e tão perto. Era a aldeia do Oí, irmão do Kakura. Eles eram inimigos, eles guerreavam entre as duas famílias. Oí era o apelido, era Makoroti. O Kakura [que acompanhava a expedição de Meirelles], *quando chegou, disse:*

– Nós vamos brigar, mas deixa só eu e meu irmão, não é para ninguém se meter, e, se ele não morrer, vai virar gente. Porque entre dois irmãos ninguém tem que se meter.

Quando chegou lá no terreiro Kakura gritou:

– Eu quero conversar contigo uma coisa importante.

Na língua, né, você sabe que os índios é que sabiam o que eles estavam falando.

– Comigo não tem acordo com covarde, com covarde – respondeu Makoroti.

Eles foram andando para perto um do outro, um puxou uma arma e o outro puxou também, e encostaram no peito um do outro, eles falando e os línguas falando:

– Não faz isso, não faz isso.

Até que eles arriaram as armas e danaram a chorar os dois irmãos. Diz que dava cada urro, dava cada urro infeliz. Então Kakura ajoelhou e disse:

– Olha, tem o Deus? Tem. Tem o mundo? Tem. Tem dono? Tem. Então, esse aqui é dono de todos nós, esse aqui é o Chico Meirelles.

Sabá me contou que Kakura foi responsável pelo contato com a aldeia de seu irmão no rio Curuá. Segundo a literatura, os indígenas contatados nessa expedição do rio Curuá eram da etnia Kararaô e Menkrangnotí (FREIRE, 2008, p. 97). Sua descrição impressiona, indígenas de diversas etnias reunidos na beira, sua rendição:

Chico Meirelles falava e caboclo chorava, caboclo urrava.

Aquele homem chegava da capital dizendo que os caboclos eram gente também, que viviam na mata, mas também eram cristãos, que tinham que viver juntos, todos sob a proteção de um mesmo governo. Bacabeira contou que em um ano todos estavam *mansos*.

Essas lembranças estão vívidas em sua memória. Seu jeito de contar com calma, a doçura de sua voz e o brilho de seu olhar se chocam com a atrocidade daquilo que narra. A repetição do choro e dos urros dos índios, o falar insistente de Meirelles e sua proposta de paz, as rajadas de metralhadora nos embaubais, são lembranças de um menino dono de si que sabia andar na mata, mas esperava na canoa.

Se Meirelles propunha uma inversão na lógica relacional entre indígenas e beiradeiros via pacificação, essa inversão só ocorreu de fato muito tempo depois, com a Aliança dos Povos da Floresta, em 1987 e, especificamente no Xingu, com o Encontro de Altamira de 1989, que fortaleceu a aliança entre os povos do Xingu diante de um inimigo comum: a ameaça de barramento do rio.

Outra inversão na lógica relacional se estruturou ao longo das décadas aqui descritas, "a selva", o "inferno verde", torna-se com o tempo lugar habitado. Esse processo foi bem descrito por Luís Sepúlveda no romance *O velho que lia romances de amor*, dedicado a Chico Mendes. O romance conta a história de um jovem pobre e recém-casado que vai para El Idílio, um vilarejo amazônico, tentar a vida em um pedaço de terra que o governo lhe destina. Nos primeiros anos, sua esposa morre, não resiste à umidade, à fome e às pragas, o jovem casal não sabe viver na selva. Com o passar do tempo, o jovem começa a conviver com os índios Ashuar, que lhe ensinam tudo aquilo que precisava saber para sobreviver com fartura. Esse aprendizado possibilitou que a selva, lugar inóspito e perigoso, se tornasse floresta, território de vida e aprendizado. No romance, o equilíbrio que havia se instaurado, uma lógica relacional pacificada, é perturbado quando um caçador branco mata os filhotes de uma onça, que passa a caçar os humanos, ameaçando a existência tanto dos brancos como dos Ashuar.

A trajetória de Antônio José Bolívar Proaño, protagonista do romance, me lembra as histórias de Sabá Bacabeira e de muitos outros beiradeiros que precisaram desenvolver habilidades e conhecimentos, incorporando modos de fazer dos indígenas para que a selva se tornasse floresta. Esse equilíbrio foi diversas vezes perturbado por conflitos interétnicos, ou por excessos, como ocorreu com o homem que matou porcão demais. Se descrevi nessas páginas o medo do desconhecido e o terror da guerra, procuro agora descrever a organização social do beiradão a partir do momento em que a selva se tornou floresta nas beiras do Xingu.

Floresta

O centro da organização social dos beiradeiros é a colocação, que é a unidade mínima de uso dos recursos da floresta, lugar de moradia e de trabalho de um grupo doméstico que pode ser constituído por uma ou mais casas. É na colocação que são tomadas as decisões com relação à organização da vida cotidiana. A colocação pode ser pensada como um sistema ou como um microcosmo social e natural, uma forma particular, historicamente constituída e localizada de organização social (BARBOSA DE ALMEIDA, 2012b).

Os conhecimentos camponeses trazidos do Nordeste, associados a tecnologias indígenas e experimentações cotidianas, deram origem a uma maneira de viver na floresta altamente independente de mercadorias e resiliente às oscilações dos produtos demandados pelo mercado. Esse modo de vida é associado ainda hoje pelos beiradeiros à noção de *fartura*. A diversidade de atividades – extrativismo, coleta, caça, pesca e agricultura – implica no uso de uma diversidade de ambientes: um conjunto de nichos ecológicos é manejado, transformado em território habitado a partir de um sofisticado conhecimento das dinâmicas ecológicas e das espécies da flora e da fauna, um conjunto de conhecimentos constantemente atualizado pela experiência de habitar o mundo (INGOLD, 2000 e 2011; HARRIS, 2005; BARBOSA DE ALMEIDA, 2012b).

Na mata estão as estradas de seringa, os castanhais e uma diversidade de sementes e frutos utilizados na alimentação, bem como cipós, madeiras e palhas usados na construção de moradias e artefatos. Da floresta uma diversidade de espécies é coletada para diferentes usos. São algumas delas: golosa, cajá, cacau, cupuaçu do mato, açaí, bacaba, babaçu, ingá, jatobá, inajá, uxi, pequi, murici, jaca, jenipapo, seringa, cumaru, andiroba, ipê, piranheira, acapu, conduru, camborim, ameiju, copaíba. As palhas da inajá e babaçu são utilizadas nas construções; o óleo e a farinha do coco do babaçu são usados na alimentação; cumaru, andiroba, copaíba e jatobá são usados para fins medicinais (DE FRANCESCO ET AL., 2017, p. 57).

As moradias guardam uma clara semelhança com as técnicas construtivas indígenas. Adequadas para o regime de cheia e vazante do rio, essas moradias são palafitas com assoalhos suspensos, ou térreas, com piso de terra batida. Os materiais são obtidos dentro da colocação: madeira, palha, cipó e barro. A casa fica próxima ao rio; no beiradão, o rio conecta e interliga as diversas casas, bem como articula o fluxo contínuo entre o beiradão e a rua[12].

Ao redor da casa fica o terreiro, onde são criados pequenos animais, sobretudo galinhas e patos. As hortas, geralmente pequenas e suspensas, fornecem tempero para a comida. No terreiro, são plantadas árvores frutíferas, constituindo uma unidade de manejo que pode ser identificada como quintal agroflorestal. No quintal, são cultivadas uma diversidade de espécies. São frequentemente encontradas nos terreiros ou quintais: cupuaçu, caju, cajá, mangueira, murici, açaí, carambola, goiaba, laranja, lima, limão, coco, graviola, acerola, tangerina, maracujá, ameixa, pimenta, urucum, hortelã panela, malva do reino, jambo, café, cacau, capim-santo e erva-cidreira (DE FRANCESCO ET AL., 2017, p. 56). Grandes mangueiras marcam na paisagem o local de antigas moradias.

A base da alimentação é a farinha de mandioca, associada ao peixe ou à carne de caça. A roça é plantada em sistema de agricultura de coivara ou itinerante, preferencialmente em capoeiras próximas ao terreiro. O sistema de coivara, de modo geral, é definido como "qualquer sistema agrícola contínuo no qual clareiras são abertas para serem cultivadas por períodos mais curtos de tempo do que aqueles destinados ao pousio". Trata-se de um sistema eficiente quando é a força de trabalho, e não a disponibilidade de terra, o fator limitante da produção (ADAMS ET AL., 2008, p. 154).

Na agricultura de coivara, as roças são inicialmente abertas na mata, que é *brocada*: as árvores e a vegetação mais alta são cortadas com machado, facão ou motosserra. Em seguida, é feita a *coivara*: as galhadas são amontoadas e depois é feito o aceiro, a limpeza da vegetação ao redor da área que será queimada para evitar que o fogo se espalhe. Por fim, o local é queimado e posteriormente plantado ou semeado. O aceiro é uma importante técnica de manejo do fogo. A queimada é importante para garantir o enriquecimento de nutrientes no solo. Após três ou quatro anos, quando o solo já está desgastado, o roçado é deixado por um período igual ou superior em repouso, ou pousio, para que a capoeira cresça e o solo se recupere, quando é usado para uma nova roça (ADAMS ET AL., 2008).

Cada família maneja uma quantidade variável de roçados, conforme sua composição e força de trabalho disponível, sendo o ideal três áreas de manejo. Um roçado novo, na mata ou capoeira de roçado antigo; um roçado em amadurecimento, plantado no ano anterior; e o roçado de onde se está colhendo a mandioca. Esse sistema garante a autonomia alimentar das famílias e evita a degradação das áreas de floresta, visto que os roçados são preferencialmente feitos em antigas capoeiras (BARBOSA DE ALMEIDA, 2012b).

Um pressuposto para o funcionamento desse sistema é a disponibilidade de espaço e a baixa densidade demográfica. As colocações ficam afastadas umas das outras. O distanciamento é necessário para garantir a disponibilidade de recursos e a diversidade de nichos ecológicos, indispensáveis para a realização das diversas atividades cotidianas. Outra característica importante é a mobilidade. Quando em uma colocação a caça se torna escassa, o solo se torna menos fértil, ou surgem problemas de vizinhança, é muito comum o grupo doméstico se mudar para outra localidade. A dispersão geográfica e a mobilidade são pressupostos para a sustentabilidade do sistema colocação. Há mecanismos de equilíbrio e alerta que atuam nesse mesmo sentido, ancorados em normas culturais complexas, como a interdição a determinados lugares para a caça ou a pesca, o não abatimento de fêmeas grávidas, ou alimentos que devem ser evitados[13].

Essa organização social centrada nos grupos domésticos e em uma economia de tipo familiar, que combina a organização familiar do trabalho, o uso dos recursos do meio e um saber técnico específico, faz com que os beiradeiros sejam tratados na literatura como um tipo particular de campesinato: o campesinato amazônico (BARBOSA DE ALMEIDA, 1986) ou campesinato histórico (LIMA, 2009).

A centralidade dos grupos domésticos e, portanto, das colocações, como lócus privilegiado para a tomada de decisões, bem como os fortes laços de solidariedade que existem entre as diferentes parentelas, relacionados inclusive com a baixa presença do Estado, de organizações religiosas, sindicais ou partidárias, são elementos importantes para compreender o que aconteceu com essa população no processo de deslocamento forçado, no qual a desestruturação social só não foi mais devastadora porque as pessoas puderam se amparar nas redes de relações sociais preexistentes.

Ao longo de sua história, os beiradeiros receberam diversas alcunhas, associadas às diferentes atividades econômicas e os principais produtos comercializados. Inicialmente, seringueiros e castanheiros, visto que a coleta da castanha conviveu desde o início com a extração do látex das seringueiras. As seringueiras eram cortadas no verão, quando a estiagem permitia a coleta do látex nas tigelas. A coleta da castanha ocorria no inverno, período em que os ouriços, os frutos da castanheira, caíam.

A roça, a pesca e a caça são atividades realizadas ao longo do ano, seguindo um calendário sazonal, e são atividades voltadas, sobretudo para a alimentação.

Mencionei como, na década de 1950, a queda no preço da borracha provocou o deslocamento da força de trabalho dos seringais para as expedições de caça, dado o interesse do mercado por *peles de gato*. *Gateiros* eram chamados aqueles que caçavam gatos em longas expedições na mata que podiam durar meses. Ao longo da década de 1980, duas outras atividades se tornaram importantes no que diz respeito à geração de renda monetária: o garimpo do ouro e da folha de jaborandi.

Os primeiros garimpos de ouro da região foram abertos por volta de 1945, na Ressaca e no Itatá, localidades da Volta Grande do Xingu. A inauguração desses garimpos é atribuída a garimpeiros vindos do Suriname e Guiana Francesa. Apenas em 1985, com a chegada das primeiras chupadeiras ou dragas, esses garimpos começaram a ser explorados de forma mais intensiva. Nesse período, muitos beiradeiros que ainda cortavam seringa migraram para os garimpos da Volta Grande do Xingu e da Terra do Meio, sobretudo no rio Curuá, dando início à *fofoca do ouro* na região[14].

A comercialização da folha do jaborandi era destinada à indústria de medicamentos e cosméticos. Conforme observou a pesquisadora Natália Guerrero entre os beiradeiros que hoje vivem no Parque Nacional da Serra do Rio Pardo, o comércio da folha do jaborandi funcionava como um garimpo, movimentando volumes significativos de dinheiro e atraindo pessoas de diferentes localidades (GUERRERO, 2015, p. 54). Os beiradeiros do médio Xingu me descreveram a atividade como a *fofoca da folha*, que atraiu muita gente de fora. Alguns compararam a atividade com a extração ilegal de madeira, que ganhou força na década de 1990 devido aos riscos e à instabilidade da atividade.

Na década de 1990, mais uma atividade gerou *fofoca* no rio Xingu: a comercialização de peixes ornamentais, sobretudo na região da Volta Grande do Xingu. São pescadas no rio Xingu diferentes espécies de acaris e arraias, algumas delas endêmicas da região. O acari zebra (*Hypancistrus zebra*), por exemplo, é um peixe pequeno que vive nos pedrais e corredeiras da Volta Grande. Trata-se de uma espécie endêmica, hoje ameaçada de extinção. Embora outras espécies de acaris sejam comercializadas, o zebra era o que tinha o maior valor no mercado internacional de aquarismo.

Uma extensa rede de aquaristas se instalou em Altamira, sobretudo na orla do cais. O comércio dos peixes ornamentais se estruturou, assim como as outras atividades comerciais, em torno do sistema de aviamento. Tal como um garimpo, a pesca do peixe ornamental gerava lucros rápidos. São diversos os relatos sobre uma rede de bares e cabarés que se instalou nas ilhas da Volta Grande do Xingu nessa época. Os beiradeiros que se dedicavam à pesca do peixe ornamental receberam uma nova alcunha: *acarizeiros*. A pesca de peixe ornamental foi profundamente afetada pelo enchimento do reservatório de Belo Monte, pois os diferentes habitats utilizados pelas espécies ficaram inundados. Mesmo no trecho da Volta Grande, que secou com a construção da usina, devido ao desvio do curso natural do rio, os peixes ornamentais migraram para áreas mais fundas no leito do rio, tornando sua captura mais difícil e, portanto, mais perigosa. Consequentemente, a rede de lojas de aquaristas que povoava a orla de Altamira deixou de existir. Em 2019, havia apenas uma dessas lojas na orla da cidade.

*

Fofoca é uma expressão típica da região que se refere, por exemplo, ao que acontece quando a notícia de que foi encontrado ouro em determinado garimpo se espalha e muitas pessoas se deslocam para o local. Em Altamira, *fofoca* não diz respeito apenas ao ouro, mas a tudo que, em determinado momento, representa uma possibilidade de ganhos rápidos, como a pele de gato, o ouro, a folha de jaborandi e, posteriormente, a madeira e o peixe ornamental. Nesse sentido, o termo *fofoca,* no beiradão, tem um sentido econômico, referindo-se a uma notícia que se espalha rapidamente sobre a possibilidade de rendimento imediato em determinada atividade.

Aquilo que localmente é denominado *fofoca* está relacionado em alguma medida ao conceito de *boom* econômico recorrente na literatura sobre a ocupação da Amazônia para caracterizar cada período histórico a partir do produto comercializado em maior escala. A ideia de *boom* e ciclo econômico pode levar ao entendimento de exclusividade de uma atividade e ruptura em relação à atividade precedente, dinâmica essa que tem pouca aderência às trajetórias observadas. Se a extração do látex das seringueiras entrou em declínio em alguns períodos, a atividade permaneceu de modo contínuo até a década de 1980, por exemplo. O mesmo aconteceu com as outras atividades, que podiam ter maior demanda do mercado em determinados momentos, atraindo um número maior de pessoas, mas subsistiam ao longo do tempo de forma secundária e associada a outras atividades. Assim, no beiradão, o arranjo produtivo preferencial está baseado em uma diversidade de atividades que coexistem ao longo do tempo. A ideia de ciclo traz consigo as noções de ruptura e exclusividade que não condizem com os modos locais de vida.

É nesse sentido que deve ser entendida a *fofoca*, a atração para determinada atividade de um considerável contingente de pessoas, algumas vezes fora da colocação, como é o caso da pele de gato, do ouro e da folha de jaborandi. O sistema de pluriatividade – a pesca, a agricultura, a caça – é mantido pelo grupo doméstico no interior da colocação.

A importância de determinado produto comercializado em cada momento histórico levou a atribuição de alcunhas aos beiradeiros: seringueiros, castanheiros, gateiros, garimpeiros, pescadores, acarizeiros ou extrativistas. Frequentemente, essas alcunhas são reproduzidas na literatura acadêmica como se fossem categorias identitárias. Embora essas categorias, em determinados períodos históricos e contextos, tenham se tornado importantes para autoidentificação, e impulsionado processos de organização social e política, são categorias ocupacionais ligadas a um período histórico preciso ou a uma atividade particular. Ao longo do tempo, todas elas se referem a modos de adaptação de camponeses à economia regional e nacional. Ao contrário, categorias identitárias remetem a processos mais amplos, e dizem respeito a lógicas culturais, territoriais e históricas de longa duração.

O *Alto*

A borracha e a castanha continuaram a ser produtos centrais para a comercialização até a década de 1980, quando diminuiu muito a quantidade de compradores que viajavam até o *Alto*. Com a queda do comércio da borracha, muitos patrões e regatões deixaram a região, enfraquecendo o sistema de aviamento que garantia o acesso às mercadorias em localidades distantes do centro urbano. De forma concomitante, a abertura da rodovia Transamazônica, ao facilitar o acesso à região, provocou a chegada de grandes proprietários de terra. A concentração fundiária e a grilagem provocaram a expulsão dos beiradeiros das terras tradicionalmente ocupadas.

Com a crescente dificuldade de acesso às mercadorias e a crescente pressão fundiária, muitos começaram a se deslocar do *Alto* para localidades mais próximas de Altamira. O seringal do Lola, na região do Poção, foi um dos lugares onde os beiradeiros que desciam do *Alto* se estabeleceram, preferindo ficar em uma colocação menos isolada, do que tentar a sorte na cidade. O mesmo aconteceu com os seringais de Nazaré, na região do Arroz Cru; o seringal de seu Antônio Alves de Souza, na região do Largo da Boa Esperança; e o seringal de Jorge Gomes da Silva, na região do Bacabal e Costa Júnior. A exploração desses seringais, por serem mais próximos da cidade, perdurou até meados da década de 1980, e mesmo na década seguinte, de forma mais incipiente e com um preço de comercialização bastante reduzido.

É digno de nota que todos esses seringais ficavam em ilhas, onde há naturalmente uma alta densidade de seringueiras nativas. As ilhas foram centrais na história de ocupação do beiradão, inicialmente, nos fins do século XIX e primeira metade do século XX. As ilhas eram locais de preferência para o estabelecimento das moradias, devido aos frequentes ataques dos povos indígenas. As ilhas garantiam proteção, pois a maioria deles vivia no *centro*, no interior da floresta e não tinha embarcações, a única exceção eram os índios Juruna, ou Yudjá, conhecido como povo canoeiro, que vivia também nas ilhas.

A partir da década de 1950, com a "pacificação" dos indígenas, as terras firmes passaram a ser ocupadas pelos beiradeiros. Contudo, algumas décadas depois, com a expansão da fronteira econômica e o início da concentração fundiária, os beiradeiros foram novamente repelidos para as ilhas e expropriados de seus territórios, então pelos grandes proprietários rurais. A partir da década de 1990, sobretudo nas regiões mais próximas de Altamira, as ilhas do Xingu tornaram-se o último reduto dos beiradeiros, as últimas terras livres.

*

Dona Francisca nasceu em 1950 no alto Iriri. Seus pais vieram do Ceará para trabalhar no seringal São Francisco. Quando se casou, aos 16 anos, foi morar na terra firme. Nessa época, *os índios já estavam mansos*. Foi viver com a família do marido em uma localidade conhecida como Papagaio. O marido foi seringueiro e também gateiro. No inverno, quebravam castanha. Tiveram nove filhos. Na década de 1990, o lugar onde viviam se tornou a Fazenda Juvilândia. O doutor Júlio chegou dizendo que a terra era dele, que tinha comprado as posses. Os capangas ameaçavam as famílias para que vendessem as terras por muito pouco e avançavam desmatando tudo. Dona Francisca e seu marido tiveram que vender a terra e foram morar em uma ilha, acima do porto da Maribel, no rio Iriri.

> "De acordo com o MPF, os mais de 1 milhão e 300 mil hectares que formam a fazenda [Juvilândia] foram grilados e os ribeirinhos que moravam na região foram expulsos de forma violenta. São cerca de 200 famílias que, a partir de 1977 (quando as fraudes começaram), receberam a visita de seguranças armados que falavam em nome de Júlio Vito Pentagna Guimarães, fazendeiro acusado de planejar e executar as fraudes. Os seguranças deram prazo para que os moradores tradicionais se retirassem, alegando que as terras agora eram propriedade de seu patrão. Os ribeirinhos foram de fato expulsos e há relatos de incêndios em casas e roças e até de assassinatos durante o despejo."
> (PALMQUIST, 2008)

O filho mais velho de dona Francisca foi trabalhar no garimpo do Curuá, pois, conforme me contou, *a seringa estava fraca*, ou seja, não assegurava mais a mesma renda. No garimpo, ouviu falar da *fofoca do zebra*, um peixe ornamental endêmico do rio Xingu com alto valor comercial. No final da década de 1990, sem segurança territorial e após o falecimento de seu pai, foram morar em uma região a jusante da cidade de Altamira, chamada Palhal, na ilha do Crispiano, onde viviam alguns parentes, para trabalhar com peixe ornamental.

A pesca do peixe ornamental e a moradia nas ilhas se tornou uma alternativa importante, sobretudo a partir da década de 1990, dada a intensificação dos conflitos relacionados ao roubo de madeira e à grilagem de terras. Nesses anos, chegaram à região grandes grupos madeireiros interessados nos estoques de mogno, sobretudo da Terra do Meio. Muitas estradas foram abertas, ramais da Transamazônica, que abriram caminho para a chegada de grileiros e fazendeiros no território[15].

Nesse período, além da Fazenda Juvilândia, ficou famoso o caso da empresa CR Almeida, de Cecílio do Rego de Almeida, que reivindicava a posse de duas fazendas na Terra do Meio, que, juntas, somavam 7 milhões de hectares: a Fazenda Curuá e a Fazenda Xingu. A Fazenda Curuá se sobrepõe a três terras indígenas (Xipaya, Kuruaya e Kayapó Mekragnoti), uma floresta nacional, dois assentamentos do Instituto de Terras do Estado do Pará, dois assentamentos do Incra, uma área das forças armadas e o território tradicionalmente ocupado por centenas de famílias beiradeiras. A empresa CR Almeida é acusada por operar uma das maiores grilagens de terras do país (CONSULTOR JURÍDICO, 2011).

*

Raimundo se lembra com precisão do dia em que saiu do *Alto* e se mudou com a família para a região do Costa Júnior, localidade não muito distante da cidade de Altamira. Dia 6 de fevereiro de 1977 entraram no lote, na terra firme[16]. Por anos plantaram de tudo, a terra era boa, a caça farta. Na década de 1990, empresários da região, fortalecidos pelos volumosos financiamentos desviados da Superintendência da Amazônia (ESTADÃO, 2001 e TRF 1, 2016), começaram a pressionar posseiros e colonos para venderem suas terras. A família de Raimundo não queria vender o lote, mas a permanência tornava-se cada vez mais difícil. Os vizinhos estavam indo embora. O gado do fazendeiro comia os roçados. Depois de perder mais de uma vez toda a produção, decidiram vender o lote, por um preço muito inferior ao primeiro oferecido pelo fazendeiro, e ir embora[17]. Raimundo e seus irmãos se mudaram para as ilhas do Costa Júnior, as últimas *terras soltas*, onde viveram até serem deslocados pela construção da usina de Belo Monte.

A década de 1970, momento em que era construída a rodovia Transamazônica, que chegou a Altamira em 1972, coincide também com o estabelecimento do Incra e o início de um processo de regularização fundiária na região. O Incra não priorizou beiradeiros e pequenos agricultores já estabelecidos ali. O objetivo era promover a colonização da Amazônia por meio do incentivo à migração de camponeses, sobretudo do Nordeste brasileiro. O lema "Terra sem homens para homens sem-terra", do governo militar, desconsiderava os modos tradicionais de ocupação. O sistema de regularização fundiária do Incra abria vicinais, ao longo da Transamazônica, e recortava a floresta em lotes retangulares que tinham a estrada como centro organizador dos fluxos e da vida social, virando as costas para o rio, que norteava a organização social anterior (VELHO, 1981).

Não obstante, algumas famílias beiradeiras, que viviam nas localidades próximas à Altamira, foram incluídas nesses projetos de assentamento. Para os beiradeiros, cuja territorialidade é marcada pela mobilidade, os lotes significaram muitas vezes uma reserva de recursos, uma poupança, vendida em situações de emergência. A venda da terra não desestabilizava seu modo de vida, ou a economia doméstica, na medida em que as ilhas ainda eram *terras soltas* e, portanto, podiam ser novamente ocupadas.

Muito embora esses processos sejam comuns a toda a região, configurou-se no entorno de Altamira um contexto fundiário bastante heterogêneo. Às margens a jusante da cidade, nas regiões de Paratizão, Paratizinho, Arroz Cru e Palhal, famílias beiradeiras extensas e aparentadas entre si permaneceram nos lotes da terra firme, onde foram assentadas pelo Incra até o deslocamento forçado provocado pela construção da usina de Belo Monte. Já a montante da cidade, na margem esquerda, de mais fácil conexão com a cidade, onde vivia a família de seu Raimundo, houve uma maior concentração fundiária, sobretudo na década de 1990, com a chegada de grandes fazendas de gado. Na margem direita do rio, do lado oposto em relação à cidade, o mesmo processo de concentração fundiária não ocorreu, prevalecendo ainda hoje a presença de lotes de assentamento rural do Incra, ou seja, uma malha de pequenos e médios proprietários rurais que são, em sua origem, tanto beiradeiros como colonos.

Esse fluxo do *Alto* para regiões mais próximas de Altamira não deve ser compreendido como êxodo ou migração, pois, em ambos os casos, seríamos levados a pensar em uma dicotomia entre um lugar de origem e um lugar de destino, o que oblitera as interconexões. Redes de parentesco que conectam localidades e casas ao longo do rio Xingu persistem até a atualidade, assim como persiste uma intensa circulação de pessoas e de coisas entre essas localidades. A noção de circulação, o fato de as pessoas circularem ao longo de suas vidas, levando com elas as relações que as constituem (GODÓI, 2014), diz muito mais sobre as relações de parentesco e reciprocidade que existem entre os moradores do *Alto* e das localidades próximas à Altamira, bem como entre as casas dos ribeirinhos no beiradão e na rua, conforme descreverei adiante.

Se houve uma permanência de muitas famílias no *Alto*, isso está relacionado ao modo de viver beiradeiro – a pluriatividade, a centralidade dos grupos domésticos e o uso de uma diversidade de ambientes – que possibilitou sua permanência em lugares longínquos, mesmo com as rupturas e transformações das relações comerciais. Esse modo de viver permitiu ou facilitou a adaptação às sazonalidades marcadas da Amazônia, aos ritmos de cheia e vazante do rio Xingu e aos diferentes tipos de ambiente que o margeiam, assim como às mudanças dos interesses econômicos regionais, nacionais e internacionais.

A permanência dos beiradeiros no *Alto* também foi favorecida pela criação de áreas protegidas, sobretudo as reservas extrativistas, que blindaram os territórios tradicionalmente ocupados pelos beiradeiros da grilagem de terras. A criação de um mosaico de unidades de conservação, nos primeiros anos do século XXI, constituiu um conjunto de áreas protegidas que somam mais de oito milhões de hectares. Esse mosaico garantiu uma barreira efetiva para o avanço da agropecuária e da grilagem de terras, proporcionando segurança territorial aos indígenas e beiradeiros. Contudo, não tem se mostrado suficiente para bloquear, a longo prazo, o roubo de madeira (DOBLAS, 2015).

No médio Xingu, no entorno da cidade de Altamira, principal lócus deste livro, não foram criadas áreas protegidas, e tampouco foi reconhecido, até recentemente, o território tradicionalmente ocupado pelos beiradeiros. Se, até pouco tempo atrás, famílias beiradeiras permaneceram em lotes na terra firme a jusante da cidade de Altamira, em áreas hoje próximas ao barramento, na região a montante da cidade, o processo de colonização e a presença de grandes proprietários rurais levou à compressão dos beiradeiros nas ilhas.

Rio

O processo de descida do *Alto* para localidades mais próximas de Altamira, para além dos conflitos fundiários mencionados, está relacionado à crescente importância da pesca como atividade geradora de renda, o que significou um deslocamento da ênfase econômica da floresta para o rio, e uma maior dependência da cidade para a compra do gelo e a comercialização do pescado.

A pesca inicialmente era uma atividade complementar, voltada sobretudo para a alimentação, embora houvesse comércio de peixe salgado. Foi com a abertura da rodovia Transamazônica e seus ramais, que facilitou o escoamento da produção e o acesso ao gelo para conservação do pescado, que a pesca ganhou importância e mesmo predominância como atividade econômica em termos de geração de renda monetária.

No Xingu, a pesca é uma atividade tradicional que envolve homens e mulheres. A organização para o trabalho acontece dentro do grupo doméstico, sendo as parcerias de pesca preferenciais o casal, pais e filhos ou entre irmãos. As crianças, desde cedo, são socializadas na pescaria, aprendendo a pescar com seus pais.

O Surubim anda no fundo, mas desova na água rasa. Já a pescada desova na água funda; piau e curimatá desovam na água fresca, o pacu branco desova na água funda. Eu já vi curimatá subindo cachoeira de cinco metros de altura neste rio. Ela pula, bate na pedra, bate na água e continua subindo. Atrás dela vai o mandi e outros peixes que comem as ovas, depois tem aqueles que comem os alevinos. Cada curimatá põe mais de mil e duzentos ovos, para escapar cerca de cem. Dá quase um por mil! Tudo isso a gente conhece: o peixe que anda em cada poço, por qual parte do rio passa cada peixe. Se me tirar daqui e me levar lá para o Iriri eu já não vou saber pescar, porque já é outro rio.

Seu Dedé
Altamira, junho de 2015

A atividade pesqueira implica em um conhecimento sofisticado de diferentes ambientes, hábitos e o comportamento das diferentes espécies, das dinâmicas de interação de peixes e ambientes, bem como das mudanças sazonais que interferem e alteram esses ciclos. Esse conhecimento é transmitido de geração em geração e aperfeiçoado por meio da interação entre humanos, peixes e ambientes. Por essas razões existe um vínculo profundo entre esse tipo de conhecimento e as particularidades de cada lugar. Para cada tipo de ambiente, espécie e época do ano, existem técnicas específicas que influenciam desde a arte de pesca utilizada, aos horários e dinâmicas da jornada de trabalho.

Pesqueiros, ou pontos de pesca, são os locais onde é realizada a pescaria. São mecanismos de apropriação social do rio que implicam em relações de cooperação e exclusão, em tomadas de decisão e, portanto, na construção de regras que definem a territorialidade do grupo social que habita ou compartilha um mesmo território (CORDELL, 1989).

O conhecimento tradicional associado à atividade pesqueira, bem como o direito costumeiro que regula o acesso a determinados espaços e restringe práticas consideradas predatórias, inclui uma territorialidade bastante particular associada ao rio. O rio não é um ambiente homogêneo: ao contrário, para pescar é imprescindível conhecer a topografia do fundo do rio, como poços e pedrais, as correntezas, as áreas de alimentação e desova dos peixes, assim como suas rotas migratórias. O pescador pesca apenas onde conhece, como diz seu Dedé:

Se me tirar daqui e me levar lá pro Iriri eu já não vou saber pescar, porque já é outro rio.

Seu Dedé
Altamira, 2014

O rio Xingu tem uma das maiores diversidades de ambientes aquáticos entre os afluentes da bacia amazônica. Isso, possivelmente, explica a grande diversidade de peixes da região (MAGALHÃES e HERNANDEZ, 2009). Para os beiradeiros e pescadores, os ambientes mais importantes são os pedrais, lajeiros ou corredeiras, o canal do rio, os remansos, os igarapés, os poços, os lagos, o sarobal e os igapós.

Nos pedrais, lajeiros ou corredeiras vivem os acaris (*Loricariídeos*), os piaus (*Anostomídeos*) e os pacus (*Caracídeos serrasalmíneos*), que são espécies muito apreciadas para alimentação. Pedrais também são habitat de peixes ornamentais (ZUANON, 2010). No canal do rio vivem, pelo menos, sete espécies distintas de bagres, entre os quais a pirarara, o maior deles. A pesca destinada à comercialização é realizada predominantemente nesse ambiente.

Remansos são áreas marginais, localizadas onde há pedrais ou praias e a correnteza do rio é mais fraca; nesses locais, é realizada a pesca da pescada e do pacu.

Os poços são locais profundos onde vivem peixes como o surubim, filhote e jaú que, segundo os pescadores, podem andar em locais mais rasos para se alimentar, mas vivem nos poços.

A saroba é um tipo de vegetação característica de terrenos aluviais, seus frutos – sarão, figo, goiaba, cafeirana – caem na água e são uma importante fonte de alimentação para os peixes.

Lagos são importantes para a pesca, mas sobretudo para a reprodução de espécies. Por essa razão, são também chamados de *berçários*. Lagos estão associados a piracemas. Para os beiradeiros do Xingu, esses são ambientes aquáticos localizados às margens das ilhas fluviais e mesmo do rio, onde várias espécies de peixes se reúnem para desovar.

O igapó é um local de alimentação e refúgio no período da cheia e uma das principais áreas de pesca nessa estação.

Os igarapés são pequenos córregos que correm para o canal do rio, onde vivem piranhas, acaris, acarás e tucunarés.

Ao detalhado conhecimento ecológico dos beiradeiros, estão associadas diferentes técnicas de pesca, como a pesca de bubuia, o espinhel, a zagaia, o bate e o arpão. Atualmente, as técnicas mais utilizadas no entorno de Altamira são a tela (linha e anzol), a malhadeira (rede de espera) e a tarrafa (rede de arremesso). Existem dois tipos de tarrafa. Uma, de malha fina, para pegar piaba, peixes pequenos usados como isca, um tipo de pescaria realizada tanto de dia como de noite, na beira do rio. Outra, de malha grossa, é usada para pegar diversos tipos de peixes, sobretudo curimatá, tucunaré e piau nos pedrais, principalmente durante a noite e apenas no verão. A tela é usada o ano todo para a pesca do pacu, tucunaré e pescada, em ambientes de poço e canal do rio, no beiradão e na beira dos pedrais, principalmente de manhã cedo e no final da tarde. A malhadeira é usada ao longo de todo o ano. É colocada na água de manhã cedo e a despesca é realizada antes da hora do almoço. No final da tarde, é colocada novamente na água e a despesca é realizada durante a noite.

O conhecimento tradicional relacionado à ecologia dos ambientes e da fauna aquática, bem como as técnicas utilizadas, é elaborado, reproduzido e atualizado a partir de um engajamento perceptivo, ou seja, na interação com peixes e ambientes, mediada pelo corpo (HARRIS, 2005).

Rua

Altamira se debruça sobre o rio Xingu – ao mesmo tempo em que lhe dá as costas –, e é atravessada por três igarapés: Altamira, Ambé e Panelas. O *baixão* é o lugar onde o encontro está, ou estava, em sua plena potência: o encontro entre cidade e beiradão; encontro entre rio e igarapé; encontro entre pessoas. O *baixão* é um ambiente úmido, de baixa declividade, localizado próximo ao leito do rio e dos igarapés. Na área urbana de Altamira, para quem via de fora, o *baixão* era um emaranhado de casas de madeira conectadas por passarelas suspensas. Na rua da Peixaria, a mais próxima do rio, ficavam os pontos de comercialização de pescado e os entrepostos dos aquaristas que compravam peixes ornamentais. Ali, também ficava o Porto das Carroças, principal porto de desembarque da produção pesqueira da cidade, transportada fundamentalmente por carroças puxadas por tração animal.

Em Altamira, o *baixão* é beiradão. Era lá onde morava a maioria dos beiradeiros, bem como indígenas, oleiros, garimpeiros e pescadores. As canoas ficavam perto das casas, o pescado era vendido ali mesmo, na vizinhança, quando não era vendido aos *marreteiros* na Rua da Peixaria ou no Porto das Carroças.

As casas, na cidade e no beiradão, estão em permanente conexão, uma depende da outra. O tempo de permanência na casa do beiradão e na casa da cidade varia conforme a idade dos membros da família e a composição da economia doméstica. Entre famílias com filhos pequenos, por exemplo, é comum a mãe ficar na cidade para que as crianças tenham acesso à educação formal. Famílias que vivem da pesca geralmente permanecem a semana toda no rio e voltam para a cidade no fim de semana, para vender o pescado e comprar gelo e mantimentos. Famílias que comercializam outros produtos, como polpa de fruta, ovos e galinhas, costumam ir para a cidade mais espaçadamente, a cada quinze dias. Não há uma casa principal e outra secundária: ambas são fundamentais para o funcionamento do sistema, e o rio Xingu é a vida de permanente circulação.

A bilocalidade ou dupla moradia é um aspecto central da organização social do beiradão, sobretudo a partir das décadas de 1970 e 1980, quando os beiradeiros se estabeleceram em locais mais próximos à cidade. No sistema de bilocalidade, a casa na ilha, ou na beira do rio, é uma unidade produtiva, que abastece a casa na cidade com os produtos da roça, da mata e do rio, bem como com a renda obtida com sua comercialização. A casa na cidade, por sua vez, serve de moradia para os membros da família que trabalham na rua, geralmente filhos mais novos ou casais com crianças pequenas, em idade escolar. Serve também de ponto de apoio para aqueles que passam a maior parte do tempo no beiradão, quando estão na cidade. A casa na cidade, eventualmente, abastece a casa no beiradão com mercadorias e salários.

A maioria das famílias beiradeiras vivia em sistema de dupla moradia e, mesmo aquelas que não tinham uma casa própria na cidade, podiam contar com uma extensa rede de apoio que garantia guarida para aqueles que chegavam do beiradão. No levantamento realizado para os Estudos Ribeirinhos – resultado de um pedido do Ministério Público Federal para a SBPC – entrevistamos 118 famílias beiradeiras deslocadas pela usina. Das famílias entrevistadas, 86 tinham também uma casa na cidade, ou seja, 73% do universo da pesquisa. Esses números revelam a importância e a centralidade da dupla moradia para a organização social do beiradão (DE FRANCESCO ET. AL., 2017a).

Essa circulação entre o rio e a rua é parte constituinte da territorialidade beiradeira. Historicamente, essa circulação favoreceu o estabelecimento de uma extensa rede de parentela que vai dos altos cursos do rio Xingu e seus afluentes, como o Iriri e o Riozinho do Anfrísio, até regiões a jusante da cidade de Altamira, na Volta Grande do Xingu. Essa circulação também interliga o beiradão à cidade por meio de uma extensa rede de casas, parentes, compadres e amigos. O conceito de vicinalidade me parece definir bem aquilo que constitui essa rede de casas. A vicinalidade, em oposição à vizinhança, não define zonas territorialmente demarcadas, mas processos de aproximação territorial constitutiva que prescindem de fronteiras, permitindo compreender como relações domésticas funcionam além de contextos de coabitação. No interior de uma vicinalidade, as casas estão em uma relação de reciprocidade e interindependência: são essas relações que lhes dão existência (GODÓI, 2014).

Sem perder de vista o alcance e a pertinência da categoria vicinalidade, uso, ao longo de todo este livro, o termo vizinhança. Refiro-me a um tipo de relação que não é contraditória à vicinalidade, um conceito mais abrangente e que pode englobar a vizinhança, mas chamo atenção para algo que é relevante e mencionado com frequência pelos ribeirinhos. Vizinhança diz respeito a relações de reciprocidade, mas também de conflito, estabelecidas com aqueles que moram perto, ou seja, traz em si uma dimensão de contiguidade territorial.

Desfiguração

Minha avó já me falava: quando descobrirem a bacia amazônica, metade do Pará vai se acabar. E foi há trinta anos que esta história começou. Agora, vai começar Belo Monte. O homem já falou, mesmo que o sangue chegue na altura da canela, a barragem vai ser construída.

Manelito,
Rio Iriri, novembro de 2012

O projeto Kararaô, o barramento do rio Xingu para geração de energia elétrica, começou a ser discutido em 1975. Então, a Eletronorte, subsidiária da Eletrobrás – uma sociedade de capital aberto sob controle acionário do governo federal – contratou a empresa CNEC, do grupo Camargo Corrêa, para a realização dos primeiros estudos de viabilidade. O inventário, apresentado em 1979, identificava cinco potenciais barramentos no rio Xingu e um no rio Iriri (PÉREZ, 2015).

O imenso impacto ecológico e social do projeto Kararaô gerou uma onda de mobilizações locais, nacionais e internacionais contrárias à sua construção. Em fevereiro de 1989, aconteceu em Altamira o Primeiro Encontro dos Povos Indígenas do Xingu, que reuniu mais de 3 mil pessoas. Os índios ficaram hospedados na Bethânia, um espaço afastado da cidade, mantido pela Igreja Católica por meio da Prelazia do Xingu, até hoje importante como lugar de encontro dos povos da região. O evento ficou mundialmente conhecido pelo gesto de Tuíra, uma mulher Kayapó, que ergueu seu facão contra o rosto do engenheiro-chefe, mais tarde presidente da Eletronorte.

Bruce Albert descreveu o Encontro de Altamira como um marco para o movimento indígena, por sua eficácia em consolidar uma narrativa comum, que aproximava os povos da floresta – indígenas e beiradeiros – do movimento ambientalista nacional e internacional. Os Kayapó conduziram o encontro em português e Mebêngôkre, combinando a forma falada da política dos brancos, com rituais indígenas, especificamente o ritual Mebêngôkre do milho novo. A evidência pragmática da eficácia do encontro foi a suspensão do financiamento do projeto por parte do Banco Mundial. O nome Kararaô, um grito de guerra Kayapó, foi então apagado dos planos de governo (ALBERT, 2004).

Ao longo da década de 1990, mudanças no projeto de engenharia diminuíram a área que seria alagada pelo reservatório da usina. A mudança foi anunciada junto ao potencial aumento da eficiência no aproveitamento energético, com a operação da usina a fio d'água. Mas, se a área alagada diminuiria, o desvio do fluxo normal do rio da Volta Grande do Xingu para um canal de derivação submeteria um amplo trecho do rio a um permanente stress hídrico, o trecho de vazão reduzida (PEZZUTI ET AL.,2018 e ISA, 2018). Essas mudanças procuravam tornar o empreendimento viável do ponto de vista legal, ao evitar o alagamento direto de terras indígenas, e político, pois, ao diminuir a área de inundação do reservatório, reduzia a quantidade de pessoas a serem deslocadas e, portanto, os custos com realocações.

Contudo, se o desvio das águas da Volta Grande significa uma sentença de morte para um trecho de cerca de cem quilômetros do Xingu, habitado pelos índios Juruna e Arara, centenas de famílias ribeirinhas e diversas espécies endêmicas, a redução da área alagada levou diversos especialistas a uma avaliação de que a usina não teria viabilidade técnica.

Embora a usina de Belo Monte seja uma das maiores do mundo em termos de capacidade de geração de energia, com 11.233 megawatts de potência instalada, esse potencial estaria disponível apenas durante três meses ao longo do ano. Entre os meses de setembro a outubro, o período de seca no rio Xingu, a capacidade de geração de energia da hidrelétrica não seria maior do que 1.172 megawatts (BERMANN, 2012). A baixa capacidade de produção de energia ao longo do ano, o envolvimento das corporações responsáveis por sua construção desde os primeiros estudos de viabilidade, e o financiamento da obra pelo BNDES, levou à difusão da ideia de que em Belo Monte o maior interesse não seria a produção de energia, mas os lucros gerados com sua construção.

Por outro lado, essa baixa capacidade de geração de energia ao longo do ano reacendeu o receio, tanto de especialistas como da população local, de que as outras barragens rio acima, previstas no plano inicial de aproveitamento energético do Xingu, omitidas dos planos de governo pelo imenso potencial de devastação, poderiam ser desengavetadas em algum momento.

> "As represas a montante aumentariam substancialmente a produção elétrica de Belo Monte, regularizando a vazão do rio Xingu, que é altamente sazonal. O reservatório de Belo Monte é pequeno, relativo à capacidade de suas duas casas de força, mas os cinco reservatórios rio acima seriam enormes, até mesmo pelos padrões amazônicos"
>
> (FEARNSIDE, 2015, p. 232).

O reservatório principal da UHE Belo Monte tem hoje 516 quilômetros quadrados. Somente um desses barramentos rio acima, o mais próximo da cidade de Altamira, formaria uma represa, a represa de Babaquara, que alagaria uma área de 6.140 quilômetros quadrados (FEARNSIDE, 2015).

Foram anos de disputa no âmbito técnico e jurídico entre setores favoráveis e contrários à implantação do projeto. Aos estudos de viabilidade, sucederam-se os estudos de impacto ambiental, compondo uma extensa narrativa burocrática de documentos sequenciados e autorreferenciados que legitimavam técnica e legalmente a implantação do projeto, e que colocavam em segundo plano interesses corporativos e políticos (VIANNA, 2014). A disputa instalou-se também no judiciário, em uma guerra de liminares na qual todas as decisões judiciais desfavoráveis à construção da usina foram derrubadas sob o argumento de que se tratava de uma obra prioritária para o interesse nacional. É relevante nesse sentido que, até março de 2016, somente o MPF havia entrado com vinte e cinco ações contra a construção da usina (MPF, 2016).

Em 2007, o governo federal lançou o Programa de Aceleração do Crescimento (PAC), cujo objetivo era promover a retomada do planejamento e a execução de grandes obras de infraestrutura, sob o pretexto de contribuir para o desenvolvimento acelerado e sustentável do Brasil. Dentro desse plano, a usina de Belo Monte era uma prioridade. Em 1 de fevereiro de 2010, o presidente do Ibama aprovou os estudos de impacto ambiental da usina e concedeu a licença prévia[18] à Norte Energia, a empresa concessionária[19].

Nos anos seguintes, sucessivos rearranjos de capital foram realizados para atender a legislação brasileira e possibilitar o financiamento da obra pelo Banco Nacional de Desenvolvimento Econômico e Social (BNDES). A manobra decisiva aconteceu em maio de 2011, quando a Norte Energia contratou o Consórcio Construtor Belo Monte (CCBM), sob a liderança da empreiteira Andrade Gutierrez, e participação majoritária de outras duas grandes empreiteiras, Camargo Corrêa[20] e Odebrecht, para executar as obras civis da usina (BERMANN, 2012). O valor inicial do contrato era de cerca 19 bilhões de reais; em novembro de 2017, os custos do empreendimento foram estimados em 38,6 bilhões de reais; hoje, esse custo ultrapassa os 40 bilhões de reais (ESTADÃO, 2019).

O alto valor da obra ainda não contabiliza suas externalidades, ou seja, os efeitos indesejados que afetam terceiros, como os prejuízos à atividade pesqueira e qualidade da água; os custos por inundação de remanescentes de floresta; a perda de atividades agropecuárias; a perda na ictiofauna migratória; os custos de emissão de dióxido de carbono e metano; a perda de água por evaporação; a perda de atividades turísticas; a perda da biodiversidade e de locais de lazer (LEITÃO ET AL., 2006). Acrescento a essa lista a perda de territórios tradicionalmente ocupados, de lugares sagrados para os povos indígenas, do patrimônio arqueológico, bem como o aumento do custo de vida, da violência e da pressão sobre recursos naturais[21].

As usinas hidrelétricas, por serem grandes projetos de infraestrutura, envolvem negociações complexas orientadas pelo sistema econômico nacional e internacional. É a divisão internacional do trabalho que determina a localização desses empreendimentos, instalados preferencialmente em regiões isoladas, onde os custos de produção são mais baixos e há abundância de recursos naturais. O isolamento também favorece o estabelecimento de territórios controlados pelas corporações por reduzir a possibilidade de articulação de ações coletivas que poderiam atrapalhar a lógica de produção do projeto, que tem pouca aderência às particularidades dos contextos locais. Projetos desse porte implicam um grande movimento de capital e mão de obra, bem como negociações complexas que envolvem organismos governamentais e empresas privadas. Sua administração é feita por corporações públicas ou corporações privadas que possuem conexões muito estreitas com organismos do Estado e, consequentemente essas corporações detêm um poder político quase tão grande quanto seu poder econômico (RIBEIRO, 2014).

No caso da usina de Belo Monte, para atenuar os enormes danos sociais e ambientais previstos, foi elaborada uma série de programas e projetos, previstos no Plano Básico Ambiental (PBA) e nas condicionantes atreladas a cada licença emitida. Com relação aos povos indígenas, existe um Plano Básico Ambiental específico, o "componente indígena", amplamente conhecido como PBA-CI. A atuação do Ibama, órgão responsável pelo licenciamento ambiental, ficou limitada ao estabelecimento das condicionantes e a fiscalização de seu cumprimento, tendo pouco ou nenhum poder de veto (ROJAS, 2013).

A magnitude dos impactos provocados pela instalação da usina de Belo Monte ressoa na complexidade do Plano Básico Ambiental: são 7 volumes, que englobam 14 planos, 54 programas e 86 projetos. Contudo, em relação aos beiradeiros, não houve nenhuma medida específica de reparação. Nenhum estudo prévio sobre suas especificidades culturais, seu modo de vida ou sua territorialidade foi realizado. O Estado e a corporação não reconheciam os beiradeiros enquanto uma coletividade com um modo de vida particular. Seus direitos coletivos, sobretudo culturais e territoriais, foram ignorados. Os beiradeiros, nos documentos da empresa, foram por muito tempo chamados de "ocupantes de ilhas". Havia a clara intenção de não os reconhecer enquanto um sujeito coletivo de direitos, negando assim seu direito ao território, o acesso ao rio Xingu e a continuidade de seu modo de vida.

Cadastros como bombas

A Norte Energia passou no lote fazendo o cadastro, falaram que a gente tinha que sair dali. Avisaram que não era para fazer mais nada, nenhuma nova benfeitoria seria incluída no cadastro e, portanto, indenizada. Depois do cadastro feito, não reconheceriam mais nada. No primeiro cadastro deixaram de fora a plantação de cacau de 8 mil pés. A obra ficava do lado do lote, a um quilômetro e meio, dava para ouvir o barulho das explosões a noite toda, a casa estremecia. As crianças não podiam mais estudar porque desativaram a escola. Mas a

Cláudio Pessoa
Altamira, 2018

Norte Energia não dava resposta sobre o nosso caso, não dizia quando teríamos que sair, para onde iríamos, ou qual seria o valor da indenização. Ficamos dois anos sem trabalhar, comprando tudo na cidade, dois anos depois botamos de novo a roça, pois não tinha mais o que comer. Ficamos quatro anos nessa situação. Veio o Conselho Tutelar e a assistência social para pressionar, porque as crianças não estavam estudando. Foi então que a Norte Energia tomou a atitude de tirar a gente de lá, depois do parecer da assistência social. No último cadastro reconheceram só 3 mil pés de cacau, incluíram alguns pés de fruta, mas não todos, diziam que era pegar ou largar. Tive cinco dias para pensar se aceitaria a proposta.

A chegada da Norte Energia, empresa responsável pela construção e operação da usina de Belo Monte, na vida cotidiana, de forma corporificada e permanente, aconteceu no ano de 2011, no mesmo ano em que as bombas começaram a explodir nos canteiros de obra. Nesse ano, os cadastros socioeconômicos cristalizaram pessoas em códigos fundiários e as bombas afugentaram os peixes para locais distantes, interrompendo seus fluxos migratórios.

Sucessivas empresas terceirizadas foram contratadas para cadastrar a população atingida: 40 mil pessoas foram forçosamente deslocadas, ou, como preferem aqueles que viveram esse processo, foram *expulsas* de suas casas. Os técnicos da empresa foram de casa em casa, de ilha em ilha, contabilizando moradores, benfeitorias, animais e plantas. As pessoas tiveram que responder questionários e mais questionários e assinar documentos que muitos não sabiam ler. Mesmo quem sabia, frequentemente não tinha clareza sobre as consequências concretas que as informações disponibilizadas pela empresa teriam em suas vidas. Mesmo nós, que acompanhávamos o processo como pesquisadores, ou sociedade civil organizada, não tínhamos como prever todas as consequências implicadas na aplicação do cadastro socioeconômico em termos de acesso a medidas de reparação e reconhecimento de direitos.

O enredo cotidiano foi modificado definitivamente por novos atores e dispositivos: cadastros, questionários, técnicos, jornalistas e pesquisadores passaram a circular constantemente nos espaços, públicos e privados. Seu Algemiro, um senhor que nasceu e se criou no beiradão e que vivia em uma ilha, a Ilha do Pedrão, me explicou como isso alterou sua vida, dele e de tantos outros: foi então, com a aplicação dos cadastros, que começaram a ser monitorados. Para seu Algemiro isso não gerava apenas incômodo por perder sua privacidade, gerava também angústia e medo, na medida em que sentia que estava perdendo o controle sobre sua própria vida.

O cadastro socioeconômico foi o principal dispositivo de registro e monitoramento de pessoas, elaborado, aplicado e gerido pela empresa. Pode ser entendido enquanto dispositivo na medida em que captura subjetividades, identidades e temporalidades, com a finalidade de controlar pessoas, coletivos e vidas. Dispositivos são mecanismos e práticas – linguísticos, jurídicos, técnicos ou militares – empregados frente a uma urgência para obter um efeito. São "qualquer coisa que tenha de algum modo a capacidade de capturar, orientar, determinar, interceptar, modelar, controlar e assegurar os gestos, as condutas, as opiniões e os discursos dos seres viventes" (AGAMBEN, 2005, p. 13).

Em Altamira, os cadastros servem interesses corporativos e de Estado na gestão de pessoas e na mensuração de impactos e, portanto, no cálculo de custos. Para as pessoas, se impôs como a única prova aceitável de sua existência, visto que, para a empresa e o Estado, não ter um cadastro era como não existir. Para os beiradeiros, o cadastro marca uma dobra, um ponto de ruptura em sua história: foi o momento em que Estado e corporação colocaram em dúvida o fato de eles serem quem são. Esses cadastros só não alagaram sua história, junto aos territórios tradicionalmente ocupados, porque eles resistiram. Os cadastros ganharam estatuto de verdade: por anos as pessoas andaram por Altamira, de instituição em instituição, de reunião em reunião, com seus cadastros embaixo do braço. Era preciso provar que existiam, mesmo sendo impossível, por meio do cadastro, provar quem eram.

Dois tipos de cadastramento foram realizados. O cadastro socioeconômico contém informações sobre os moradores como nome, relações de parentesco, informações sobre saúde e escolarização e fontes de renda. O cadastro físico-patrimonial se concentra no inventário de bens, edificações e plantas cultivadas, avaliados a partir de um caderno de preços. Os cadastros foram realizados e atualizados entre os anos de 2011 e 2014, por diferentes empresas (FGV, 2015, p. 10).

O cadastro socioeconômico tem por objetivo identificar as pessoas interferidas pela obra. É o instrumento por meio do qual são estabelecidas as opções de reparação para cada grupo social. O cadastro previa a classificação das pessoas em duas categorias principais: população urbana e rural. Houve também um cadastramento específico para os povos indígenas em que foram usadas as tipologias aldeados, não aldeados e citadinos.

A distinção binária entre população urbana e rural é incapaz de descrever a organização social dos beiradeiros, caracterizada por uma circulação constante entre a rua e o beiradão e o sistema de dupla moradia. Ao responder o questionário, os moradores das ilhas e beiras do rio foram constrangidos a abrir mão do adequado registro de suas lógicas territoriais, categorias identitárias e arranjos econômicos, pois não havia espaço para isso no modelo criado pela empresa. A principal consequência das respostas registradas no cadastro foi que, ao declarar a moradia na zona rural, ilha ou beiradão, perdia-se o direito ao reassentamento urbano; do mesmo modo, ao declarar a moradia na zona urbana, a casa do beiradão passava a ser considerada como "ponto de apoio" ou "área de lazer" e, consequentemente, perdia-se o direito ao reassentamento rural. "Ponto de apoio" e "área de lazer" foram categorias usadas pela empresa para se referir a uma moradia de importância supostamente secundária, não ocupada de forma permanente ou simplesmente uma moradia que não se encaixava no padrão construtivo ou estético de quem as avaliava.

Os cadastros capturaram identidades e anularam coletivos. Os moradores das ilhas foram registrados como "ocupantes de ilhas". A situação dominial da ilha era classificada como ocupação regularizada ou ocupação não regularizada, a depender se a família tivesse ou não o Termo de Autorização de Uso Sustentável (TAUS), cedido pela Secretária de Patrimônio da União (SPU). A empresa manteve essa classificação mesmo quando, após o deslocamento forçado, foi convocada pelo governo federal e pelo MPF a adotar mecanismos adequados de reparação para a população ribeirinha.

A empresa se recusou por anos a reconhecer os ribeirinhos enquanto tais e, estrategicamente, excluiu sua identidade e territorialidade de mapas e documentos. Reconhecê-los enquanto uma coletividade, um sujeito coletivo de direitos, implicava reconhecer seus direitos culturais e sobretudo territoriais. Estrategicamente, os termos usados pela empresa em seus documentos eram "beneficiários" ou "ocupantes de ilhas", uma vez que o cadastro se impôs como dispositivo definidor de identidades. Apenas em 2018, quando a Norte Energia foi obrigada a apresentar uma proposta de reassentamento para os ribeirinhos, a categoria identitária começou a ser mencionada nos projetos e pronunciamentos da empresa. Essa recusa, esse apagamento de mundos, mantém-se de forma muito violenta até hoje.

A violência dessa negação se tornou mais uma vez pública, e mais uma vez incidiu de forma violenta sobre os ribeirinhos em abril de 2020, quando, em meio à pandemia de Covid-19, em resposta a uma ação cautelar da DPE que pedia a suspensão das atividades da empresa em território ribeirinho e sobretudo a suspensão de processos de reintegração de posse contra ribeirinhos que estavam há um ou dois anos acampados no beiradão, esperando a efetivação do reassentamento (DPE, 2020), a Norte Energia, por meio do escritório de advocacia Milaré, contestou a ação alegando que os ribeirinhos não são um povo tradicional e não podem ser enquadrados na Resolução nº 169 da OIT (NORTE ENERGIA, 2020).

O valor das coisas

Parte importante do cadastro era o inventário do mundo preexistente. Edificações, cultivos e animais de criação foram listados e descritos por meio do cadastro físico patrimonial e avaliados a partir de um caderno de preços. O laudo de avaliação patrimonial resultante definia as compensações pecuniárias e outras formas de reparação às quais cada família teria direito. Esse laudo definia as compensações monetárias ou outras formas de reparação, como reassentamento urbano, rural ou via carta de crédito e aluguel social. Boa parte dos beiradeiros recebeu apenas indenização em dinheiro, e muitas foram as denúncias com relação aos valores recebidos. A redução dos valores previstos no caderno de preços ao longo do processo e os valores atribuídos à edificações e à produção agrícola eram questionados. A avaliação não incluiu a renda que as famílias deixariam de ter ao longo do tempo, o lucro cessante: a renda gerada pela atividade pesqueira, pela produção agrícola, o extrativismo, bem como aquilo que era destinado à própria alimentação. A avaliação patrimonial e a política indenizatória da empresa não previam reparação por perdas não materiais.

O laudo de avaliação patrimonial continha a delimitação da área ocupada por cada família, e especificava a dimensão da área com ocupação direta e área sem ocupação. Não houve nenhuma caracterização ou esclarecimento sobre o que, na lógica da empresa, configurava uma área sem ocupação direta no contexto de um território tradicionalmente ocupado por uma população extrativista.

Ao analisar alguns cadastros, especificamente os levantamentos físico-patrimoniais, notei que áreas sem ocupação referiam-se a áreas não desmatadas e, portanto, áreas florestais. A empresa não registrou ou avaliou o uso que os beiradeiros faziam da floresta e desconsiderou os regimes tradicionais de posse da terra, que combinava áreas familiares com áreas de uso comum.

No laudo de seu Macaúba, morador da ilha Bacabal do Cotovelo, a área total da ilha é avaliada em 89 hectares, e a área ocupada em 0,77 hectares. A descrição do modo de ocupação é: "A ilha é explorada por atividades de lazer, ponto de apoio de pesca e cultivos de subsistência". O inventário de sua casa consistia em cem metros de cerca de arame e mourões, duas caixas d'água, fiação elétrica, duas coberturas de madeira padrão e um forno de torrar farinha. Sua casa foi descrita como uma construção sem fundação, piso de chão batido, coberta com telha de fibrocimento sobre madeira serrada ou roliça, sem forro, sem instalação elétrica, hidráulica e sanitária. Para seu Macaúba, aquilo que era descrito como uma "cobertura de madeira padrão" era a casa onde vivia desde 1982. Suas plantas, "benfeitorias reprodutivas", foram classificadas em 35 tipologias, e ao todo foram contabilizados 1.211 indivíduos no inventário de suas plantas cultivadas.

Seu Raimundão e dona Fátima viviam na ilha do Bacabal. No laudo físico patrimonial, a área total da ilha é avaliada em 127,96 hectares e a área ocupada em 2,76 hectares. A descrição do modo de ocupação é: "A ilha vem sendo explorada em atividades agrícolas de subsistência e residência". A casa que seu Raimundo construiu foi descrita como uma casa de madeira com banheiro de alvenaria, galinheiro e viveiro, cobertura de madeira, fiação elétrica, antena parabólica, forno, mesa, bancos, churrasqueira e canteiros suspensos. No inventário, foram registradas 1.292 plantas, classificadas em 23 tipologias.

A casa de Macaúba não foi reconhecida como uma casa, pois não seguia o padrão construtivo daquilo que os técnicos da empresa consideravam uma casa. As áreas de uso de Macaúba e Raimundão, os locais onde caçavam, pescavam e coletavam madeira, cipó, palha e frutas, não foram registrados, ao contrário, foram contabilizados como áreas sem ocupação direta. Os inventários e laudos da empresa apagaram a territorialidade ribeirinha do mapa, desconsideraram os conhecimentos, os usos e os mecanismos de gestão do território, bem como a importância que os recursos da floresta e do rio tinham para a manutenção da vida das famílias que viviam no beiradão.

O caderno de preços definia os valores pagos para cada objeto ou planta a ser indenizado, conforme reportado na tabela a seguir[22]. O cacau, principal espécie comercial da região, era diferenciado, no caderno de preços, como árvores "nativas", árvores "tradicionais" e árvores de "produção incentivada". Em 2011, o valor das árvores "nativas" era 7,91 reais, o das "tradicionais" 15,38 reais e a "produção incentivada" 84,47 reais cada árvore. Em 2013, esses valores foram alterados: o valor da "produção incentivada" foi reavaliado para 46,14 reais cada árvore de cacau, uma redução de quase metade do valor pago anteriormente (FGV, 2015).

VALORES PAGOS POR BENFEITORIAS REPRODUTIVAS (EM REAIS)

TIPO DE BENFEITORIA		2011	2013
Cacau em produção (por pé)	tradicional	15,38	12,31
	nativo	7,91	6,33
	produção incentivada	84,47	46,14
Seringueira em produção (por pé)	tradicional	36,58	29,26
	nativa	16,51	13,21
	tecnificada	51,42	41,14
Desmatamento (por hectare)	manual	750	750
	mecanizado	1820	1820
Pastagens (por hectare)	tradicional	1200	1200
	tecnificada	3195	2556

Os valores do caderno de preços foram alterados sem que houvesse informação e discussão com a população e consulta ao órgão licenciador. O Ibama, ao verificar em campo os efeitos dessa alteração de valores, suspendeu as negociações da Norte Energia para aquisição de terras e benfeitorias até que a discussão fosse restabelecida com a apresentação e pactuação de um novo "caderno de preços" com a população (IBAMA, 2013a, 2013b e 2015).

Em 2011, quando vigorava o primeiro caderno de preços, o deslocamento forçado atingia áreas destinadas à instalação direta da usina: os canteiros de obra, a vila residencial dos trabalhadores e o canal de derivação. Essas áreas eram prioritárias para o início da construção da usina. A empresa considerou que todas as posses tinham ocupação de boa-fé e indenizou a terra nua para todos os proprietários e posseiros. Em 2013, ao contrário, o deslocamento forçado atingia as áreas destinadas ao enchimento do reservatório, boa parte áreas da União, em grande parte ocupadas por ribeirinhos. Nessa etapa do processo, a empresa não só reduziu os valores do caderno de preços, como deixou de considerar a terra nua para fins de indenização (MARINHO, 2019).

O levantamento patrimonial e o caderno de preços seguiram as mesmas lógicas do cadastro socioeconômico, e se tratou de um modelo de avaliação que privilegiava as atividades agropecuárias de larga escala, em detrimento do modo de ocupação tradicional do território, de todo excluído do cálculo. Alguns objetos do caderno de preços mostram como esses dispositivos operaram no sentido de ocultar e marginalizar as especificidades sociais do beiradão.

No ano de 2011, o desmatamento manual foi avaliado em 750 reais por hectare. Quando realizado de forma mecanizada, o valor subia para 1820 reais por hectare, mais do que o dobro do valor atribuído ao desmatamento manual. O mesmo aconteceu para as pastagens, sendo que o valor pago por "cultivos tecnificados" era o dobro daquele pago pelo "cultivo tradicional".

As seringueiras foram subdivididas entre árvores "nativas", "tradicionais" e "tecnificadas". Os termos "tecnificado" e "produção incentivada" aparecem nos documentos e relatórios da empresa, mas não localizei nenhuma definição técnica ou em referência bibliográfica. Em meados de 2017, conversando com um técnico da Norte Energia que foi responsável pela aplicação dos cadastros, obtive uma resposta bastante curiosa. Os termos "tecnificado" e "produção incentivada" referem-se a qualquer tipo de plantio em que é observado, pelo técnico que avalia, o emprego de qualquer "conhecimento técnico". "Tradicional", por sua vez, é a categoria atribuída a plantações em que não há nenhum tipo de "conhecimento técnico" empregado, e "nativo" refere-se a plantas não cultivadas, de crescimento espontâneo.

Ao definir como "tradicional" um cultivo para o qual não é empregado nenhum tipo de "conhecimento técnico", esses dispositivos obliteram todo o conhecimento tradicional que os beiradeiros detêm sobre seu território e as espécies cultivadas e manejadas. Ao valorizar o desmatamento mecanizado e, portanto, a agropecuária extensiva, em detrimento do uso diversificado e menos degradante do ambiente, os moradores mais antigos que, com seu modo de vida preservaram as florestas e a enriqueceram através de suas práticas de manejo, tiveram seu território e seu conhecimento desvalorizado e invisibilizado. Corrobora com essa avaliação a associação do termo "nativo" à ausência de tratos culturais no manejo de plantas, uma negação do conhecimento tradicional associado à biodiversidade e aos seus usos.

Um exemplo de espécie nativa é o murici: uma árvore nativa da região que cresce sobretudo nos terrenos arenosos das ilhas. Trata-se, contudo, de uma espécie plantada pelos beiradeiros, especialmente por aqueles que comercializavam sua polpa. Uma única família, na época da safra, chegava a vender mais de uma tonelada de polpa de murici na cidade. Por ser uma planta "nativa", foi subvalorizada e muitas vezes não contabilizada como "benfeitoria reprodutiva" para efeitos de indenização. Para o murici e outras espécies não foi calculado o "lucro cessante", os prejuízos causados pela interrupção da atividade, ou seja, a renda que os beiradeiros deixaram de ter com a venda de frutas e polpa, mas também de hortaliças, farinha, ovos, galinhas, açaí, castanha, peixes, bem como de tudo aquilo que usavam da floresta.

*

O cadastro era uma fotografia, a captura de um fragmento de histórias e modos de viver que se limitou a um recorte sincrônico das pessoas que estavam vivendo sob o mesmo teto em um determinado momento. Muitas pessoas não foram cadastradas por estarem ausentes de sua moradia no momento da pesquisa: grupos domésticos compostos por mais de uma unidade familiar foram cadastrados como sendo uma única família, sendo recorrente o não cadastramento de filhos adultos e agregados. A principal denúncia com relação ao cadastro recebida pela Defensoria Pública da União foi:

> "Dificuldade de acesso ao cadastro socioeconômico e impossibilidade de alterá-lo, mesmo quando se demonstrava à empresa o erro cometido, que consistia, na maior parte dos casos, no não cadastramento de algum morador que estava ausente no momento da entrevista"
>
> (NÓBREGA, 2015)

O cadastro desconsiderou as dinâmicas sociais locais – as redes de relações, as atividades econômicas e as formas de uso do território – levando a uma avaliação inadequada daquilo que as pessoas estavam de fato perdendo, incluindo, além do território, as próprias redes sociais que estavam na base de sua organização social, econômica e afetiva. Esses dispositivos impuseram uma ontologia dualista, na qual a oposição entre rural e urbano é estruturante, deslegitimando e invisibilizando outros modos de existência, especialmente o modo de vida ribeirinho (ESCOBAR, 2015).

A lógica dualista do cadastro tinha pouca aderência à realidade local, cuja organização social caracteriza-se muito mais por uma lógica relacional a partir da qual há uma contínua interação entre humanos, não humanos e ambientes e sobretudo a contínua circulação entre o rio e a *rua*. Essa continuidade, dada pelo próprio movimento dos beiradeiros no território e pelas interações interespecíficas, autoriza pensar esses dois espaços físicos, o *beiradão* e a *rua*, como um único espaço social, conforme sugere Lygia Sigaud para uma situação semelhante no vale do rio São Francisco.

A autora descreve, a partir de estudos realizados antes da construção da barragem de Sobradinho, a organização social e espacial dos pequenos agricultores deslocados pela usina, mostrando uma articulação entre a beira do rio e a caatinga. A primeira, cultivada durante a vazante do rio, e a segunda, no período das chuvas. Embora seja uma dinâmica diferente daquela que descrevo para os beiradeiros do Xingu, que não migram para outro ambiente durante o inverno, é semelhante na medida em que distintos espaços físicos constituem um mesmo espaço social, sobretudo a partir da circulação das pessoas. No rio São Francisco, assim como no rio Xingu, essas dinâmicas sociais foram apagadas das análises que orientaram a intervenção estatal, em ambos os casos a construção de usinas hidrelétricas. Contudo, tanto para a população deslocada pela usina de Sobradinho, como por Belo Monte, a organização social preexistente, a princípio invisibilizada, adquiriu função política fundamental, na medida em que funcionou como principal instância de organização e pressão política (SIGAUD, 1986).

O cadastro socioeconômico é a base de todo o processo de licenciamento ambiental. Sempre houve um esforço enorme, por parte da empresa e do Estado, para evitar que os cadastros fossem questionados. Perder o controle sobre o cadastro significava perder o controle sobre o principal dispositivo de identificação e gestão de pessoas. O cadastro é um elemento-chave por tornar explícitas as lógicas e categorias usadas pela empresa para classificar, gerir e deslocar pessoas.

Os cadastros, por anos, foram mantidos em sigilo, embora não tenham faltado pedidos formais de diversas instituições para que fossem tornados públicos, mesmo sendo uma obrigação legal sua divulgação, estabelecida na licença de instalação da usina. A recusa sistemática por parte da empresa em torná-lo público impossibilitou que as omissões e inadequações fossem corrigidas a tempo, perpetuando a exclusão de muitos. A empresa recusou o acesso por cinco anos, entre 2011 e 2016, sob a justificativa de que continham informações privadas e sigilosas. Esses anos reforçam o quanto era estratégico para a empresa e para o Estado manter o controle sobre as informações produzidas por meio do sigilo.

O cadastro distingue quem é e quem não é atingido pela usina, divide as pessoas em tipologias, como população rural ou urbana, proprietário ou ocupante, a partir das quais são definidas as opções de indenização e reparação as quais cada um tem direito.

A empresa tinha obrigação legal de garantir liberdade de escolha frente às medidas compensatórias destinadas a cada grupo social[23], contudo, não existiam opções, sobretudo para os beiradeiros, condizentes com seu modo de vida. O único reassentamento rural tinha menos de trinta lotes para quase 2 mil famílias deslocadas da área rural, e que para os ribeirinhos não era uma opção desejável por ser distante do rio. Após reiteradas denúncias sobre a ausência de programas adequados de reparação, a empresa teve que reavaliar o caso daqueles que não puderam optar entre pelo menos duas opções de reparação, ou seja, aqueles que foram indenizados por meio da lógica, ouvida por muitos, do “é pegar ou largar”.

A suspensão da vida

No mesmo ano em que foram feitos os cadastros, começaram as intervenções no leito do rio. A claridade permanente nos canteiros de obra, as constantes explosões, a dragagem de areia do leito do rio e de praias, o aterramento de igarapés e o tráfego constante de embarcações no canal do rio foram as principais reclamações de beiradeiros, que ainda estavam em suas casas, mas assistiam a desfiguração de tudo aquilo que estava ao seu redor.

A iluminação dos canteiros impedia a pesca noturna e sobretudo a pesca de tarrafa; a dragagem do leito do rio provocava a alteração da topografia de fundo e da qualidade da água; a dragagem das praias destruía ambientes de desova de tartarugas e outros quelônios, assim como os lugares tradicionalmente usados tanto para pesca como para o lazer, como as praias do Assovio e do Canari, soterradas pela casa de força principal da usina. Todas essas intervenções, associadas ao tráfego intenso de embarcações, levaram ao afugentamento dos peixes e alteração de suas rotas migratórias. Desde 2011, com o início da construção da usina, os beiradeiros perderam importantes áreas de pesca, que foram interditadas ou suprimidas. A constante iluminação dos canteiros de obra provocava a fuga dos peixes dos remansos e beiras para águas fundas, dificultando a captura de iscas na beira. Entre os anos de 2012 e 2013, mas de mil toneladas de explosivos foram utilizadas para a construção do barramento. O que acontecia com os peixes foi assim descrito por um pescador de Altamira:

O peixe que não morreu de bucho espocado de tanta dinamite, está subindo o rio para se refugiar.

Zezão
Altamira, 2014

Os sedimentos, que provocavam turbidez na água, grudavam nas malhadeiras. Era necessário, em alguns locais, lavá-las com água e sabão a cada despesca, além de dificultar a pesca de mergulho e de zagaia. As duas principais instalações da usina, a barragem de Pimental e a casa de força de Belo Monte, foram construídas em áreas especialmente ricas em piracemas, lagos e praias de desova de quelônios. O alagamento permanente das ilhas e bocas de igarapé, que aconteceria com o enchimento do reservatório, deixava os pescadores ainda mais apreensivos, pois afetaria os locais de alimentação e reprodução de diversas espécies, acabando com as piracemas e prejudicando ainda mais o estoque pesqueiro. As alterações ecológicas tornariam obsoletas e inadequadas as técnicas de pesca e as embarcações (CARNEIRO e DE FRANCESCO, 2015a; ISA, 2016a; 2016b).

Os danos sobre a atividade pesqueira são um bom exemplo para pensar como o volume exorbitante de dados produzidos sobre as pessoas servem para transformar em cálculo aquilo que é fundamentalmente político, e como tais cálculos podem mascarar o que de fato é observado por aqueles que têm um conhecimento profundo das dinâmicas ecológicas locais. A empresa monitora a atividade pesqueira por meio de um extenso programa de monitoramento do desembarque pesqueiro, o "Programa Pesca Sustentável", previsto no PBA. Os formulários do desembarque pesqueiro são um registro autodeclaratório sobre as pescarias que qualifica e quantifica as espécies capturadas, os artefatos usados, o número de pescadores envolvidos e os dias de pescaria.

A metodologia utilizada pela empresa agrupava trechos do rio muito heterogêneos, e não contabilizava o aumento das distâncias percorridas durante as saídas de pesca e o aumento do número de artefatos por pescador. Diante da constante negação dos impactos sobre a atividade pesqueira, e da incapacidade do modelo de monitoramento adotado pela empresa para verificar os impactos observados, as Colônias de Pescadores de Altamira e Vitória do Xingu começaram a se organizar tanto em ações judiciais coletivas que pediam indenização por danos na atividade, como na construção de mecanismos independentes de monitoramento do desembarque pesqueiro. A Colônia de Pescadores de Altamira manteve, por certo período, um sistema independente de pesagem do pescado e emissão de notas para os pescadores; a colônia de Vitória do Xingu, por sua vez, desenvolveu um projeto, com assessoria técnica de pesquisadores da UFPA, de monitoramento independente do desembarque pesqueiro.

O cadastro, enquanto dispositivo, incidiu sobre o tempo, impondo outra temporalidade. Ao serem cadastradas, as pessoas foram avisadas que teriam que sair a qualquer momento de suas localidades. Foram também informadas que, daquele momento em diante, nada mais seria contabilizado para fins de indenização. Ao saberem da iminência de sua remoção, e do não ressarcimento por novos esforços investidos, as famílias deixaram de plantar e de fazer a manutenção de suas moradias. As casas dos beiradeiros, usualmente cobertas com palha e fechadas com tábuas de madeira, palha ou taipa, materiais que implicam em uma reposição frequente, começaram a se deteriorar. As capoeiras, ou juquiras, começaram a crescer nas áreas de roçado. Nenhum investimento valia a pena, ninguém sabia se haveria tempo para a colheita ou quanto tempo permaneceriam em suas casas.

Com o cadastramento instaurou-se um estado de espera. O presente foi colocado em suspensão, relegado à espera por uma definição do "tratamento oferecido", a compensação por aquilo que perderiam, e que determinaria por onde começaria seu futuro. As pessoas ficaram presas às suas casas, pois tinham medo de sair e a empresa passar, o que poderia excluí-las do cadastro ou gerar a suspeita de não morarem ali. Qualquer novo investimento em trabalho familiar era cautelosamente avaliado, pois nenhum novo investimento seria reconhecido e avaliado.

Ao deixarem de cultivar a terra, as famílias ficaram dependentes de produtos comprados na cidade. Isso acontecia em um momento em que o custo de vida em Altamira subia, em razão do intenso afluxo populacional provocado pela usina. Os pequenos produtores rurais, interferidos pela usina, deixavam de produzir e tornavam-se consumidores. Assim, a demanda por produtos da cidade aumentava, quando paralelamente diminuía a oferta, provocando o aumento do custo de vida e a escassez. Algo semelhante aconteceu em Sobradinho: o anúncio da barragem e a notícia do deslocamento forçado inicialmente inibiram os esforços produtivos dos pequenos agricultores, o que se agravou em seguida com a proibição, por parte do empreendedor, de cultivar a terra. Lygia Sigaud chama a atenção para o aumento da demanda de gêneros alimentícios em função do contingente de mão de obra atraída para a região e da transformação em consumidores dos pequenos produtores (SIGAUD, 1986, pp. 46-48).

A situação econômica das famílias foi agravada pela necessidade de ir para a cidade participar das muitas e, cada vez mais frequentes, reuniões, e mesmo para procurar por um novo local de moradia. Muitos gastavam os últimos recursos para chegar às intermináveis reuniões de negociação com a Norte Energia, na cidade de Altamira. Marcou-me a história de um senhor que vivia em uma ilha onde criava porcos. A cada reunião, tinha que vender um porco para conseguir chegar ao escritório da Norte Energia. Contou-nos que a última vez em que foi chamado, a empresa telefonava ou mandava recado para irem até o escritório, vendeu dois porcos, chegou à cidade e não foi atendido.

O cadastro, enquanto dispositivo, atuou sobre duas temporalidades, provocando a suspensão da vida em dois níveis: a paralisação da vida cotidiana e a interrupção das expectativas com relação ao futuro. As pessoas não podiam ir embora, tampouco sair de suas casas, porque tinham que esperar o cadastro, porque não tinham para onde ir e porque, para definir seu futuro, tinham que esperar por um reassentamento ou uma indenização. Não tinham segurança para se dedicar às atividades cotidianas mais corriqueiras, pois temiam perder tudo aquilo que haviam investido em termos de trabalho familiar e recursos financeiros. Ademais, estavam impedidas de planejar seu futuro, na medida em que não sabiam quando ou para onde iriam[24].

O cadastro é um dispositivo que instaura o conflito ontológico no sentido de que, ao adotar categorias e lógicas dualistas, que contrapunham o urbano ao rural, o técnico ao tradicional, impunham um modo de existência em detrimento de outro. O cadastro, ao classificar o mundo e as pessoas a partir de pressupostos ontológicos distintos das lógicas locais, apagou os contornos e as dinâmicas de outros modos de existência, obliterando a própria possibilidade de existência de uma ontologia beiradeira. Ao desconsiderar o sistema de dupla moradia e, portanto, não reconhecer o beiradão e a rua como um único espaço social, impôs aos beiradeiros a escolha entre dois modos de existência que não eram os seus – urbano ou rural – negando seus modos de entender e viver no mundo. Ao registrar no cadastro físico patrimonial apenas as áreas de moradia, de cultivos e terreiros limpos, foram apagados os contornos do território, a diversidade de ambientes habitados e a multiplicidade de inter-relações entre pessoas, ambientes e seres que ali conviviam.

São Lázaro do Rio

Estive pela primeira vez na comunidade São Lázaro do Rio em 2014. Fui viajar com Beto, filho de seu Dario Batista. Nós nos encontramos na casa de sua família, na rua da Peixaria. Era uma casa comprida, de madeira, uma palafita alta, em cima do rio Xingu. Ali viviam os quatro filhos de seu Dario nos períodos em que estavam na rua com suas famílias. Os filhos viviam com o pai na ilha do Tracuá, no Paratizão. Esperávamos Beto ajeitar a embarcação, embaixo da casa, na beira do rio, com um *carote* (galão) de gasolina. Erilene e Darilene, cunhada e prima de Beto, lavavam roupas no rio, conversando e dando risada. Seu Aranor, irmão de seu Dario, vinha andando pela beira do rio, fumando seu cigarrinho de maratá, vestindo camisa polo e colar de miçanga.

Seu Aranor tinha em mãos um relatório da Norte Energia sobre uma vistoria realizada nos sítios pesqueiros situados entre o eixo da barragem principal e a foz do rio Bacajá. “RT_n. 01_17/01/2013_Leme”, anotei em meu caderno de campo. O relatório dizia que a água estava suja apenas a jusante da barragem principal e que a pesca, tanto de peixe de consumo como de peixe ornamental, tinha aumentado entre os anos de 2012 e 2013. Seu Aranor, a partir daquele dia, passou a fazer parte de minha vida, em nossas conversas quase cotidianas, presenciais ou por telefone, e nas muitas reuniões do Conselho Ribeirinho.

Seguimos viagem com Beto, os beiradeiros ainda estavam em suas ilhas. Beto fez questão de nos mostrar as três ilhas que não alagariam: ilha Bacabal do Cotovelo, ilha de Serra e ilha do Palhal. *Mas mesmo sem alagar, os moradores vão ter que sair*, contou, *pois vai se tornar área de risco*. Fomos para casa de seu Dario, na ilha do Tracuá, onde vivia há quarenta anos. Ele estava preocupado:

Isso para nós ribeirinhos, gente que mora assim, é uma destruição total. A gente tá sossegado e eles vêm tirar o sossego da gente. Eles dizem que vai ser todo mundo indenizado. Mas vai como? Se eles pagarem 2 milhões de reais não bastava, porque isso aqui é como se fosse um garimpo: é de onde eu tiro o meu sustento. E eles vão pagar o quê? E se pagar.

Seu Dario
Ilha do Tracuá, Paratizão, junho de 2014

No dia seguinte, Beto nos levou até a casa de seus parentes, seus primos, que viviam mais abaixo, no Paratizão. Era um domingo, estava acontecendo um torneio de futebol, a casa estava cheia de gente.

Fomos recebidos com bastante frieza. Mandaram-nos entrar na casa e sentar na cozinha, onde não tinha ninguém. O dono da casa e Beto sentaram conosco na mesa, um rapaz ficou em pé, outro sentou no sofá. O clima não estava nada bom. Comecei a falar do mapeamento dos impactos da construção da usina na atividade pesqueira que estávamos fazendo com os pescadores. Eles logo perguntaram se tínhamos autorização da Funai para estar ali, pois eram Juruna não aldeados. Disseram que estavam cansados de receber pessoas em suas casas, que não resolviam nada e traziam informações confusas. Estavam há três anos sem botar roça, porque lhes haviam dito que teriam que sair, mas não tinham certeza nenhuma. Todos eles viviam da pesca, mas não estavam conseguindo encher de peixe as caixas de gelo. O rapaz que estava em pé disse que desde que chegou o empreendimento tudo mudou, os peixes diminuíram assim que começaram a estourar as primeiras bombas, bem no meio da madrugada, o melhor horário da pesca, e ainda tinha a claridade, que impedia a pesca de tarrafa durante a noite, fazendo a malhadeira brilhar na água e os peixes enxergarem os pescadores.

Naqueles minutos, sentados naquela cozinha, que na minha lembrança estava muito escura, apesar de ser um dia de sol, percebemos com muita clareza que a vida ali estava parada, em estado de suspensão. Eles estavam cansados de receber pessoas em suas casas, levando informações pouco precisas e desencontradas. Acreditaram que não tínhamos nada a ver com a Norte Energia, e que pouco podíamos fazer para ajudá-los naquela situação de angústia e revolta. Ficamos pouco tempo, não queríamos estragar um dia de festa. Demoraram anos para eu entender o que aconteceu naquela cozinha e hoje recordo com a nitidez as coisas importantes, que ficam profundamente marcadas na memória. Havia uma lâmpada em cima da mesa da cozinha, que iluminava o rosto de seu Beija, o dono da casa. Seu Beija tem uma expressão marcante, sem disfarce. O rapaz em pé, com atitude de jovem guerreiro, era Derian, seu filho. O outro homem, que estava sentado no sofá, era o Cleo, casado com Daiane, irmã de Derian. Hoje, Cleo, assim como seu Aranor, é um bom amigo e parceiro de muitos desafios.

Dois anos depois, em setembro de 2016, fui entrevistar a família de seu Beija em sua nova casa na cidade. A comunidade São Lázaro do Rio não existia mais, todos estavam espalhados na periferia de Altamira, ou ainda mais longe. Naquele dia, a família que vivia dispersa, reuniu-se na casa de seu Beija, no bairro Paixão de Cristo, na periferia de Altamira. Enquanto recordavam como era a vida no beiradão, Cleo desenhou um mapa da comunidade São Lázaro do Rio.

No lote de dona Virgínia, viviam quatro de seus filhos e dois netos com suas famílias. Cada um tinha sua casa. Sua filha Dinã, casada com seu Ambrósio, tinha dois lotes contíguos ao lote de dona Virgínia, onde vivia com os filhos e uma irmã. A casa de seu Beija ficava bem na beira do rio, ao lado do filho Derian, próximo ao irmão Diano e a mãe, dona Virgínia. Cleo e Daiane, filha de seu Beija, viviam no meio do lote, tinham uma casa de *cavaco*, um tipo de telha feita com pequenas tábuas de madeira encaixadas, perto de um igarapé. Diane vivia no fundo do lote, uma parte que a mãe Virgínia havia desmembrado e passado a documentação para seu nome. O mapa de Cleo mostra como era a ocupação do lote da família de Virgínia, o centro da comunidade São Lázaro do Rio: a distribuição das casas e das áreas de cultivo e manejo, incluindo a localização das moradias e da escola, que ficava no lote de Ambrósio. Essa forma de organização socioespacial é recorrente

1 Dima
2 Jane
3 Diane
4 Dinã
5 Aureo
6 Daiane e Cleo
7 Derlan
8 Dinaldo
9 Diano
10 Virgínia
11 Divaldo

A café e mogno
B banana
C cacau
D mata
E banana, milho, macaxeira e mandioca
F igarapé
G baixão
H banana, milho, macaxeira e mandioca
I cacau, macaxeira e mandioca
J capim

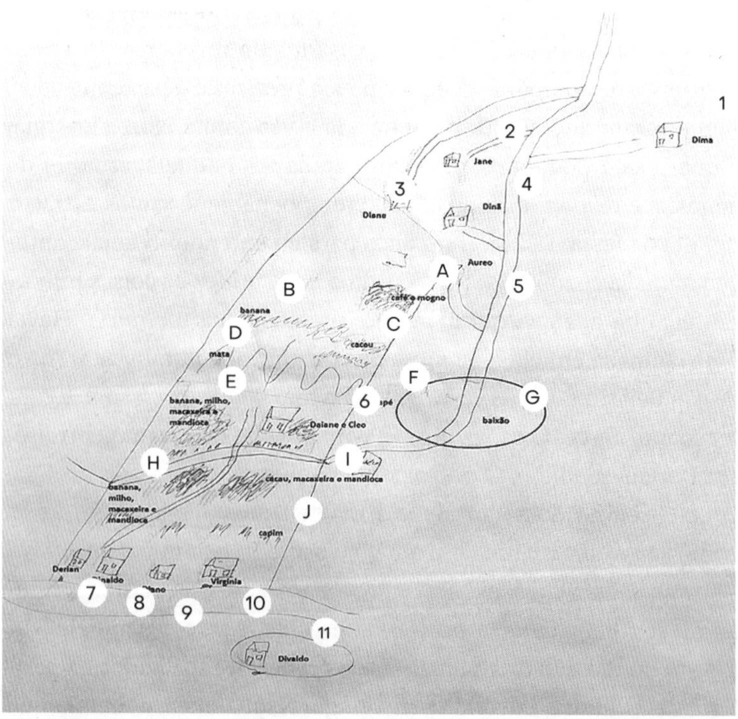

entre as famílias beiradeiras e mostra como a organização social girava em torno do grupo doméstico. Ali todos trabalhavam juntos, na pesca, na roça, na plantação de cacau, na coleta do açaí e da castanha. Na cidade vendiam peixe, e às vezes banana.

A família Batista, dona Virgínia, seu Leonardo Aranor e seu Dario Pivela, são netos do cacique Juruna Mïratu. Seu pai veio do Nordeste no tempo da seringa e se casou com uma filha do cacique. Quando eram pequenos, moravam durante o inverno na aldeia e trabalhavam com a coleta de castanha na terra firme; quando o rio baixava, mudavam-se para a ilha Araruma, onde nasceu seu Aranor. Quando o pai adoeceu, no final da década de 1960, a família se mudou para uma região mais próxima de Altamira, para a ilha do Tracuá, no Paratizão, onde nasceram os filhos de dona Virgínia, seu pai foi enterrado e seu Dario viveu com os filhos até ser expulso pela Norte Energia.

No Paratizão, Dinã, filha de dona Virgínia, casou-se com Ambrósio, da família Pessoa, uma das mais antigas da região[25]. Os avós de Ambrósio chegaram do Nordeste no tempo da seringa. Seu pai, Alfredo Pessoa, nasceu na região do Palhal, sua mãe, Maria Júlia, nasceu no Iriri, mas logo se mudou com os pais para a ilha da Barriguda. Ao se casarem, foram morar no Palhal, depois se mudaram para o Paratizão, na região do Tracuá, onde, na década de 1970, foram assentados pelo Incra. Dona Virgínia, quando a filha se casou com seu Ambrósio, comprou um lote ao lado do seu.

Essas famílias se conectam a outras por vínculos de casamento, compadrio e vizinhança, como a família Balão, por exemplo. Constituíram, ao longo do tempo, uma extensa rede de vizinhança e parentela. A relação de vizinhança, na qual a contiguidade territorial é um elemento central, organiza os mecanismos de ajuda mútua, de mutirões e de cooperação. Ser vizinho é morar perto, e implica, no beiradão, relações de reciprocidade. Mas não é toda vizinhança que gera comunidade, por isso é recorrente a expressão localidade para se referir a um lugar. São Lázaro do Rio é considerada uma comunidade na medida em que aglutina uma rede de casas, de vizinhança, em torno de equipamentos e atividades comuns, como a igreja e a escola, as festas de santo e os torneios de futebol (GODÓI e PINA-CABRAL, 2014). Existem também relações de reciprocidade importantes entre parentes e afins que não moram perto, redes que interligam as duas margens do rio, localidades distantes até vários dias de viagem de barco, que interligam também o beiradão e a rua, o que pode ser descrito como uma relação de vicinalidade (GODÓI, 2014).

No mapa desenhado por Cleo, caminhos interligam casas, a despeito de limites fundiários; zonas de manejo interconectadas evidenciam a diversidade de atividades e ambientes, bem como os lugares da escola, dos festejos e dos torneios de futebol, que animam a vida cotidiana. Marshall Sahlins, em seu livro *What kinship is – and is not*, trata da determinação cultural do parentesco, da mutualidade dos seres e do modo como o parentesco é constituído localmente. Entre a multiplicidade de exemplos etnográficos acionados por Sahlins, chamou-me a atenção uma referência ao trabalho de James Leach sobre como, na costa Rai da Nova Guiné, as pessoas incorporam lugares nos corpos e corpos nos lugares. O parentesco, nesse contexto, não é um idioma ou metáfora da propriedade da terra, terra e pessoas existem no mesmo registro ontológico, ambas estão vivas e são aparentadas: a constituição de pessoas e lugares são aspectos mutuamente implicados do mesmo processo. Nesse sentido, parentesco é geografia ou paisagem. O mapa da comunidade São Lázaro do Rio, nessa perspectiva, pode ser lido como uma árvore genealógica.

Lugares têm múltiplas camadas de significados para as pessoas que o habitam, políticos, pragmáticos, afetivos, pois é componente fundamental na constituição da identidade, bem como fonte e registro do conhecimento partilhado. Não é a terra que é herdada, mas o conhecimento sobre o lugar onde se vive e sobre como viver nesse lugar (LEACH, 2006). No beiradão, o grupo doméstico é central para a organização das atividades produtivas e para a socialidade: "no beiradão é todo mundo família", explicaram-me mais de uma vez os beiradeiros. Esse parentesco não se dá apenas por consanguinidade e afinidade, mas pela partilha da vida em um mesmo mundo. E os seres são mútuos: não foram apenas os beiradeiros que foram expulsos do rio, os peixes também foram, como o jaú do Gorgulho da Rita, que viveu por anos em um poço, tendo sua moradia respeitada pelos pescadores, até que todo mundo foi embora, inclusive ele.

Famílias que viviam juntas ficaram dispersas após o deslocamento forçado. Apenas um dos filhos de dona Virgínia, seu Beija, foi reassentado na beira do rio, perto de onde vivia. Os outros não foram incluídos entre os beneficiários do reassentamento, nas palavras da empresa. Foram reconhecidos como um grupo social, como ribeirinhos, muito tempo depois, *com muita luta*, diria o Cleo.

Todos tiveram que sair da localidade, mas em momentos distintos. A Norte Energia negociou separadamente com cada unidade familiar, que recebeu compensações diferentes. Eles não conseguiram se planejar para ficarem juntos, ou juntar as indenizações para adquirir uma nova terra que comportasse a todos.

Diane, filha de dona Virgínia, irmã de seu Beija, vivia com os cinco filhos em uma área de cinco alqueires que sua mãe lhe havia cedido no fundo do lote. Sua casa ficava perto de sua tia Dinã e seus primos. Lá, ela tinha plantado 6 mil pés de cacau. Sua casa ficava bem perto da plantação, e ela gostava assim, de viver no mato. Ao ser retirada de sua terra, recebeu uma indenização, com a qual comprou um lote no quilômetro 115 da rodovia Transamazônica, no município de Anapu. Para chegar ao lote, tinha que pegar um carro de linha, o *pau de arara,* por dez quilômetros em uma estrada vicinal, de terra, e ainda andar mais seis quilômetros a pé.

Ao mudar-se para uma terra longe do rio e de todos os seus familiares, no *centro*, Diane não conseguiu ficar no lote nem dar conta do trabalho com o cacau: foi obrigada a vender a terra. Mesmo em um lote produtivo e tendo experiência com o cultivo do cacau, Diane não conseguiu ficar. Por estar longe de sua família, toda a organização para o trabalho foi desarticulada, não havia mais braços suficientes para dividir o trabalho com a roça, o cacau, a caça, e não havia onde pescar. A organização social do trabalho, estruturada em torno dos grupos domésticos, foi inteiramente desarticulada com a dispersão de seus membros. As unidades familiares isoladas não tinham a mesma força de trabalho para garantir o mesmo investimento na produção.

Diane vendeu o lote por um preço muito inferior ao que pagou, gastou boa parte do dinheiro que sobrou para sair de lá. Ficou um tempo com os irmãos na cidade, mas com cinco filhos pequenos era muito difícil se manter em Altamira. Mudou-se para a reserva extrativista do Riozinho do Anfrísio, onde viveu por cerca de um ano. Lá, ouviu que a Norte Energia estava devolvendo as terras para os ribeirinhos e decidiu voltar para a cidade. Foi morar com seu irmão Beija às margens do reservatório, próximo ao local onde morava antes de ser deslocada. A Norte Energia mandou-a desmontar o barraquinho que tinha feito perto de sua antiga casa, que não foi alagada. Diane esperava o reconhecimento de seu direito ao retorno por parte da empresa, enquanto sua antiga plantação de cacau era invadida e saqueada.

Das famílias que viviam juntas na comunidade São Lázaro, algumas foram indenizadas e outras receberam carta de crédito. Dinã foi morar com os filhos em uma chácara no quilômetro 13 da Transamazônica, no município de Vitória do Xingu; dona Virgínia foi morar com um dos filhos no bairro Santa Benedita, na periferia de Altamira; seus outros filhos foram morar no bairro Paixão de Cristo. Aqueles que receberam carta de crédito, trocaram por uma casa na cidade antes mesmo de ver uma terra, pois o valor não era suficiente para comprar uma terra perto, e eles não conheciam a região, tampouco o mercado imobiliário, mas sobretudo tinham receio de *ficar desgarrados*, preferindo morar perto uns dos outros em um bairro na cidade do que tentar a sorte nos travessões distantes[26]. Sem terra para produzir e distantes do rio, essas famílias ficaram sem nenhuma fonte de renda.

As negociações aconteceram em um contexto de intimidação e violência. Cada unidade familiar, cada filho de dona Virgínia, era chamado individualmente para a negociação em momentos distintos. Isso fez com que o grupo doméstico fosse impossibilitado de negociar coletivamente ou de juntar as indenizações para comprar outra propriedade rural. Depois que assinavam o acordo com a empresa, tinham trinta dias para retirar tudo e sair. Era na *sala do desdobro,* no escritório da Norte Energia, que aconteciam as negociações, era onde *desdobram o cara que entrava lá,* ou seja, assinavam o acordo indenizatório. Foi nesse espaço que muitos ouviram é *pegar ou largar* ou, *aceita o que estamos oferecendo ou entra na Justiça.* Esses relatos e expressões ressoam até hoje em Altamira[27].

Cleo, em todas as vezes que fomos juntos para o rio, conta como era a vida antes. Trabalhavam quando queriam, juntos, na pesca ou na lavoura. Tiravam açaí e caçavam. Todos os finais de semana iam com as famílias para a praia, tinham fartura. Ao saírem da localidade, foram morar em casas pequenas, na periferia de Altamira. Sua esposa mal sai de casa, não gosta de andar de moto ou de ônibus, sente-se mal. Não existem mais praias e os açaizais viraram paliteiros, árvores mortas. Hoje, muitas vezes, é difícil até ter o que comer.

No processo de reassentamento realizado pela Norte Energia, a comunidade de São Lázaro do Rio ficou ainda mais desfigurada. Seu Beija foi reassentado em um lugar diferente de onde vivia. No baldrame de sua antiga casa, foi reassentado seu primo Dariel, filho de Dario. Uma pessoa externa à família e desconhecida foi reassentada no lote de Diane.

Hoje, o cacau que seu Beija plantou pertence a Dariel. José Roberto, irmão de Dariel, foi reassentado em um ponto onde não tem nada, só pasto, e a terra é muito ruim. Onde ficava a casa de dona Virgínia, hoje vive seu Orlando, que vivia em um barco desde que teve que sair da sua ilha. Para a família de Virgínia, a relocação de Dario e seus filhos em sua terra não foi um problema, pois são parentes e sempre viveram juntos. Mas a exclusão de membros da família, a exclusão de Diane, Derian, Cleo, seu Aranor, e a entrega das terras onde nasceram e trabalharam para pessoas que desconhecem, é esmorecedor.

A retirada

Estavam demolindo as casas no baixão. Aquele homem não tinha que sair, não seria atingido, diziam. Ele ficou lá e viu, dia após dia, todos os seus vizinhos irem embora. Viu suas casas serem cortadas por motosserras, derrubadas por tratores, desmanchadas e enterradas. O mundo estava desaparecendo, era terra arrasada, mas a ele cabia permanecer. Certa noite, tudo pegou fogo ao seu redor, as labaredas engoliram a cidade. Ele já não saía mais de casa, tinha medo do vazio que se criou. Bem no meio de sua casa abriu-se uma cratera, em seu ventre abriu-se outra. Ele morreu.

Ouvi essa história uma noite, no escritório do ISA, em uma reunião preparatória para um seminário sobre os impactos da usina sobre a pesca, que aconteceria no dia seguinte. Era uma conversa informal entre eu, dona Antônia Melo, coordenadora do Movimento Xingu Vivo Para Sempre, dona Graça, comerciante de pescado, e Raimunda Gomes, pescadora. Todas elas viviam no *baixão* e tiveram suas casas demolidas. Dona Antônia foi a última a sair, fez questão de ver seus vizinhos irem embora antes. Dona Graça perdeu sua casa, seu ponto de venda de pescado e a parceria de boa parte dos pescadores que trabalhavam para ela que, com a queda na produção, passaram a vender, eles mesmos, o próprio pescado, na tentativa de ter um saldo maior e não ficarem endividados. Dona Raimunda perdeu a casa na cidade e também na ilha, quase perdeu o marido, João, mais de uma vez, de desgosto. Essas três mulheres foram, e continuam sendo, importantes para a construção de uma narrativa coletiva sobre aquilo que aconteceu em Altamira nos últimos anos[28].

Descrevo aqui o período em que os beiradeiros foram expulsos de suas casas, tanto dos baixões da cidade, como das ilhas e margens do rio Xingu, período em que as casas e infraestruturas urbanas foram demolidas e o reservatório da usina de Belo Monte começou a encher. A maioria das famílias com quem trabalhei perdeu ambas as casas, na rua e no beiradão, ou seja, foram atingidas duas vezes pela construção da barragem. As famílias foram *retiradas* de suas casas entre 2014 e 2015.

Poderia usar o termo "remoção compulsória" para analisar esse processo: a saída das pessoas de suas casas e sua demolição. Trata-se de uma categoria usada por governo, empresas e movimentos sociais, e traz em si a violência, dessa vez discursiva, ao transformar pessoas em sujeitos passivos, removidos, apagados de sua própria existência. Por sua vez, o termo compulsório me parece um eufemismo para a violência que marca esse processo e o terror que provoca em quem o vive, nos mais diversos contextos em que acontece.

Atualmente, um termo bastante utilizado na literatura acadêmica e por parte de organismos internacionais é "deslocamento forçado". Esse termo traz consigo a ideia de reassentamento, visto que deslocamento implica o movimento de um lugar para outro. Contudo, na experiência vivida e partilhada, inclusive comigo, os beiradeiros foram retirados, tiveram que sair de suas casas, foram expulsos. É essa experiência, *ter que sair*, que me preocupa aqui, quando o próprio destino e futuro ainda são uma incógnita[29]. Anos depois, os beiradeiros se referem a esse período em que *tiveram que sair* como *a retirada*.

*

Quando cheguei a Altamira, no início de 2014, a cidade estava no auge do afluxo populacional. Estima-se que entre 20 a 35 mil pessoas tenham sido contratadas para trabalhar na usina entre meados e o fim do ano de 2013 (SENA, 2014, p. 19 e LETURCQ, 2016). A cidade era atravessada continuamente pelos ônibus que transportavam os trabalhadores para os três canteiros de obra da usina. Altamira, que era uma cidade tranquila, começou a sofrer com o tráfego intenso e a violência no trânsito. Muitos moradores, acostumados a andar de bicicleta, deixaram de fazê-lo. Os aluguéis subiram, bem como o custo de vida em geral. Aos sábados, os trabalhadores da barragem lotavam o centro e a orla da cidade, dormiam nas praças e calçadas, para usufruir da folga do domingo fora dos alojamentos. Os moradores antigos deixaram de passear na orla, que era o principal lugar de lazer e encontro da cidade. O grande contingente de homens desacompanhados gerava um clima de apreensão entre os moradores da cidade, que passaram a evitar o local, modificando sua rotina.

Muitos bordéis foram abertos. Aos fins de semana, principalmente o primeiro do mês, quando os trabalhadores recebiam o salário, era comum ver filas de homens na rua, sentados no meio-fio, esperando para serem atendidos nos bordéis improvisados, muitos deles localizados nas casas de madeira dos baixões. Era tamanha a demanda pelos serviços das prostitutas que elas se organizaram e solicitaram à Norte Energia que intercalasse o pagamento dos trabalhadores ao longo do mês, pedido que foi negado pela empresa.

Certo sábado de manhã, eu acompanhava uma equipe de jornalistas em uma reportagem na Invasão dos Padres, um dos baixões da cidade. Fazia muito calor e o sol estava a pino. Sentados no meio-fio de uma das poucas ruas que tinha calçada, uma fila enorme de homens, maldormidos, alguns bêbados, esperavam sua vez. Os equipamentos de filmagem deixavam clara nossa intenção ali, e um desses homens me puxou pelo braço e me perguntou por que ninguém olhava para eles, os barrageiros, por que ninguém conversava com eles, que não eram culpados por nada, eram apenas trabalhadores tentando sobreviver. Contou-me rapidamente que viviam isolados nos alojamentos, onde nem telefone tinha sinal; que ficavam a semana toda presos sem poder sair e, para estar com uma mulher, às vezes apenas para conversar e ter um pouco de carinho, tinham que enfrentar aquela fila e pagar cem reais por poucos minutos de afeto.

O que aquele homem estava dizendo é que, em meio ao caos que se tornou Altamira, os barrageiros eram vistos como culpados, embora fossem também vítimas, mas para eles ninguém olhava. Como disse Antônia Melo inúmeras vezes: “em Altamira todos são atingidos”. Parece-me que essa afirmação se aplica tanto às mulheres que entraram para o mercado do sexo, o que muitas vezes não foi uma decisão livre e envolveu crianças, como aos homens que as procuravam, e sem poder aqui entrar no mérito do tipo e grau de violência a que ambos estavam expostos. Os jornalistas não quiseram entrevistar aquele homem, que pedia apenas para contar a sua história.

Ao longo de 2014, o populoso emaranhado de casas que era o *baixão* foi progressivamente desmontado, demolido e silenciado. Em alguns meses, todas as casas foram demolidas. Os bairros mais antigos de Altamira, localizados próximos à beira do rio Xingu, foram desfigurados. O bairro da Brasília e da Aparecida, que se conectavam ao Baixão do Tufi, na beira do igarapé Altamira, onde palafitas e pontes de madeira interligavam os dois lados da cidade, ficaram isolados. Com a demolição das casas e da infraestrutura urbana que havia nos baixões, a cidade ficou dividida por um extenso vazio. Muitas ruas já não levavam mais para lugar algum, e acabavam em um enorme descampado. O mesmo aconteceu no bairro da Invasão dos Padres, localizado entre a beira do rio, onde ficava a rua da Peixaria, e a rodovia Transamazônica. O lugar, onde vivia a maioria dos beiradeiros e pescadores de Altamira deu lugar a um parque municipal: um enorme gramado com pistas de corrida sempre vazias.

Com a demolição das ruas e casas dos baixões, toda a mobilidade urbana foi alterada. A malha viária foi cortada, as ruas terminavam onde tudo havia sido demolido. Todas as pontes e passarelas de madeira foram demolidas, e em seu lugar foram construídas duas grandes e distantes pontes de concreto, cuja obra foi concluída apenas no primeiro semestre de 2017. Todos que viviam em Altamira ficaram desorientados, e até a feira livre de domingo mudou de lugar: foi transferida das ruas do tradicional bairro da Brasília para um galpão fechado, distante do centro.

O deslocamento forçado da beira provocou a desestruturação da organização social da cidade: foram desfeitas as redes de vizinhança, os mecanismos de mobilidade urbana e a rede de pequenos comércios, incluindo o sistema de comercialização de produtos da pesca e da lavoura. No lugar onde havia uma teia contínua de casas, o burburinho das crianças e o vai e vem das bicicletas, instalou-se o vazio.

*

Em meados de 2015, os beiradeiros estavam negociando a desocupação das ilhas e beiradões com a Norte Energia. Após assinar o acordo, tinham trinta dias para sair com todos os seus pertences. Dona Claudia levava aos poucos suas coisas para uma pequena chácara que tinha comprado em um bairro periférico de Altamira, o Princesa do Xingu. Um dia, ao chegar à ilha, viu que sua roça de mandioca tinha sido arrancada, tinham usado seu forno para torrar a farinha. Para acender o fogo, usaram as tábuas de sua casa. O beiradão, cada dia mais vazio de moradores, estava sendo saqueado. A iminente "remoção" se alastrava como ruído, desarticulando todas as redes de cuidado e proteção que existiam no território.

Alguns dias depois, dona Claudia me procurou para mostrar fotografias de seu barco queimado, ou melhor, das cinzas e pedaços de ferro que sobraram. Dizia que tinha sido a Norte Energia, que ela não chegou a tempo para pegar o barco, a *balsa do desmancha* – uma embarcação que transportava os trabalhadores e os maquinários usados para demolir e aterrar as moradias – chegou antes. A destruição já tinha começado, constatou.

Poucos dias se passaram quando fui procurada por dona Raimunda. Ela pediu para que eu a acompanhasse à delegacia de polícia para fazer um boletim de ocorrência. A Norte Energia tinha ligado dando prazo de alguns dias para retirar suas coisas da ilha. Mas também para ela a *balsa do desmancha* veio antes do previsto. Quando chegou à ilha, viu que tinham colocado fogo na casa, a brasa ainda estava quente. Dona Raimunda estava com um amigo, seu Dedé. Quando viram a casa queimada, choraram. Dedé chorou pela casa de Raimunda e pela sua, pois ainda não tinha tido tempo para chorar. Raimunda cantou:

Só lembranças, só lembranças, só lembranças e nada mais. Só lembranças, só lembranças, sei que não vou morar aqui nunca mais. Foi tanto amor que eu dei, nunca pensei que eu fosse mudar, agora só resta esquecer, pois não posso viver sempre a lamentar. Hoje essa dor me carrega talvez alguém nega o quanto que eu fiz. Em um outro lugar qualquer eu procuro esquecer onde fui tão feliz. Mas é grande a minha dor, sei que não vou morar aqui nunca mais. Vai lembrança para longe, para ver se eu consigo outra vez minha paz.

(Versão de Raimunda para a música original de Bartô Galeno "Só lembranças")

O que doía para Raimunda, mais do que a casa queimada, era que tinham queimado também suas plantas. As plantas, para ela, tinham uma história e existência próprias. Na frente de sua casa, tinha plantado um pé de pinhão pajé. Ela o considerava um amigo, o pinhão pajé a protegia, toda manhã lhe dizia se algo ruim aconteceria naquele dia. Queimaram o pinhão pajé, assim como as bananeiras, as mangueiras e o pé de murici. Aquele pé de murici que ela trouxera da ilha de seu amigo Dedé. Ele tinha uma árvore que dava muitos frutos, era a *mãe do murici*. Dessa árvore, seu Dedé fez as mudas para plantar seu pomar e presentear seus amigos, entre eles Raimunda. As redes de relações que articulavam ilhas, pessoas e plantas, ficavam naqueles meses cada dia mais etéreas, desfaziam-se lentamente, cada vez que uma casa, ou uma planta, eram queimadas.

Raimunda se manteve viva porque é criadora de sentidos, como bem definiu a jornalista Eliane Brum, que a entrevistou diversas vezes. João, seu marido, viu sua capacidade de criar sentidos lhe ser tirada quando perdeu sua casa. Uma parte de João morreu, junto à primeira casa que perdeu na cidade. Ao perder também a ilha, João teve que guardar a canoa dentro da sala. Às vezes, Raimunda o via ali dentro, sentado, remando no piso de cimento queimado, olhando para o vazio. Tempos depois, quando Raimunda se reerguia, ela me explicou que não morreu porque vem de um povo acostumado ao sofrimento. Não ficou deprimida, nem louca, como muitos ficaram, porque em sua mente não há espaço nem para a tristeza nem para a loucura. Foi ela quem decidiu isso. João sentia falta do rio e não entendia mais o lugar onde estava, Raimunda buscava sentidos para reconstruir seu mundo.

Quando a casa de dona Raimunda foi queimada, a "remoção e demolição das moradias", conforme documentos técnicos da Norte Energia, tinha sido suspensa pelo Ibama, que constatou irregularidades no processo. Mas, mesmo com a suspensão, conforme notificação do Ibama, a Norte Energia continuava a demolir e queimar:

> "Houve consulta informal por parte da Norte Energia sobre a possibilidade de limpeza e demolições em ilhas consideradas de lazer, com processo de negociação finalizado, e o Ibama orientou que não procedesse desta forma, uma vez que a Norte

> Energia não havia restabelecido comunicação efetiva com os moradores vizinhos, o que poderia gerar expectativas negativas a quem assistisse à demolição sem saber qual seria seu futuro."
> (IBAMA, 2015i)

Ilhas cadastradas como "ilhas de lazer" eram moradas de famílias beiradeiras, como a ilha de dona Claudia e de seu Macaúba. Isso aconteceu porque o cadastro socioeconômico desconsiderava o sistema de dupla moradia, obrigando as famílias a optarem por uma de suas casas, ou por um erro, como no caso de dona Claudia, que não tinha outra casa. A demolição e a queima das moradias geravam um estado de desespero no beiradão, terror. Não é trivial a expressão "expectativas negativas a quem assistisse à demolição sem saber qual seria seu futuro", no documento do Ibama, um eufemismo para o terror que gerava. Nem mesmo o órgão licenciador, pouco afeito as consequências subjetivas dos projetos licenciados, pode isentar-se de se posicionar frente ao que acontecia em Altamira, ao desespero das pessoas.

> "Houve demolição da casa, com agravo de ter sido queimada em vez de enterrada, procedimento anterior efetuado pelo empreendedor, no período de suspensão de remoção compulsória [...] Ressalta-se que o forte simbolismo de uma residência queimada provoca medo aos vizinhos e as informações por meio de comunicação desprovida de cuidados com a população atingida serve para disseminar maior desconfiança ao processo de remoção. Recomenda-se que seja aplicada sanção administrativa em desfavor da Norte Energia, conforme requer o caso."
> (IBAMA, 2015i)

Os documentos técnicos corroboram o entendimento de que os procedimentos adotados pela empresa disseminavam o terror. A queima das moradias era o procedimento adotado pela empresa. As famílias corriam para retirar suas coisas, muitas ainda não sabiam para onde iriam, todos de certa forma estavam desorientados, não havia tempo para processar o que estava acontecendo. Os movimentos da *balsa do desmancha* no rio eram acompanhados com apreensão, cada vez que demolia uma casa, um buraco se abria no beiradão, na rede que articulava ilhas, pessoas, plantas e também peixes, deixando-os mais vulneráveis e receosos. Elinaldo me contou de um jaú, um peixe grande que viveu por anos em um poço profundo, no Gorgulho da Rita. Todos aqueles que pescavam peixe ornamental naquele poço o conheciam. O jaú, por tem um valor comercial baixo, sobrevivia, até que desapareceu, por causa das bombas da barragem. Aquilo que aconteceu com as pessoas, também aconteceu com os peixes: todos ficaram desorientados.

Não tem mais, só está a caverna desocupada, ele não mora mais lá, ninguém sabe para onde ele foi.

O modo como as operações do deslocamento forçado são descritas nos documentos da empresa, torna ainda mais explícita a violência do processo.

> "Para efeito de planejamento da intervenção da Norte Energia, os trabalhos de mudanças, demolição, desinfecção e desinfestação nas áreas rurais interferidas pelo empreendimento foram divididos em dois grandes setores – APP [área de preservação permanente] e Cota 97 metros [cota de inundação do reservatório] –, sendo que a prioridade está sendo dada à liberação das ocupações localizadas na cota 97 metros, incluindo as ilhas",
> (NORTE ENERGIA, 2015b, p. 29)

O trecho acima é de um relatório da Norte Energia, de setembro de 2015, sobre o cumprimento das condicionantes ambientais para a obtenção da licença de operação, última etapa do processo de licenciamento ambiental da usina. A liberação das áreas interferidas implica, nos termos da empresa, na "demolição das casas e benfeitorias, desinfecção e desinfestação" de toda a porção abaixo da cota 97 de alagamento e da área de preservação permanente do reservatório.

Desinfecção:
1. Ato ou efeito de desinfeccionar;
2. Destruição de germes infecciosos; assepsia, saneamento;
3. Cura de infecção.

Desinfestação:

1. Ato ou efeito de desinfestar;
2. Exterminação de insetos; desinsetização, descupinização, dedetização, imunização.

Esses termos são associados à ideia de limpar aquilo que infesta, o que é nocivo, incômodo. São termos historicamente associados a procedimentos de extermínio. Tecnicamente, em Altamira, os termos estavam relacionados à colocação de cal em galinheiros e fossas, a tapagem de poços, a queima e o soterramento de casas. Na prática, as plantas foram queimadas, deixando de produzir frutos, e os poços foram entupidos com escombros e deixaram de fornecer água potável. Os beiradeiros deviam ser removidos e a possibilidade de retorno, bloqueada. Para os moradores das ilhas, não havia promessa de melhoria, modernização ou desenvolvimento, pois eles não eram proprietários de nada. Cabia-lhes apenas aceitar algum dinheiro por aquilo que tinham construído ao longo de sua história.

Os beiradeiros foram os últimos a serem retirados de suas casas, e para isso havia pressa. Dona Raimunda chegou à ilha para pegar as últimas coisas e encontrou sua casa queimada, e dona Claudia encontrou apenas as partes de ferro de seu barco, porque o processo de deslocamento forçado nunca foi suspenso ou revisto, mesmo com a intervenção do Ibama. A empresa passou por cima de casas, instituições e pessoas.

Foram para a cidade vender os peixes e ficaram dois dias. Os vizinhos mandaram avisar que a casa estava sendo queimada. Quando voltaram para a ilha, a casa já estava toda queimada, com tudo aquilo que tinha dentro: roupas, colchão, baldes, tudo. Queimaram a casa antes de pagar a indenização. Só depois de uns cinco meses foi sair o pagamento. Ela ficou com depressão, hoje faz tratamento no CAPS [Centro de Atenção Psicossocial].

Edilmo e Maria
Altamira,
setembro de 2016

A filha estava grávida e eles vieram para a cidade por quinze dias para acompanhar ela no hospital para ganhar bebê. A vizinha avisou que o barraco estava pegando fogo. Quando chegaram na ilha encontraram só as cinzas, foi queimando barco, malhadeiras, isopor, colchão. Ficaram só com a roupa que levaram para a rua. A roça, as galinhas que estavam chocando, tudo ficou para trás, até o cachorro ficou queimado.

Edilson e Francisca
Altamira,
setembro de 2016

A demolição, o soterramento e a queima das moradias apagavam do beiradão a memória coletiva inscrita na paisagem. As plantas queimadas e cortadas, os poços tapados eram o veto para o retorno ou a permanência dos antigos moradores, transmutados em invasores. Os procedimentos técnicos da remoção esterilizavam do beiradão a possibilidade de continuidade da vida.

A demolição das casas pode ser compreendida como a concretização da guerra ontológica que começou com a aplicação dos cadastros socioeconômicos. No relatório em que a empresa pede a licença de operação, diz que nunca paralisou o processo de demolição das casas, mesmo com a autorização suspensa, acrescentando que as remoções atrasavam devido à "interferência de agentes externos no processo de liberação das áreas e às judicializações necessárias" (NORTE ENERGIA, 2015b, p. 29). A Norte Energia em Altamira agia soberana, acobertada pela retórica do interesse nacional e a força repressiva da Força Nacional (BRUM, 2014).

A construção de periferias

Cerca de 22 mil pessoas foram deslocadas da zona urbana de Altamira. Seis mil casas padronizadas foram construídas em cinco reassentamentos urbanos coletivos (RUC): 2144 pessoas foram para o RUC Laranjeiras, a 4,5 quilômetros do centro; 3260 foram para o RUC São Joaquim, a 1,6 quilômetro do centro; 1768 foram para o RUC Casa Nova, a quatro quilômetros do centro; 3260 foram para o RUC São Joaquim, 1,6 quilômetro do centro; 2776 pessoas foram para o RUC Água Azul, a 4,8 quilômetros do centro e 3992 pessoas foram para o RUC Jatobá, a quatro quilômetros do centro[30].

Os baixões e as margens dos igarapés da cidade, onde vivia a maioria dos beiradeiros e pescadores, tornaram-se beira do reservatório da usina de Belo Monte. Nas bordas da cidade, surgiram diversos loteamentos privados que, para atrair a população deslocada que havia sido indenizada pela empresa, facilitavam a compra de lotes sem entrada e inúmeras parcelas.

O reassentamento urbano coletivo (RUC) foi divulgado como uma oportunidade de melhoria da qualidade de vida, sempre contraposta às condições anteriores de insalubridade. A empresa divulgava naqueles meses, em outdoors espalhados pela cidade, um anúncio publicitário que trazia uma fotografia de uma família em frente a uma casa do RUC ao lado de uma fotografia das palafitas de madeira e das vias de acesso suspensas, no baixão alagado.

As casas dos RUCs são compostas por três quartos pequenos, uma sala conjugada com cozinha americana e um banheiro. Uma pequena varanda na porta que dá acesso à sala, e uma porta na cozinha dá saída para um quintal, com uma pequena área de serviço coberta com um tanque. Todas as casas têm 63 metros quadrados. No início, as pessoas pareciam satisfeitas com suas novas casas de concreto, pintadas de branco, com cozinha americana, portas em todos os cômodos e banheiro revestido. Era um problema superável o banheiro ser dentro da casa, ao lado da cozinha e as paredes de concreto armado não segurarem gancho de rede. *Mas está tudo bem, não pode dizer que está ruim*, é o modo beiradeiro de lidar com a adversidade[31].

As casas, muitas vezes, não comportavam todos os membros da família. Muita gente ficou de fora do cadastro ou recebeu uma indenização em dinheiro insuficiente para comprar outra moradia. As famílias investiram o pouco que tinham na reforma e ampliação das casas padronizadas. Rapidamente os quintais se encheram de outras pequenas construções. Acho que não é exagero dizer que a maioria delas foi construída com as tábuas das antigas casas do baixão. O padrão monótono do bairro planejado logo se encheu de tábuas multicoloridas.

A construção de extensões ou outras moradias para sanar a falta de espaço das casas planejadas do reassentamento, ou garantir uma moradia para aqueles que não foram incluídos nos cadastros da empresa, é descrita de forma bastante semelhante por Lídia Rebouças sobre o reassentamento de ribeirinhos no Pontal do Paranapanema, em São Paulo. Nos reassentamentos rurais construídos pela Companhia Energética de São Paulo (CESP), as famílias também não cabiam nas casas, o que levou à construção de outras moradias, de parentes e agregados, próximas às casas das famílias contempladas no cadastro. A autora identifica que a origem da inadequação do reassentamento está em impor uma solução individualizada para organizações que são coletivas (REBOUÇAS, 2000, pp. 97-99).

As pessoas, assim como as tábuas coloridas retiradas das casas do baixão, ficaram embaralhadas no novo reassentamento.

Não houve um planejamento para a recomposição das redes de vizinhança, ou mesmo dos grupos familiares. As famílias se mudaram na medida em que concluíam a negociação com a Norte Energia e as casas dos novos bairros ficavam prontas, o que implicou na ruptura das relações de vizinhança, bem como nas redes de ajuda mútua, de reciprocidade e mesmo de relações comerciais e de prestação de serviços. Isso gerou desorientação, empobrecimento e violência.

A vida lá no baixão era muito boa, muito melhor que aqui, porque aqui a gente vive preso e não tem onde trabalhar e nem o que comer.

Sentir-se preso é uma reclamação recorrente entre os moradores dos RUCs. O afastamento dos bairros em relação ao centro da cidade e ao rio, e a precariedade do transporte coletivo, dificultam a circulação. Muitos pescadores tiveram que vender suas embarcações por não terem como zelar por elas estando distantes do rio. É impressionante a quantidade de embarcações que foram roubadas pelo mesmo motivo: não havia ninguém para zelar por elas. O baixão tornou-se um vazio desabitado.

Nos primeiros meses, ao visitar um desses bairros, uma senhora me fez notar que não havia crianças na rua. Ela me explicou que as crianças não estavam acostumadas com os carros, por isso seus pais não as deixavam sair de casa, não tinham onde brincar e, desde que se mudaram para o bairro novo, a maioria nunca mais tinha visto o rio. No rio também não tinha mais morador nenhum, pois não tinham mais onde se apoiar, ademais, as mudanças nas correntezas e nos ventos tornavam a navegação perigosa. A conexão que havia entre os baixões da cidade e as beiras do Xingu, tecida diariamente pelos beiradeiros em seus movimentos entre a rua e o beiradão, deixou de existir: não havia mais ninguém nesses lugares. Isso era potencializado pelo esforço da Norte Energia em torná-los de fato não lugares, ao impedir que as pessoas voltassem para suas antigas localidades para pescar e impedindo-as de permanecer por mais de três dias arranchadas em qualquer outro local. O investimento na desterritorialização era cotidiano.

A satisfação dos primeiros meses com as casas novas logo começou a diminuir, na medida em que começaram a chegar as contas de luz, o Imposto Predial Urbano (IPTU), as passagens de ônibus, a necessidade de comprar tudo aquilo que precisavam para viver. Eram custos que não tinham anteriormente, tanto por viverem em bairros irregulares, como por terem suas casas na beira do rio, onde plantavam e pescavam. As famílias se deram conta de que não tinham renda suficiente para pagar pela nova infraestrutura.

Lembro-me de ir à casa de um amigo para conversar, ele estava contente porque tinha conseguido construir uma varanda fechada de madeira na frente da casa, tendo agora lugar para guardar sua canoa, entralhar e remendar a malhadeira na sombra e vender o pescado. Por outro lado, disse-me muito envergonhado que não tinha nada para me oferecer, ainda tinha um pouco de café, mas o açúcar já tinha acabado. A única coisa que podia me dar era um copo d'água, mas estava quente. Eu disse que não tinha problema. Ele abriu a geladeira desligada, pegou uma garrafa de água e me serviu. Explicou que tinha tirado a geladeira da tomada porque não tinha condições de pagar a conta de luz. Mostrou-me ainda os soquetes sem lâmpadas pendurados no teto, ele as tinha retirado para evitar que puxassem energia.

Outro amigo me contou que aqueles foram os tempos mais difíceis de sua vida, que nunca antes tinha passado fome. Contou que, certo dia um de seus netos foi dormir em sua casa e de manhã notou que não tinha nada para o café da manhã. Saiu escondido e foi até a casa de uma vizinha pedir um pedaço de pão para levar para sua avó, que ainda não tinha comido nada. Esse amigo desabafou que muitas vezes a única coisa que conseguia comprar para ele e sua esposa comerem era o *sopão pronto*, que custava pouco. Às vezes, conseguia uma batatinha para cozinhar junto, outras não.

Além de fome, os beiradeiros tinham medo. Em apenas quatro dias, entre setembro e outubro de 2017, nove pessoas foram assassinadas em Altamira, nos novos reassentamentos urbanos. Nessa semana, eu mesma fui a um velório, um enterro e mandei os pêsames para uma amiga. Não há como descrever ou entender a dor de uma mãe que perde o filho assassinado ao voltar do trabalho para casa. Dona Fátima não conseguiu ir ao enterro do filho, teve que ficar em casa sedada. Quando cheguei, Raimundão, seu esposo, deu-me um abraço apertado, *O que vai ser agora da minha velha, Ana?* Ele não precisou me explicar mais do que isso, eu não tinha nenhuma resposta e me era impossível encontrar uma palavra de conforto, não há conforto para isso. Dona Fátima, desde que teve que sair de sua ilha, onde viveu por muitos anos com Raimundão, nunca se recuperou, sentia sempre um vazio no peito e toda vez que lembrava ou falava de sua ilha, não conseguia conter as lágrimas, caiu em depressão. E então perdia também o filho.

Entre 2000 e 2015, a taxa de homicídios em Altamira aumentou 1.110 por cento. Foram muitos assassinatos, principalmente nos novos bairros da Norte Energia, além de assaltos cotidianos. Todos aqueles que tinham algum recurso se apressaram em colocar grades nas portas e janelas e ficaram presos, dentro de suas casas. As crianças não veem mais o rio, mas veem corpos mortos no chão. O que aconteceu no beiradão com a saída dos moradores – os saques, roubos e predação – acontecia também na cidade. Com o esgarçamento das redes sociais e o empobrecimento, a violência aumentou, crimes brutais e execuções sumárias tornaram-se cotidianos. Mais uma camada de *humilhação* se sobrepunha à vida dos beiradeiros: os bairros onde passaram a viver eram o epicentro da violência, gerando um clima de desconfiança mútua e insegurança, além do estigma de viver no bairro dos bandidos.

Em julho de 2019, a violência urbana mais uma vez fez Altamira virar manchete nacional, quando 57 pessoas foram brutalmente assassinadas no presídio da cidade. Dezesseis homens foram esquartejados e 41, carbonizados. Os corpos ficaram dias em um caminhão frigorífico estacionado em frente ao Instituto Médico Legal para o reconhecimento das vítimas. As mortes foram provocadas por um conflito entre facções criminosas, o Comando Classe A e o Comando Vermelho. O Comando Classe A surgiu em Altamira em 2013, para suprir o aumento da demanda por drogas, provocada pelo afluxo populacional, consequência da construção da usina[32].

Naqueles dias estive em frente ao Instituto Médico Legal, foi uma das situações mais tristes e violentas que presenciei em minha vida. A divisão das famílias das vítimas em duas filas, a dos carbonizados e a dos decapitados; mulheres desmaiando; o calor tornando-se insuportável pelo aglomerado de pessoas embaixo de um toldo de plástico ao lado do motor ligado do caminhão frigorífico; o cheiro dos mortos. O caminhão frigorífico teve suas placas e laterais vedadas por sacos pretos, para poupar o desgaste da imagem da empresa distribuidora de carne de gado. Mas no letreiro acima da cabine do motorista permaneceu visível o nome do caminhão:

Madeireira 1. Não podia não pensar naqueles corpos como toras de mogno, ou de ipê, também roubadas, mutiladas, esquartejadas. Isso acontecia ao mesmo tempo em que voltava a ser "normal" em Altamira ver caminhões carregados de toras de madeira, na cidade, em plena luz do dia[33]. Mas o que mais me marcou, o que fez aquela cena bater tão fundo em mim, foi constatar que eu conhecia boa parte das pessoas que estavam ali. Era como se visse claramente a violência e a violação se abaterem sempre sobre os mesmos.

Se for pensar, a gente endoida

Foi muita coisa que aconteceu desde que eu tive que sair da minha ilha. A Norte Energia ficou encaixando muitas coisas na minha cabeça, eu adoeci. Eu fui parar no centro. Eu nunca quis morar no centro. O centro é um lugar horrível, só tem macaco cantando, bando de porcão. Não tem vizinho, fico isolada dentro de casa, quando saio, só vejo mata. Se eu estivesse no beiradão nada disso teria acontecido, mas lá no centro... Isso não é vida para mim, não.

Dona Rosa
Altamira, julho de 2018

Para a construção da usina hidrelétrica de Belo Monte, cerca de 40 mil pessoas foram deslocadas dos municípios de Altamira e Vitória do Xingu. Os números relativos à população atingida por grandes obras são sempre controversos. Na construção das usinas de Tucuruí e Sobradinho, por exemplo, a flutuação desse número foi imensa devido ao aumento da cota altimétrica de alagamento durante a implantação do projeto, fazendo com que os cadastros tivessem que ser refeitos e a população deslocada mais de uma vez.

Em Belo Monte, o deslocamento forçado atingiu sobretudo a população urbana de Altamira. Segundo os dados da empresa, foram deslocadas 7.398 famílias da zona urbana, das quais 3.678 famílias foram reassentadas, as outras receberam apenas compensação financeira. Também foram indenizados 781 estabelecimentos comerciais e 11 igrejas. Na zona rural, foram deslocadas 1.789 famílias, a maioria (1.358 famílias) recebeu indenização em dinheiro, uma parcela significativa (379 famílias), carta de crédito e uma menor parte reassentamento rural coletivo (28 famílias) ou individual (33 famílias) (FGV, 2015).

O processo de deslocamento forçado começou em 2011, na zona rural, onde foram construídos os canteiros de obra e as primeiras instalações da usina, e terminou em meados de 2015, pouco antes do barramento definitivo do rio Xingu e o enchimento do reservatório da usina, com a *retirada* da população ribeirinha.

O anúncio do deslocamento forçado por meio do cadastramento das famílias instaurou uma temporalidade suspensa, de espera e indefinição sobre o futuro. Com a efetivação da expulsão[34], as demolições e a mudança para outros lugares, houve uma alteração dessa temporalidade, acionada pelo movimento. A imposição da *retirada* chega com um sentido de urgência e imediatismo, traz mudanças abruptas e irreversíveis. Ambas as temporalidades, de suspensão da vida e de urgência da mudança, causaram desorientação e sofrimento. Nesse sentido, não entendo o deslocamento forçado apenas como mobilidade geográfica ou um dispositivo legal e político, e sim como uma experiência vivida como *retirada*. Enquanto experiência, não se trata do simples resultado de um processo, mas de uma experiência incorporada, cujo sentido é percebido a partir de lógicas anteriores, que também configuram as estratégias encontradas para dar continuidade à vida e criar novos sentidos, o que possibilita a resistência, que em Altamira teve um caráter de reexistência.

Heather Randell pesquisou famílias deslocadas para a construção do reservatório intermediário da usina de Belo Monte, área rural distante do leito do rio, e habitada sobretudo por produtores rurais, meeiros e pecuaristas, para usar categorias locais, *colonos* e *fazendeiros,* que tinham, portanto, um perfil diferente dos beiradeiros. A autora analisou as mudanças de curto prazo em relação à renda, desigualdade socioeconômica, e bem-estar. Foram entrevistadas, por pesquisadores locais, sobretudo estudantes da universidade, 192 famílias entre abril e maio de 2012, antes do deslocamento, e dessas foram entrevistadas novamente 165 famílias, entre agosto de 2014 e janeiro de 2015. Nessa pesquisa, a dispersão geográfica, que implica na ruptura das redes sociais e no desmonte das comunidades de origem, são considerados os piores efeitos do deslocamento do ponto de vista das pessoas entrevistadas (RANDELL, 2016).

Por meio de um levantamento de bens e infraestrutura das moradias, antes e depois do deslocamento, a autora observa um aumento significativo dos índices de refrigeradores, de 33 para 94 por cento; máquinas de lavar roupa, de 28 para 85 por cento; acesso à energia elétrica, de 46 a 87 por cento; e a existência de banheiro nas novas casas, 21 a 82 por cento (RANDELL, 2016). A autora detalha o método estatístico adotado, mas não a metodologia usada para a escolha das variáveis amostradas. Essas variáveis, ou seja, a concepção do que é uma boa moradia, é construída a partir dos indicadores de propriedade da terra, o aumento da renda ou de oportunidades de emprego; a localização, quando as novas propriedades são próximas a vias asfaltadas ou com bom acesso; e a disponibilidade de energia elétrica. As razões para a piora do bem-estar, por sua vez, são a mudança para área urbana, a diminuição da renda ou de oportunidades de emprego, a perda da comunidade e distância da família.

A pesquisadora conclui que, dois anos após o deslocamento forçado, as famílias tinham melhorado sua condição econômica e que o crescimento econômico regional poderia ter favorecido inclusive as famílias que não receberam compensação financeira, concluindo que a usina de Belo Monte não impactou negativamente do ponto de vista socieconômico as famílias deslocadas, embora enfatize que o bem-estar subjetivo estaria diretamente relacionado à possibilidade das famílias manterem suas redes sociais e comunidades (RANDELL, 2016).

A conclusão do estudo, de que houve uma melhora na qualidade de vida das famílias deslocadas, parece estar relacionada à desconsideração das mudanças no modo de vida e a adoção de variáveis desvinculadas das especificidades sociais preexistentes. As lacunas com relação às particularidades históricas, sociais e culturais dos diferentes grupos sociais deslocados, no caso, colonos e fazendeiros, oculta os efeitos do deslocamento na vida cotidiana e na trajetória das famílias, justamente por desconsiderar a "estrutura social preexistente" que influencia diretamente os efeitos da intervenção (SIGAUD, 1986).

*

Os beiradeiros estavam perdendo a base material de sua existência. Não se tratava apenas de terem que sair de suas casas, estavam perdendo seu território. Tudo seria em breve permanentemente modificado, as paisagens onde estavam inscritas suas memórias e conhecimentos ficariam submersas. Não haveria mais o regime de cheia e vazante do rio; os lugares habitados deixariam de existir, e com eles os registros da memória coletiva; as redes sociais ficavam esgarçadas; os conhecimentos e os modos de fazer perdiam sentido, na medida em que todas as dinâmicas sociais e ecológicas eram alteradas. As pessoas ficaram com medo de perder tudo aquilo que conheciam, medo de não saber como sobreviver em um mundo desfigurado. As pessoas tinham medo de enlouquecer e muitas vezes, de fato, enlouqueceram.

Essa coisa de Norte Energia veio desacatar muita gente. Tem tanta coisa para a gente pensar, que se for pensar, a gente endoida.

Foi essa frase que uma senhora me disse alguns dias antes de sair de sua ilha. O beiradão tornara-se um lugar do qual o futuro havia sido banido, e a inexistência de futuro imobilizava o presente, as pessoas *adoeceram de angústia*. As famílias passaram anos esperando por um "cadastro", que levaria a uma "indenização" ou um "reassentamento", sem ter esperança de que isso lhes garantiria de fato uma continuidade, ou uma "reparação". As famílias continuavam ali, mas aquele lugar começava a não mais pertencê-las.

Refletir retrospectivamente sobre esse período de tempo dilatado – dilatado porque não havia clareza sobre quando terminaria – de suspensão da vida e desfiguração do mundo, me remete a um pequeno texto de Hannah Arendt:

> "Nós perdemos nossas casas, o que significa a familiaridade da vida cotidiana. Nós perdemos nossas ocupações, o que significa a confiança de que temos certa utilidade neste mundo. Nós perdemos nossa língua, o que significa a naturalidade das reações, a simplicidade dos gestos, a expressão indiferente dos sentimentos."
>
> (ARENDT, 1994, p. 110)

Nesse texto de caráter biográfico, Arendt descreve as estratégias subjetivas adotadas por aqueles que sobreviveram ao Holocausto, como tiveram que esquecer quem eram para construir uma nova vida. Após perderem seus amigos e parentes nos guetos e campos de concentração, perderam também sua vida privada e identidade. Há nessas linhas a experiência sensível, condensada por uma grande intelectual, do que significa ter que deixar tudo para trás e seguir adiante, em uma situação de extrema violência. Não se trata de comparar o deslocamento forçado dos beiradeiros com o genocídio do povo judeu, mas de colocar lado a lado essas experiências: perder a familiaridade da vida cotidiana; perder a profissão e a capacidade, não só de manutenção econômica, mas de ter um lugar definido no mundo; perder as referências culturais, sem as quais não há possibilidade de naturalidade das reações e simplicidade dos gestos. A ruptura da vida privada, que transforma as pessoas em números, ou códigos fundiários, corpos mortos, ou corpos a serem deslocados e sobretudo quando se nega as pessoas a possibilidade de serem quem são.

Hannah Arendt fala do alto número de suicídios e da necessidade de esquecer o passado para construir um futuro. Em Altamira, é preciso falar da perda da capacidade de encontrar sentido, de adoecimento psíquico e de trauma. Trauma, em Altamira, foi descrito como:

> "Um acontecimento que excede a capacidade de elaboração simbólica da experiência pelo sujeito. Um acontecimento que não alcança contorno e assume um caráter repetitivo vivido como eternamente presente. [...] E, exatamente por esse caráter de acontecimento eternamente presente, impede o sujeito de se engajar e investir em novos e outros objetos que sustentem a consecução de sua vida."
>
> (KATZ e OLIVEIRA, 2016, p. 222).

Em um estudo coordenado por Ilana Katz sobre os impactos em saúde entre a população ribeirinha provocados pela usina de Belo Monte, a categoria "sofrimento psíquico" é usada para definir a experiência dos beiradeiros: a desimplicação social provocada pela desarticulação do sujeito de seu território e redes de hábitos. Ao atender os ribeirinhos, em sessões de psicanálise, a equipe vinculada à pesquisa[35] notou como as pessoas associavam processos de adoecimento com sintomas corporais e psíquicos, aos processos de expulsão do lugar de moradia e à perda dos vínculos sociais (KATZ e OLIVEIRA, 2016, p. 222).

Endoidar foi frequentemente associado pelos beiradeiros a essa ruptura em múltiplos níveis – sociais, ecológicos e econômicos. A desfiguração do mundo implicou na redução da capacidade de nomeação da experiência cotidiana e de criação de sentidos. Em uma abordagem fenomenológica, o sentido de continuidade da existência só existe quando há correspondência entre as expectativas – a percepção do real – e os parâmetros colocados pela existência pragmática anterior. Quando o presente não se encadeia às expectativas tidas anteriormente como certas, a experiência cotidiana torna-se inominável e a ausência de expectativas sobre o futuro, e consequente impossibilidade de planejar ações futuras, conformam uma temporalidade marcada por um contínuo presente (RAMSAY, 2015).

As experiências pragmáticas anteriores informam e atualizam o acervo de pressupostos sobre aquilo que existe, a isso chama-se ontologia. Ontologias não são separáveis dos encontros pragmáticos: por exemplo, na ontologia beiradeira é dada por certa a possibilidade de sair para navegar no rio Xingu com uma pequena canoa, encontrar determinadas espécies de peixes em locais específicos, ilhas para se abrigar e moradores para dar assistência caso seja necessário. Com a desfiguração do mundo, ao sair para pescar no rio Xingu, o beiradeiro se dá conta que sua pequena canoa não é mais segura para a navegação devido aos *banzeiros*, ondas fortes que se formaram com a supressão da vegetação das ilhas e o barramento do rio; em seus pontos de pesca não é mais capaz de encontrar peixes, e mesmo havendo algum, seus artefatos não são mais adequados; não existem mais ilhas, que foram alagadas, o que significa a ameaça de ficar à deriva caso chegue uma tempestade; não há mais ninguém para lhe dar assistência. A ontologia beiradeira deixa de corresponder aos encontros pragmáticos, isso causa uma desorientação que se assemelha à loucura (BARBOSA DE ALMEIDA, 2013).

Com a saída das famílias do beiradão e a consequente ruptura das relações sociais que o animavam, as casas e as roças começaram a ser saqueadas e a caça tornou-se uma atividade predatória – era comum ouvir disparos durante o dia. As pessoas temiam encontrar com caçadores da cidade ao andar na mata. O beiradão deixou de ter um dono, tudo era da Norte Energia e, portanto, não era de ninguém. Casas e roçados foram saqueados, canoas, remos e tralhas de pesca foram roubados, malhadeiras foram roubadas da água. Ouvíamos pela primeira vez falar por aqui que o Xingu estava cheio de piratas. A saída dos moradores rompia com todo o sistema do direito costumeiro que regulava o uso e o acesso ao território.

Dizer que o beiradão não tinha mais dono é especialmente grave no contexto amazônico. Existe, de forma difusa na socialidade amazônica, o entendimento de que cada coisa tem seu dono, a mata, os animais, os peixes, os objetos, tudo tem um dono. Dono é aquele que cuida, é um guardião. Essa noção não tem nada a ver com propriedade privada, e sim com cuidado e criação. Dono é uma noção fundamental da cultura xinguana, donos são mediadores entre determinado ente e o coletivo ao qual pertence. Assim, não se trata apenas de uma categoria ontológica, mas contém uma lógica relacional: os donos protegem e controlam suas criaturas, são responsáveis por sua vida e bem-estar (FAUSTO, 2008).

A noção de dono, ou maestria, tem implicações profundas no plano sociopolítico, relacionadas a capacidade de apropriar-se ou dispor de pessoas, coisas e animais, bem como de criar domínios, grupos e coletivos (FAUSTO, 2008). Embora a noção de dono tenha sido explorada no âmbito da etnologia indígena, pode-se afirmar que ela não se restringe ao universo indígena, mas faz parte do universo amazônico como um todo, sendo um princípio também fundante de ontologias dos povos ribeirinhos e de descendentes de seringueiros (POSTIGO, 2010 e BARBOSA DE ALMEIDA, 2013).

Citei dois exemplos de como a categoria dono foi usada: referindo-se à caipora, dono dos animais da mata, responsável por protegê-los de uma predação abusiva, especificamente no contexto da comercialização de peles de gato; e no contexto das expedições de pacificação de Francisco Meirelles, nas quais ele foi associado à ideia de dono, no sentido de chefe dos coletivos humanos.

Quando em Altamira a violência e a predação se instaurou no beiradão, foi atribuída ao fato de que no beiradão não existia mais dono. Isso remete a uma ruptura que transpassa questões de propriedade: não ter dono é estar desprotegido, significa que todas as relações entre pessoas, entre pessoas e lugares, entre humanos e não humanos, foram desarticuladas. Não ter mais dono significa que não há mais ninguém para cuidar, não existe um responsável. A Norte Energia pode ter se tornado proprietária das terras, mas não se tornou dona, porque não cuida, ao contrário, destrói.

As relações de parentesco foram fragmentadas com a imposição de negociações individuais com a corporação, uma "negociação entre pares", na qual a paridade inexistia. Em seguida foram esgarçadas pelo deslocamento das pessoas para lugares diferentes e distantes, o que rompeu com as relações de vizinhança e com a composição dos grupos domésticos e, portanto, implodiu a organização social do beiradão. Tornou-se latente um estado de anomia, um estado que se instaura quando uma sociedade é profundamente perturbada, tanto por uma crise dolorosa, como por transformações favoráveis, mas muito repentinas, tornando-se provisoriamente incapaz de exercer sua função de força reguladora das necessidades dos indivíduos (DURKHEIM, 2000, p. 320).

Em momentos de crise ou de mudanças repentinas, quando as regras e os lugares sociais tornam-se menos claros ou obsoletos, no sentido de não responder mais aos novos arranjos sociais, o processo de subjetivação, que permite aos indivíduos incorporarem as normas sociais e se submeterem voluntariamente a elas, é interrompido. Sem o processo de subjetivação, instituições, regras e acordos, deixam de funcionar como dispositivos de governo, para tornarem-se mero exercício da violência (AGAMBEN, 2005).

> "O estado de desregramento ou anomia, portanto, ainda é reforçado pelo fato das paixões estarem menos disciplinadas no próprio momento em que teriam necessidade de uma disciplina mais vigorosa. [...]Ao mesmo tempo em que a luta se torna mais violenta e mais dolorosa, por menos regrada e porque as competições são mais ardorosas. Todas as classes brigam porque não há mais classificação estabelecida."
> (DURKHEIM, 2000, p. 322)

Ao mudar todo o sistema de ordenamento e classificação do mundo, bem como seus fluxos hídricos e ecológicos, a construção da usina, e todos os processos atrelados, gerou a ausência de uma classificação estabelecida e compartilhada. Um mundo desfigurado é terreno propício para o surgimento da anomia, desorientação e terror. Em maio de 2015, quando o deslocamento forçado chegou ao beiradão, um jovem beiradeiro foi assassinado com sua própria espingarda, dentro de sua canoa, no porto de um vizinho. Ninguém denunciou o assassinato, tampouco que o assassino estava escondido naquelas ilhas. Não podia haver denúncia, nem homenagem, ao contrário, instaurou-se o silêncio. Dias depois o assassino apareceu na casa de uma mulher, todos sabiam quem era, ela o amarrou a uma árvore e chamou a polícia.

A onda de violência que se instaurou no beiradão não era denunciável, era tratada como um assunto interno, deliberadamente ocultado para os de fora, era como se falar sobre o que estava acontecendo – os eventos violentos, os saques, a predação – aumentasse o desespero e a *humilhação*. Aquilo que estava acontecendo não podia ser nomeado, tratava-se de algo que todos sabiam, mas que ninguém mencionava.

A desfiguração do mundo trazia para a superfície aquilo que devia permanecer oculto – a *humilhação*, a despossessão, a desorientação. Apenas quando novos sentidos foram criados, e uma refiguração do mundo tornou-se possível, esses acontecimentos deixaram de ser silenciados, para serem sistematicamente revelados e revividos no próprio processo de reconstrução de sentidos. Foi apenas então que ouvi diversos relatos, de diferentes pessoas, com muitos detalhes, sobre aquele assassinato no beiradão, o que o antecedeu, e o que o sucedeu.

*

Estudos recentes têm incorporado uma dimensão subjetiva para identificar os efeitos do deslocamento forçado na vida das pessoas. Mas, para falar em subjetividade, é imprescindível pensar no encontro de subjetividades no processo de pesquisa e, em termos mais objetivos, em trajetórias, modos de viver e mesmo ontologias. Um bom exemplo desse tipo de abordagem nos estudos sobre deslocamento forçado é a tese de doutorado da antropóloga Georgina Ramsay, que trabalhou com mulheres da África Central, sobretudo do Congo, Burundi e Ruanda, obrigadas a fugir de seus países pela violência dos conflitos ali instalados (RAMSAY, 2015).

Ramsay fez pesquisa de campo com mulheres refugiadas na cidade de Kampala, na Uganda e na Austrália. Em Kampala, a pesquisa etnográfica mostrou as razões que levaram essas mulheres a preferirem viver na capital do país, e não nos campos de refugiados, sendo que a decisão implicava em sua exclusão dos mecanismos de ajuda humanitária. A partir de seus dados de campo, a pesquisadora problematiza tanto o conceito de "refugiado", como a política humanitária das Nações Unidas, pouco sensíveis as especificidades e ontologias locais. Ramsay também trabalhou com mulheres que foram reassentadas na Austrália, por meio da convivência íntima em suas cozinhas, preparando alimentos e ajudando no cuidado com seus filhos. Esse tipo de pesquisa etnográfica, que teve por pano de fundo o encontro sensível entre a pesquisadora e as mulheres da África Central, possibilitou construir o argumento, central em sua tese, de que o deslocamento é uma condição existencial, mais do que ferramenta analítica para caracterizar as mudanças sociais, políticas e geográficas englobadas nos processos de migração forçada. Nesse sentido, o deslocamento não é uma categoria autoevidente, tampouco pode ser reduzida a mudanças sociais e geográficas ou a instabilidade política e legal associadas ao status de refugiado. A autora sugere pensar o deslocamento forçado como uma condição vinculada a uma experiência que tem como ponto de partida as lógicas cosmológicas que garantem o sentido de continuidade da existência (RAMSAY, 2015).

Para as mulheres da África Central, esse sentido de continuidade da existência estava implicado na possibilidade de cultivar plantas comestíveis, comer alimentos preparados com essas plantas, sendo a comensalidade tão importante quanto a ingestão do alimento e sobretudo gerar e criar filhos. Essas são as condições de garantia de continuidade do fluxo regenerativo da vida. Ao terem esses fluxos alterados ou interrompidos pelo deslocamento forçado, essas mulheres se sentem mortas. Dizer-se morta concretiza a violência, o trauma e a insegurança que emergem com o deslocamento, mas que perduram com o reassentamento. *Estar morta* é uma realidade social experimentada quando é preciso existir em um mundo no qual não existe um sentido ou um propósito de existência (RAMSAY, 2015, p. 207).

Dizer-se morta me remete a um evento realizado em Altamira no qual se discutia o crescimento da violência urbana e o aumento do número de assassinatos no campo, sobretudo de lideranças. Nesse evento, uma mulher que estava na plateia, que já havia demostrado ter um juízo um pouco particular, disse:

É isso mesmo, eu mesma, já me mataram quatro vezes dentro de Altamira, mas eu continuo aqui.

Pode parecer uma frase sem sentido, mas me pareceu uma síntese muito potente daquilo que vi acontecer nos últimos anos. As pessoas foram, de fato, mortas em Altamira. Se isso, algumas vezes, não significou o fim de sua vida e de sua história, foi porque encontraram novos caminhos. Mortes diretamente associadas a Belo Monte, há muitas. Um casal de senhores vivia há mais de dez anos em uma ilha, no Muricituba. Ele não queria ir até a cidade para negociar sua saída da ilha com a Norte Energia. Ficou semanas postergando, até o dia em que sua companheira ficou com medo de ficarem sem nada e resolveram ir. No escritório assinaram os papéis da indenização, na saída, na calçada do RUC Jatobá, o reassentamento urbano coletivo onde ficava o escritório da Norte Energia, ele morreu, teve um infarto. Não foi o único. Seu João, não morreu, mas desejou isso profundamente e sofreu um acidente vascular cerebral, infarte, sentado na mesa de negociação com a Norte Energia. Não conseguiu assinar nenhum papel, só pensava em virar um homem-bomba para explodir tudo, e evitar que outros passassem por aquela mesma *humilhação.* Recentemente recebi a notícia que seu Tracajá, cuja história de vida abre este livro, também morreu de desgosto. Passou dias perambulando pelas ruas de Altamira, longe do rio e *deles,* não resistiu; seu Tracajá morreu antes de poder retornar para o Xingu. Em Altamira, contam até hoje os ribeirinhos, *mataram as pessoas de angústia.*

As pessoas morreram ao terem que ir embora de suas ilhas e deixar para trás toda sua história, que seria apagada pela água, não haveria para onde voltar. As pessoas viram o rio Xingu morrer na enchente do ano de 2016, quando observaram, dia após dia, as praias e ilhas irem para o fundo pela última vez e o rio virar um lago. As pessoas também morreram quando viram os baixões e as beiras da cidade – onde moravam, se encontravam, banhavam, lavavam roupa e guardavam as canoas – tornarem-se terra arrasada, desfigurada, transformada em um monótono vazio. O sentido de morte reverbera no modo como Raimunda explicou repetidas vezes como se sentia ao ser obrigada a sair de sua casa e de sua ilha:

Nós não estamos vivendo. Estamos apenas vivenciando a vida dos outros.

Raimunda Gomes,
Ilha do Poção, Altamira, 2016

Assim, como aquela senhora que foi assassinada quatro vezes dentro de Altamira, os beiradeiros foram mortos, muitas vezes, e, assim como ela, que continuava ali, em pé, falando com firmeza aquilo que pensa e distribuindo flores e água de cheiro, encontraram os meios para se manterem vivos e se fazerem ouvir.

Acabou-se tudo

Seu Dario não queria sair do beiradão, acampou perto de sua antiga ilha, em uma pontinha de saroba, uma vegetação arbustiva que alaga sazonalmente, que ainda estava emersa. No seu antigo lugar não podia acampar, a Norte Energia não deixava. Ninguém de sua família conseguia convencê-lo a ir embora para a cidade, para uma casa no RUC Jatobá. Eu sempre encontrava seu Dario pescando com sua canoinha, com o olhar triste, perdido, duro de se ver.

Naqueles meses foi intenso o processo de desterritorialização imposto pela Norte Energia. Ninguém podia permanecer em seu lugar de origem: para pescar tinham que acampar em outras localidades e permanecer por, no máximo, três dias. Além disso, nada podia ser deixado no local, os fiscais rasgavam as lonas, serravam os esteios dos ranchos de pesca, quebravam as caixas de isopor.

Seu Sebastião, que viveu a vida toda na ilha do Poção, também não queria ir embora. Chamaram a Força Nacional para tirá-lo de lá. Algumas vezes o encontrei acampado ali perto, seu rancho de lona escondido na saroba. No passado, na Ilha do Poção, ficava o barracão do Lola, seu pai, que abriu as estradas de seringa daquela região. Seu Sebastião sucedeu seu pai e continuou a comprar borracha dos seringueiros até meados da década de 1980, quando o preço da borracha caiu e boa parte do pessoal se mudou para os garimpos da Volta Grande. Desde então seu Sebastião vive da pesca, passando muito mais tempo no rio, do que na cidade.

Em julho de 2016, fui visitar seu Sebastião na Ilha do Poção. Ele estava acampado em sua ilha, em um rancho de lona, partilhando o pequeno espaço que ainda não estava alagado com outros três grupos de pescadores. A água estava subindo e a vegetação começava a alagar. A ilha estava diferente, a mata parecia fraca, amarelada, estava morrendo. Seu Sebastião tinha um sorriso triste, mas parecia de alguma forma agradecido por estarmos ali, em uma ilha que não era mais sua, se despedindo dela, junto a outros homens, mulheres e crianças. Raimunda, com seu jeito bonito de falar e mexer as mãos, criava sentido para a destruição que nos circundava, sentada na raiz de uma árvore, dizia:

As plantas estão morrendo afogadas, não conseguem mais respirar, a água subiu e não desce mais, as raízes estão encostando na água por baixo da ilha. As ilhas vão morrer junto com as plantas, afogadas.

Aquele foi o ano do fim do mundo, como disseram muitos. O rio Xingu foi barrado, foi o primeiro ano em que não apareceram as praias, e o rio, em vez de esvaziar, encheu. Embora tenha sido um ano de pouca chuva, os beiradeiros sabiam que a vazante não chegaria mais como antes, o rio estava virando lago, e por essa razão aquela enchente foi acompanhada no detalhe, milimetricamente, com grande pesar. As pessoas saíam das ilhas apenas quando não sobrava nenhuma porção emersa. Aquele ano a enchente trazia a morte de uma parte do rio Xingu, que estava virando lago.

Nos meses seguintes o ambiente se deteriorou: a água primeiro ficou turva, depois parada; o lodo cobriu a areia e as pedras do fundo do rio; os peixes sumiram, adoeceram e morreram; as árvores das ilhas foram cortadas, enterradas e queimadas. As árvores que não foram cortadas morreram afogadas, transformando-se nos chamados paliteiros, que ainda apodrecem no leito do rio.

Aquilo que os beiradeiros e pescadores observavam e denunciavam correspondia às constatações dos cientistas, mas para eles era preciso provar, na medida em que suas observações e constatações não eram levadas em conta. Segundo pesquisadores que estiveram em campo no final daquele ano com os ribeirinhos – refiro-me aqui aos pesquisadores que integraram a força-tarefa responsável pelo estudo da SBPC, sobretudo da área da biologia e ecologia[36] - com o barramento do rio houve uma redução da turbulência superficial e da velocidade da água, provocando o acúmulo de sedimentos. O alagamento de áreas que ficavam acima dos níveis das cheias máximas do rio, provocou a submersão prolongada da vegetação, o que potencializou a decomposição de matéria orgânica, que repercute em uma redução drástica no teor de oxigênio dissolvido e no aumento da temperatura da água, que resultaram na inadequação da água para consumo, principalmente nas áreas de remanso adjacentes às margens do reservatório, e na mortandade de peixes (ADAMS ET. AL., 2017, p. 137).

São essas rápidas transformações, tanto sociais como ecológicas, que chamo aqui de desfiguração: a alteração de toda ordem e sentido das coisas. Para aproximar o leitor do que é essa desfiguração do mundo, não é suficiente descrever as avaliações técnicas das alterações ecológicas ou a ruptura das dinâmicas sociais, é preciso voltar a atenção para o detalhe, os acidentes, as contingências e os silêncios. A desfiguração do mundo gera muito mais silêncio do que palavras, por ser ausência de sentido.

*

No dia 7 de dezembro de 2016, fui com seu Bacurau até a ilha do Itapiranga, onde ele viveu por muitos anos e para onde não voltava havia dez anos, desde que se separou da esposa e vendeu sua posse na ilha. O mundo de Bacurau estava sumindo: passamos a manhã toda navegando e não encontramos um único pescador no rio. Na ilha de seu Sebastião não havia ninguém, quatro *lonas* amarradas, uma delas já dentro da água, tudo largado, vazio. Bacurau, homem dado a poucas palavras, dizia apenas, repetidas vezes: "Acabou-se tudo. Acabou-se tudo", olhando para o fundo da canoa.

O vazio que vi aquele dia no beiradão, naquele rio onde quase não havia mais peixes, aquele vazio do desabitado também entrou em mim, instalou-se no meu peito. Não era cratera, como aquela que se abriu no peito do homem que morreu no baixão, era apenas vazio. Quando passamos pelo lugar de sua antiga morada, aquele vazio pareceu tomar conta de toda a canoa. Sufocava nossos sentidos, turvava nossa visão. Pedi para que parasse e desligasse o motor, eu queria entrar na água, ver se o vazio saia de mim. Eu mergulhei, ele mergulhou. Com um gesto silencioso, Bacurau me mostrou que o rio corria ao contrário, fazendo a canoa fugir no sentido inverso.

Respostas institucionais à catástrofe

> "Testemunhar esse processo brutal de remoção compulsória da população urbana de Altamira, conduzido pelo empreendedor ao arrepio de inúmeras determinações do licenciamento e sem fiscalização efetiva do Ibama, é tarefa difícil e, em certos momentos, desesperadora. O fosso entre o poderio do empreendimento e a capacidade de resistência da população é atroz e a sensação de impotência, em alguma medida, é inevitável. Contudo, se há algo de belo, nesse monte de injustiças, é a coragem e a determinação do povo em lutar pelos seus direitos."
>
> (NÓBREGA, defensor público, 2015)

Diante da destruição que se previu e, posteriormente, instaurou-se sobre o rio Xingu e seus habitantes, algumas instituições se articularam, primeiro na crítica e refutação técnica da viabilidade, técnica, ecológica e econômica, da usina hidrelétrica e, em um segundo momento, na produção de contrainformações, de denúncias e na exigência de medidas de reparação para a população afetada.

Uma das primeiras ações nesse sentido foi a publicação, em 2009, do *Painel de Especialistas*, que reuniu diversos pesquisadores para uma análise crítica dos estudos de impacto ambiental da usina. O principal objetivo do material era tornar públicas falhas, omissões e lacunas das análises apresentadas ao Ibama, no âmbito do licenciamento ambiental da usina. O estudo reportava falhas e omissões na análise de situações e dados sociais, econômicos e culturais; as ameaças para os povos indígenas; os riscos nas áreas de educação, saúde e segurança; a vazão reduzida na Volta Grande e o aumento dos níveis da água a montante do barramento; a ausência de viabilidade técnica e econômica; os riscos e omissões com relação à fauna aquática e ameaças à biodiversidade. O *Painel* antecipou diversos fenômenos que ocorreram ao longo da instalação e operação da usina (MAGALHÃES e HERNANDEZ, 2009).

Neste capítulo, descrevo as respostas institucionais aos pleitos e às denúncias dos beiradeiros que acompanhei entre os anos de 2014 e 2020. As disputas em torno dos impactos da atividade pesqueira é o ponto de partida para descrever a atuação de diferentes instituições frente aos conflitos instaurados por perspectivas antagônicas com relação aos efeitos provocados pela construção da usina. Acompanhei os eventos e processos aqui descritos como pesquisadora, mas também como perita do MPF, colaboradora do ISA, assessora técnica dos ribeirinhos e, mais recentemente, como pesquisadora colaboradora do Centro de Direito Humanos e Empresas da Fundação Getúlio Vargas. Os dados de campo que mobilizo ao longo do capítulo, mais do que registros etnográficos cotidianos, são anotações de reuniões, relatórios, ofícios, notas técnicas, apresentações de Power Point e mapas.

A pesca e a guerra técnica

Minha primeira aproximação a esse embate técnico estabelecido entre pesquisadores, o Estado e o setor privado se deu em 2014, a partir de uma articulação com as colônias de pescadores de Altamira e Vitória do Xingu. O objetivo era mapear os impactos observados durante o período de instalação da usina sobre a atividade pesqueira, na medida em que os pescadores alertavam para uma rápida redução na produtividade da pesca, ao passo que empresa concessionária negava tais alterações.

Para tanto, realizamos diversas expedições a campo, sempre em parceria com os pescadores, com reuniões ampliadas em diversas localidades, tanto a montante quanto a jusante dos barramentos e oficinas de cartografia, cujo objetivo era registrar os diferentes impactos, observados pelos pescadores, em um plano cartográfico. Desse esforço de pesquisa colaborativa resultou a já referida publicação *Atlas dos impactos de Belo Monte sobre a atividade pesqueira* (CARNEIRO e DE FRANCESCO, 2015a).

O embate técnico sobre os danos provocados à atividade pesqueira não encontrou desfecho aceitável até hoje. A empresa conta com um amplo sistema de monitoramento do desembarque pesqueiro, cujo objetivo é identificar e acompanhar as alterações na produção, as espécies e quantidades pescadas, o esforço pesqueiro e o rendimento econômico da atividade, realizado por uma equipe numerosa de pesquisadores. O gigantesco banco de dados gerado não se mostrou adequado para detectar as diferentes alterações, sobretudo qualitativas, mas também e cada vez mais quantitativas, que os pescadores observam em seu cotidiano. Os principais problemas metodológicos que levaram a essa não correspondência foram: a inadequação das unidades de coleta de dados, que chegam a trechos de rio de até 150 quilômetros de extensão; a não consideração dos sítios pesqueiros, que corresponde à unidade mínima da organização social da pesca; a coleta de dados por meio de entrevistas que, sobretudo em um contexto de conflito entre pescadores e a empresa, podem gerar informações não confiáveis pela subestimação ou superestimação da quantidade de peixe capturado por parte dos pescadores, tendo em vista diferentes estratégias para destacar alterações na atividade pesqueira e ampliar as possibilidades de reconhecimento de impactos, ou mesmo a negação dos pescadores em fornecer dados para a empresa; a ausência de participação dos pescadores na coleta e análise dos dados; por fim, o monitoramento não considera como prioritárias para estudos biológicos e ecológicos detalhados espécies de alta importância para alimentação e comercialização, como espécies de pacu e tucunaré (CARNEIRO E DE FRANCESCO, 2015b).

Se os dados técnicos produzidos pela empresa enfraquecem as narrativas e denúncias dos pescadores, também não se mostraram capazes de explicitar a cadeia de impactos provocados pelas mudanças ecológicas, bem como as alterações e rupturas nas dinâmicas sociais da pesca. Um exemplo disso é o sistema de aviamento: conforme já mencionado, trata-se de um tipo de organização social presente em toda a região amazônica. O aviamento é o adiantamento de mercadorias a crédito[37]. No caso da pesca, o *marreteiro*, aquele que avia o pescador, adianta o necessário para a saída de pesca, basicamente alimentação, combustível e gelo, e compra a produção no regresso do pescador. O pescador pode ou não saldar a dívida, a depender da quantidade de pescado que trouxer. Desde o início da instalação da usina, pude observar uma mudança na dinâmica de comercialização do pescado. A queda na produção, pela diminuição dos estoques pesqueiros e o aumento da dificuldade de capturar o pescado, ocorreu no mesmo período em que houve um aumento nos custos de produção, tanto pelo aumento do custo de vida na região, como pelo deslocamento forçado dos pescadores para regiões distantes do rio, o que gerou custos que não existiam anteriormente. Os pescadores passaram a ter dificuldade de saldar suas dívidas com os *marreteiros*, ficando cada dia mais endividados. Por essa razão, muitos deixaram de pegar adiantamento e começaram a vender o próprio peixe nas feiras e ruas de Altamira, conseguindo um valor um pouco melhor. A figura do *marreteiro* perdeu importância, e muitos fecharam seus comércios. Hoje, alguns pescadores têm dificuldade de financiar suas saídas de pesca e, quando conseguem, voltam do rio com poucos quilos de peixe, bastando apenas para o consumo doméstico. Contudo, no cálculo do dano e na avaliação de impactos, essas mudanças nas dinâmicas sociais da pesca não foram consideradas.

Em fevereiro de 2016, em atendimento a uma das condicionantes da licença de operação da usina[38], foi realizado em Altamira um seminário técnico sobre a pesca, cujo objetivo era, segundo a relatoria da empresa, "promover o diálogo com vistas a acomodar questões centrais do conflito, a partir da participação e do protagonismo dos agentes locais na identificação, análise e elaboração de medidas compensatórias e mitigatórias" (DIOGO e BRONZATTO, 2016). Mesmo com um objetivo formal e com a determinação do Ibama de que fosse um seminário técnico aberto ao público, foram convidados para participar apenas os pescadores oficialmente inscritos na Comissão da Pesca, instância de participação social criada no âmbito do processo de licenciamento da usina. Os demais pescadores, que foram para o local da reunião com intenção de participar do debate, foram barrados na porta. Somente após muita discussão, pressão e negociação, sua entrada na sala de reunião foi permitida, embora as intervenções tenham sido controladas por mediadores contratados, e a inscrição restrita aos pescadores que tinham cadeira na comissão.

Para se ter dimensão da violência do seminário, que de participativo ou conciliatório nada tinha, basta saber que ele foi realizado no mesmo mês em que a empresa foi multada pelo Ibama pela morte de 16,2 toneladas de peixes, provocada pelo enchimento do reservatório, entre 27 de novembro de 2015 e 25 de fevereiro de 2016.

Em abril, as multas chegavam a 35,3 milhões de reais, e incluíam a apresentação de informações parcialmente falsas sobre o resgate de ictiofauna (IBAMA, 2016). A morte dos peixes desesperava os pescadores, não apenas pela tragédia em si, mas por seus desdobramentos futuros, visto que todos os peixes que morreram não se reproduziriam, tornando ainda mais grave e preocupante a situação futura.

Desse seminário participaram representantes dos pescadores, a Norte Energia, os consultores responsáveis pelo monitoramento e pela avaliação de impactos sobre a pesca, o Ibama, a Casa de Governo e o ISA, por serem essas, segundo o relatório oficial, "as partes interessadas em um contexto de conflito crônico". Esse relatório, elaborado por uma empresa contratada para fazer a mediação do seminário, contextualiza o embate técnico que se travou, e ainda se trava, em torno da questão pesqueira:

> "Verificou-se um confronto entre informações, configurando-se um quadro de crescente polarização onde, de um lado, resultados e conclusões de estudos e monitoramentos sobre o estoque pesqueiro (a montante e a jusante dos barramentos) realizado pelo empreendedor, com a anuência do Ibama, apresentando elevada qualidade e embasamento científico (estatístico-quantitativo), e por outro lado resultados obtidos seguindo uma abordagem científica (antropológica-qualitativa) conduzida pelo Instituto Socioambiental (ISA), com a participação dos representantes da classe pesqueira local, que sinalizam diferentes perspectivas e escalas de entendimento acerca dos impactos"
>
> (DIOGO e BRONZATTO, 2016, p. 1)

A responsável pela apresentação dos estudos da Norte Energia foi a professora Victoria Isaac, da UFPA, que reafirmou que as conclusões dos estudos eram que, em escala regional, não havia evidências de alteração da atividade pesqueira ao longo do tempo; que o aumento do preço do pescado e dos custos de produção estavam associados ao aumento da demanda e da inflação regional; que alguns pontos de pesca tinham uma tendência levemente negativa, mas que a pressão pesqueira se dava em locais distantes de Altamira e precisava ainda ser avaliada sua persistência.

Giácomo Dall'Aqua, então presidente da Colônia de Pescadores de Vitória do Xingu, apresentou os estudos realizados e o vídeo produzido em colaboração com o ISA (ISA, 2016c). Em seguida, os pescadores tomaram a palavra, seguindo-se "algumas passagens demasiadamente acaloradas", de acordo com o registro da empresa. As passagens acaloradas eram as repetidas tentativas dos pescadores de falarem e serem ouvidos frente à reiterada recusa por seus pedidos de resposta, assim como a reiterada desqualificação de suas narrativas e observações.

O seminário resultou em dois encaminhamentos: discutir uma articulação dos estudos desenvolvidos pela Norte Energia e os estudos independentes realizados pelos pescadores e seus parceiros, a fim de aperfeiçoar o processo de monitoramento; e o esforço para identificar e mensurar possíveis impactos e danos durante a fase de instalação da usina. No fundo, o seminário reafirmava o não reconhecimento de impactos e atribuía à Comissão da Pesca a resolução do "conflito crônico". Foi mais uma das muitas reuniões sobre a pesca, desgastantes e conflituosas, que não resultou em nada concreto e que teve, como ponto de partida, a exclusão e a desqualificação dos pescadores.

Após um longo embate sobre os impactos da usina na atividade pesqueira, o Ibama finalmente reconhecia as denúncias dos pescadores e submetia à dúvida os relatórios apresentados pela Norte Energia (MAGALHÃES, 2016). Um segundo seminário foi realizado em setembro do ano seguinte, mais ampliado que o primeiro. Novamente a professora Victoria Isaac apresentou o monitoramento da atividade pesqueira, ressaltando a imensa variabilidade relacionada a fatores aleatórios aos quais a pesca artesanal está sujeita, incluindo fatores climáticos como El Niño e La Niña. Embora tenham observado alterações na produtividade e nas dinâmicas da pesca em alguns trechos do rio, enfatizou a sinergia entre os efeitos do fechamento do rio, o aumento de sua profundidade, fenômenos climáticos anômalos e fatores econômicos.

Eu apresentei os estudos que realizamos com os pescadores, destacando as principais causas das alterações na dinâmica pesqueira, como as explosões, a dragagem do leito do rio e das praias, o desmatamento e o deslocamento forçado dos pescadores. Na sequência, Rita Cavalcante falou sobre os efeitos diretos das intervenções da usina sobre o leito do rio para a pesca. Cristiane Carneiro, Bel Juruna e Jailson Juruna falaram sobre o monitoramento independente da pesca realizado pelos Juruna da aldeia Mïratu, da Terra Indígena Paquiçamba.

Seguiu-se então um longo debate do qual participaram pescadores, ribeirinhos e indígenas da região, bem como diversos pesquisadores que estavam presentes e funcionários de empresas contratadas pela Norte Energia que atuam na região. No seminário, houve uma forte defesa do monitoramento oficial por parte de alguns pesquisadores presentes, embora a coordenação do monitoramento oficial tenha reconhecido publicamente que os dados gerados poderiam ser reavaliados à luz das dimensões sociais da atividade pesqueira[39].

O encaminhamento final foi a realização de um workshop para pensar em alterações no modelo de monitoramento do desembarque pesqueiro e possível reavaliação dos dados gerados. Insistimos para que houvesse garantia de participação dos pescadores em todas as etapas do processo e a necessidade de incorporar mecanismos de monitoramento e descrição da dimensão social da pesca. Por existir uma discrepância entre os dados produzidos e as conclusões apresentadas nos relatórios, era fundamental garantir que o resultado da análise dos dados fosse independente da aprovação da empresa, assim como realizar a interpretação desses dados em colaboração com os pescadores.

Recentemente a empresa passou a reconhecer os impactos previstos nos Estudos de Impacto Ambiental (EIA) em seus relatórios. Somando-se a isso, em novembro de 2017, pesquisadores que participam dos monitoramentos oficiais da Norte Energia publicaram um artigo reconhecendo que os estudos de impacto sobre a pesca, realizados no âmbito do licenciamento ambiental, são insuficientes para quantificar os impactos sociais e econômicos para os meios de subsistência dos pescadores; que as consultas públicas não atingiram seu objetivo ao não considerar as necessidades e demandas da população atingida; e que o conhecimento dos pescadores foi negligenciado nas fases de planejamento, construção e monitoramento da implementação da usina (ISAAC ET. AL., 2017).

Essa estratégia da empresa, e seu aparato técnico-científico, de reconhecer os impactos gerados somente na fase de operação da usina, reforça como opera a guerra técnica. Desde o EIA esses impactos estavam previstos, o que não estava previsto eram os impactos durante a fase de instalação, e afirmá-los como algo previsível e secundário apenas coloca sua narrativa como hegemônica. A própria relatoria do seminário assume um posicionamento claro nesta disputa técnica, enfatizando que há o monitoramento realizado pela empresa, com a anuência do Ibama, de elevada qualidade e embasamento científico, e estudos que seguem uma abordagem científica antropológica e qualitativa.

A corporação, com uma rede de pesquisadores financiados em atuação conjunta com o setor elétrico, produz um volume enorme de dados. A cada refutação da análise que a empresa apresenta, a estratégia é afirmar que são necessários mais estudos. A máquina de geração de dados do aparato técnico-científico corporativo é gigantesca, por outro lado, os estudos e monitoramentos independentes não detêm as mesmas condições financeiras, científicas, técnicas e políticas (PRATES e RODRIGUES, 2020). Nesse sentido, o esforço da empresa na guerra técnica é apagar as contranarrativas, absorvendo muito do esforço dos atores locais, organizações da sociedade civil, e pesquisadores independentes, na necessidade de provar e refutar constantemente as interpretações e narrativas corporativas, de modo bastante semelhante ao constrangimento imposto aos ribeirinhos, ou população atingida em geral, de provar constantemente quem são, provar à exaustão que eles são eles.

Inspeção interinstitucional

Em 2014, as pessoas eram deslocadas da área urbana de Altamira e da terra firme nas margens do rio Xingu. Diante das inúmeras denúncias de violação de direitos nesse processo, foi realizada uma audiência pública sobre o deslocamento urbano. Nessa audiência, ficou claro que parte da população urbana que estava passando pelo processo de deslocamento coincidia com os moradores das ilhas, devido ao sistema de dupla moradia. Ficou evidente também a ausência de informações sobre como se daria o processo de deslocamento nas áreas rurais que seriam alagadas com o enchimento do reservatório. Um dos principais resultados dessa audiência foi o compromisso da Defensoria Pública da União, a DPU, em atender em caráter emergencial e itinerante a população impactada pela construção da usina de Belo Monte. Entre janeiro e setembro de 2015, a DPU esteve em Altamira em caráter itinerante.

Em setembro de 2015, o órgão se instalou na cidade em caráter permanente. (MPF, 2014; ISA, 2014a e DPU, 2015).

No ano seguinte, em maio de 2015, Thais Santi, procuradora do MPF, marcou uma reunião coletiva com os ribeirinhos que tinham procurado a instituição e convidou a mim e a Cristiane Carneiro para participar da conversa. Quando chegamos ao MPF, mais de trinta pessoas nos esperavam, a maioria moradores das ilhas. Fizemos, pela primeira de muitas vezes, uma rodada de apresentação: cada um dizia seu nome, o nome do lugar de onde vinha e sua situação, se permaneciam ou não em sua localidade, onde estavam vivendo, e quais foram as condições de negociação com a Norte Energia. Naquela ocasião, encontrei pela primeira vez famílias cuja trajetória acompanho até hoje. Essa reunião inaugurou uma estratégia política que se consolidaria nos meses e anos seguintes: foi o primeiro de muitos encontros entre os ribeirinhos que se seguiram e que perduram.

Nos dias seguintes, organizamos visitas em diferentes localidades para planejar os roteiros da inspeção interinstitucional para a qual foram convidadas diversas instituições e pesquisadores. Na Ilha do Triunfo, visitamos dona Maria, esposa de seu Dedé, que já tinha sido indenizada pela casa, mas ainda não sabia para onde iria. Nos disse que até final de junho, dali a um mês, todos teriam que sair das ilhas. Na Ilha do Itapiranga, conhecemos o velho João Goiano, que estava sozinho em seu barraco de palha, rodeado por cachorros e pés de frutas. Morava naquela ilha havia doze anos, ficava meses sem ir para a cidade. Vários pescadores deixavam a canoa em seu porto, assim, sempre tinha alguém que trazia comida, peixe, remédios e mesmo ração para os cachorros. Contou-nos que a Norte Energia passava em sua casa a cada dois meses, ora ofereciam dinheiro, ora uma terra, não sabia se em Anapu ou Medicilândia, nem se era uma terra bruta, onde teria que começar do zero.

Visitamos as localidades de voadeira. Foram visitas rápidas, com o objetivo de montar três roteiros para a inspeção, que seria realizada por três equipes. Nesses dias, encontramos com Ney, que estava pescando em sua canoa. Ele atracou na voadeira para conversar conosco. Contou que morava havia quatro anos na Ilha da Mangueira, que não fora cadastrado, apenas seu pai fora indenizado e ele não sabia para onde iria. Ney foi assassinado poucos dias depois, com sua espingarda, dentro de sua canoa, no porto de um vizinho, um crime sem precedentes, reflexo da desfiguração das relações sociais no beiradão.

A inspeção interinstitucional das áreas ribeirinhas atingidas pelo processo de remoção compulsória aconteceu entre os dias 1 e 3 de junho de 2015. Os ribeirinhos ainda estavam em suas casas, nas ilhas, negociando indenizações e reassentamentos com a Norte Energia. Participaram da inspeção representantes de diversas instituições: Ibama, Funai, o extinto Ministério da Pesca e Aquicultura, Conselho Nacional de Direitos Humanos, Defensoria Pública da União, Defensoria Pública do Estado do Pará, Movimento Xingu Vivo Para Sempre, ISA e pesquisadores: Mauro Almeida (Unicamp), Manuela Carneiro da Cunha (USP/Universidade de Chicago), Sônia Magalhães (UFPA), antropólogos do MPF e três pesquisadoras que trabalhavam com os ribeirinhos da região: eu, Cristiane Carneiro e Mônica Lizardo.

A inspeção resultou em um documento-síntese que reunia 55 constatações sobre irregularidades no processo de deslocamento forçado, que indicavam o risco de grave violação de direitos humanos. O documento recomendava o diálogo e o tratamento coletivo da situação dos ribeirinhos e afirmava que o modo como estava sendo conduzido o deslocamento forçado pela Norte Energia implicava na impossibilidade de continuidade de seus meios de vida e transmissão de seus conhecimentos tradicionais, ameaçando a possibilidade de sua existência digna e reprodução social, sendo necessária a interferência imediata do poder público no processo (MPF, 2015a; CNDH, 2015; NASCIMENTO, 2015).

Uma semana depois, a Diretoria de Licenciamento Ambiental do Ibama publicou uma nota técnica sobre a inspeção no qual recomendava consultar a Secretaria de Patrimônio da União (SPU) sobre a possibilidade das famílias atingidas permanecerem nas porções das ilhas que não alagariam, e consultar a Procuradoria Federal Especializada do Ibama sobre a possibilidade de as famílias ribeirinhas ocuparem os beiradões do Xingu, ou seja, as áreas de preservação permanente (APP) do futuro reservatório (IBAMA, 2015c). Aventava-se, pela primeira vez, o reconhecimento dos ribeirinhos enquanto sujeito coletivo de direitos e sobretudo o reconhecimento de seus direitos territoriais, ou seja, seu direito ao retorno para as margens do rio Xingu.

Um mês depois, o Ibama determinou "a suspensão e a imediata revisão do processo de remoção compulsória e demolição das casas nas ilhas e beiradões do rio Xingu" (IBAMA, 2015d), consolidando a obrigação da empresa em rever os modelos de reparação oferecidos aos ribeirinhos.

Dois meses depois, a Norte Energia apresentou uma proposta de revisão do "tratamento oferecido" por meio de um documento intitulado *Pesquisa de desenvolvimento socioeconômico da população moradora/ocupante de ilhas e margens do rio Xingu, em área diretamente afetada pelo empreendimento UHE Belo Monte*. A pesquisa formalizava a obrigação da empresa em garantir o retorno e a permanência dos ribeirinhos às margens do rio Xingu, mas partia de pressupostos e critérios equivocados. O próprio título do documento é significativo: torna evidente a reiterada recusa, por parte da empresa, em reconhecer os ribeirinhos como uma coletividade, com especificidades históricas e culturais, ao se referir ao grupo social como "moradores e ocupantes de ilhas". Em nenhum momento aparece o termo ribeirinho ou beiradeiro, termos que começaram a aparecer nos documentos da empresa somente anos depois.

A empresa presumiu que poderia identificar, por meio de seus cadastros socioeconômicos, as famílias que teriam direito ao retorno para o rio. Para a identificação desse público, definiu critérios a serem aplicados aos cadastros. Os critérios de inclusão eram a posse do Termo de Autorização de Uso Sustentável (TAUS), expedido pela SPU, e a declaração da pesca como atividade comercial na ocasião do cadastro. Excluía aqueles que receberam carta de crédito, um valor destinado a compra de um imóvel; aqueles que tinham dupla moradia; e os que declararam a pesca como atividade de subsistência.

Os critérios propostos pela empresa para identificar quem eram os ribeirinhos excluíam justamente as famílias que tinham um modo de vida amplamente vinculado ao rio Xingu e que dependiam de seus recursos para viver. Para aqueles que foram indenizados ou reassentados na cidade, que não tinham registro de sua posse no beiradão, ou cuja moradia foi identificada como sendo destinada ao lazer ou à pesca de subsistência, a Norte Energia oferecia um "ponto de apoio para pesca": uma estrutura coletiva para atar rede. A empresa também excluía todos os ribeirinhos que viviam na terra firme.

O "ponto de apoio para pesca" não fazia sentido para os ribeirinhos, que nunca precisaram de apoio ou autorização para montar seus *ranchos de pesca* nas ilhas e beiradões. Era também uma solução inadequada para aqueles que tinham na pesca uma atividade de subsistência, associada a outras atividades que implicavam, necessariamente, em um *pedaço de terra para viver*. O "ponto de apoio para pesca", com efeito, nunca foi debatido nas reuniões. A total divergência de pontos de vista entre as instituições sobre o que é um ponto de apoio, ou mesmo, o que configura uma moradia, impossibilitava o início de qualquer diálogo. Ademais, existiam tantos outros problemas na proposta da Norte Energia que o "ponto de apoio" era sempre deixado por último, tornando-se quase um tabu e motivo de piada. As conversas jocosas colocavam em evidência o grau de desconhecimento da organização social ribeirinha por parte da Norte Energia, ou sua má-fé.

A morte simbólica do "ponto de apoio para pesca" aconteceu em setembro de 2016, na primeira reunião do grupo de pesquisadores mobilizados pela SBPC para realizar um estudo com propostas de reparação fundamentadas à população ribeirinha. A antropóloga Manuela Carneiro da Cunha, que coordenava o grupo, resumiu rapidamente a razão pela qual o "ponto de apoio para pesca" tinha se tornado um tabu: não havia fundamentação empírica e teórica plausível (CARNEIRO DA CUNHA e MAGALHÃES, 2017, p. 21).

O relatório de pesquisa da Norte Energia visava reparar um dano que a empresa, de fato, desconhecia, ou melhor, não reconhecia. Confirmando essa avaliação, o Ibama exigiu que, tanto para as famílias ribeirinhas que pescavam para comercialização quanto para aquelas que pescavam para subsistência, devia ser garantido o direito ao reassentamento em ilhas ou margens do rio Xingu. O órgão também recomendou que as famílias que tiveram mais de uma opção de reparação, ou seja, que puderam escolher entre indenização e reassentamento, também deveriam ser consideradas, pois nenhuma dessas alternativas havia garantido de fato a manutenção de seu modo de vida. Também recomendava que não fossem diferenciados moradores de ilha e terra firme, assim como aqueles que ocupavam permanentemente a ilha e aqueles que viviam em sistema de dupla moradia (IBAMA, 2015f).

Um documento que corrobora a afirmação de que a Norte Energia desconsiderava os danos causados aos ribeirinhos, bem como suas especificidades socioculturais, é uma nota técnica do órgão licenciador informando a empresa sobre a dupla moradia, e a constante circulação entre a rua e o beiradão, como características estruturantes do modo de vida de pescadores e ribeirinhos da região amazônica (IBAMA, 2015b). O sistema de dupla moradia foi repetidamente negado pela Norte Energia, por desconhecimento do contexto onde atuava ou de forma deliberada para evitar uma dupla reparação, por um duplo dano. Evidência da violência por meio da qual a Norte Energia fez, ao longo dos anos, prevalecer seu *modus operandi* e sua relutância em atender às recomendações do MPF e do órgão licenciador, bem como os pleitos dos ribeirinhos, é uma recomendação da DPU, de junho de 2017, sobre a inclusão das famílias que receberam carta de crédito no processo de retorno para as margens do rio (DPU, 2017). Quase dois anos depois da recomendação do Ibama com relação à inclusão dessas famílias, a Norte Energia ainda se recusava em reconhecer seu direito ao retorno.

As recomendações do Ibama que diziam respeito ao retorno ou à permanência dos ribeirinhos no rio Xingu teriam sido um grande avanço se tivessem sido acompanhadas por medidas que permitissem a participação efetiva dos ribeirinhos no processo, ou seja, a criação de instâncias de discussão e de tomada de decisões que de fato garantissem a construção de uma solução conjunta. Contudo, sem que nenhuma dessas medidas fossem tomadas, o Ibama, após a apresentação de uma segunda versão do estudo pela Norte Energia, autorizou a continuidade das remoções compulsórias (IBAMA, 2015g).

O principal resultado da Inspeção, além de tornar pública a violência do deslocamento forçado no beiradão, foi fomentar o início de uma articulação e organização política dos ribeirinhos, com o apoio do MPF, pesquisadores da universidade, o ISA e o Movimento Xingu Vivo.

Diálogos ribeirinhos

Em setembro de 2015, o governo federal, em resposta às denúncias de violações no processo de deslocamento dos ribeirinhos, se propôs a mediar a negociação das famílias com a empresa por meio de um ciclo de reuniões chamado Diálogos ribeirinhos. Participaram do processo a Secretaria Geral da Presidência da República, que tinha então representação em Altamira por meio da Casa de Governo, a

Secretaria de Direitos Humanos (SDH), a Secretaria de Patrimônio da União (SPU), o Ministério Público Federal (MPF), a Defensoria Pública da União (DPU), a Defensoria Pública do Estado do Pará (DPE) e a Diretoria de Licenciamento Ambiental do Ibama.

Embora tenha sido um processo importante, é bastante simbólico que a proposta de mediação anunciada pela Casa de Governo em Altamira tenha sido apresentada algumas semanas após o Ibama autorizar a retomada das demolições e remoções nas ilhas e beiradões, fato que comprometia bastante a credibilidade em um processo de diálogo, ainda mais um diálogo participativo e transparente.

Na primeira reunião técnica dos Diálogos ribeirinhos, foi convocado um grupo de acompanhamento constituído por representantes das instituições e pesquisadores. Na abertura da reunião, o chefe da Casa de Governo enfatizou que os participantes tinham pontos de vista distintos, mas que o objetivo era chegar a um consenso[40]. Em seguida, elencou os pontos em torno dos quais deveriam ser construídos tais consensos. O primeiro deles era a definição do que é modo de vida tradicional. Contudo, a Casa de Governo estabeleceu que o público que passaria por uma "revisão de tratamento" deveria ser circunscrito àqueles que tinham o Termo de Autorização de Uso Sustentável (TAUS), ou seja, na prática, a proposta era que o reconhecimento do grupo social deveria passar de uma atribuição da Norte Energia para uma atribuição do Estado. Também propunha que o processo deveria culminar em negociações individuais entre cada ribeirinho e a Norte Energia, reiterando o não reconhecimento dos ribeirinhos enquanto uma coletividade, negando, portanto, seu direito à autoidentificação e autodeterminação.

*

O Termo de Autorização de Uso Sustentável, o TAUS, é um instrumento jurídico, emitido pela Secretaria de Patrimônio da União, para o reconhecimento oficial dos territórios tradicionalmente ocupados por povos tradicionais. Trata-se de uma política pública cujo objetivo é promover a regularização fundiária, ou seja, a legitimação da posse, por meio da transferência do patrimônio público para o domínio particular ou coletivo em situações que não encontram amparo jurídico (BENATTI, 2016). No médio Xingu, a regularização fundiária nas ilhas e várzeas foi iniciada pela Secretaria do Patrimônio da União em 2007, com a concessão de TAUS aos ribeirinhos no âmbito do Projeto Nossa Várzea. Com o início da construção da usina de Belo Monte, o processo foi intensificado por meio de um acordo de cooperação técnica entre a SPU, o Ministério de Desenvolvimento Agrário (MDA) e a Norte Energia, com o objetivo de realizar a regularização fundiária das terras federais incluídas no Decreto de Utilidade Pública, que viabilizaria a aquisição das terras pela Norte Energia para o aproveitamento hidrelétrico das águas do Xingu. Assim, no Xingu, o TAUS adquiriu um caráter diferenciado: não visava garantir os territórios tradicionalmente ocupados, mas garantir aos moradores dessas localidades o acesso a indenizações pela terra no processo de desapropriação (ALVES ET. AL., 2016, p. 200).

O Projeto Nossa Várzea, nas ilhas de Altamira e Vitória do Xingu, foi realizado pela SPU em estreita parceria com as Colônias de Pescadores e associações locais, o que permitiu identificar as famílias ribeirinhas em um contexto de adensamento populacional na região. Mais de quatrocentas famílias foram cadastradas na época pela SPU. No entanto, o processo foi interrompido, resultando na não completude do cadastramento e na pendência da entrega de documentos. A falta de entrega de quase setecentos TAUS agravou a situação das famílias que estavam em processo de negociação de compensações com a Norte Energia (ALVES ET. AL., 2016).

O lastro legal do Projeto Nossa Várzea para as comunidades que seriam deslocadas para a construção da usina de Belo Monte já estava estabelecido no âmbito do licenciamento ambiental da usina por meio da Portaria nº 48, de 7 de abril de 2011, do Ministério do Planejamento, Desenvolvimento e Gestão, que autorizava a realização das obras da usina em uma área de 474,9 hectares pertencentes à União, estabelecendo uma série de condições à autorização. Dentre elas: "conclusão das ações de cadastramento e identificação de áreas para o reassentamento das famílias de ribeirinhos agroextrativistas"; "realização de consulta às famílias de ribeirinhos agroextrativistas que vivem nas áreas de instalações iniciais (Sítio Belo Monte e Pimental), antes do início das obras"; e "alternativa de moradias em padrão e local adequados à manutenção de seu modo de vida e identidade".

Embora o projeto na região, tenha sido encerrado antes da conclusão, a SPU se manteve bastante próxima dos pleitos territoriais dos ribeirinhos, o que será descrito com mais detalhe adiante. A SPU foi o primeiro órgão de governo a acolher a proposta territorial dos ribeirinhos, fazendo um amplo levantamento fundiário das terras pleiteadas e determinando a destinação das terras da união incluídas na proposta territorial dos ribeirinhos ao seu reassentamento.

*

A premissa de estabelecer um processo de diálogo somente entre as famílias que tinham posse do TAUS excluía aqueles que não o possuíam e todos os ribeirinhos que moravam na terra firme, visto que o TAUS é uma documentação apenas para áreas da União, e havia sido emitido para os moradores das ilhas. Por outro lado, a premissa de negociações individuais perpetuava a assimetria de poder e negava o reconhecimento dos direitos coletivos dos ribeirinhos. Nesse sentido, a empresa, durante os Diálogos ribeirinhos, referiu-se a eles, em apresentações e documentos, somente como "ex-ocupantes de ilhas".

Nessa reunião preparatória, com base no cadastro e no entendimento construído entre SPU e Ibama, "de que essas populações tradicionais poderiam ocupar porções de áreas de preservação permanente (APPS), uma vez que o modo de vida tradicional pode ser considerado de baixo impacto" (AQUINO ET. AL., 2016, p. 318). A SPU apresentou o mapa "Áreas de aptidão para realocação de populações ribeirinhas no reservatório da UHE Belo Monte" (Mapa 4, p. 229).

Assim que o mapa foi projetado, as áreas identificadas como adequadas para a realocação foram imediatamente contestadas pelos ribeirinhos presentes, que disseram que a maioria alagaria, sobretudo as ilhas, das quais permaneceriam apenas seis pontas emersas ao longo de todo o reservatório. O mapa também reportava como "não adequadas para ocupação" áreas onde a Norte Energia já havia reassentado algumas famílias, de forma unilateral e sem nenhum mecanismo de acompanhamento social, tornando ainda mais grave o imbróglio.

A reunião preparatória não chegou a nenhum consenso. Não havia consenso sobre o universo das famílias ou sobre os critérios para identificá-las. O próprio cadastro era contestado, na medida em que não fora elaborado para dar conta das particularidades do modo de vida ribeirinho. Para agravar o cenário, governo federal e Norte Energia disputavam a prerrogativa de definir quem é, ou não é, ribeirinho, perpetuando a violação de direitos humanos, sobretudo direitos coletivos, ao desconsiderar a Resolução nº 169, da Organização Internacional do Trabalho, e a Política Nacional de Desenvolvimento Sustentável dos Povos e Comunidades Tradicionais (Decreto nº 6.040 de 2007), que garantem o direito a autoidentificação e autodeterminação dos povos.

O MPF então enfatizou a importância de negociações coletivas e da coletivização do território destinado à reocupação. Negociações individuais tinham resultado em profundas assimetrias e disparidade de tratamentos. Os representantes dos ribeirinhos também questionaram a validade do processo de diálogo, na medida em que a Norte Energia mantinha negociações individuais desconhecidas por todos os outros atores e, portanto, pouco colaborava com a instauração de um processo de diálogo transparente. Embora fossem evidentes a precariedade e as lacunas do processo de retorno dos ribeirinhos para o rio Xingu, havia sido amplamente divulgada uma reunião pública para o dia seguinte.

*

No dia seguinte, o Centro de Convenções de Altamira estava lotado. As pessoas chegavam com os rostos cansados, tensos. Muitos carregavam pastas com documentos, fotos e cadastros embaixo do braço. Na entrada do salão, havia uma lista de presença das famílias que tinham o TAUS, o primeiro constrangimento. Aqueles que não estavam na lista assinavam seu nome em uma folha de papel separada.

À mesa estavam Ibama, Conselho Nacional de Direitos Humanos, Secretaria Geral da Presidência da República, MPF, SPU, Ministério da Pesca e Aquicultura e DPU. Mariana, defensora da DPU, em pé, chamando a todos de senhores e senhoras, convidou-os a procurarem a DPU, recomendou que o fizessem antes de qualquer negociação com a Norte Energia. A defensora, de forma elegante e cortês, entendia e explicitava que seu papel era defender os ribeirinhos da violência da empresa. Foi uma cena bonita e forte, foi a primeira fala destinada aos ribeirinhos. A defensora aproveitou a oportunidade para de fato expor uma informação importante para eles, independentemente das barganhas e negociações entre agências de Estado e setor privado que predominavam nessas reuniões: eles não deveriam negociar nada individualmente com a empresa, pois isso os colocava em uma posição muito vulnerável.

Em seguida, a Casa de Governo apresentou as três garantias que deveriam ser oferecidas aos ribeirinhos: áreas possíveis de serem reocupadas, acesso a condições produtivas e acesso à cidade. Uma fala rápida e confusa. Tinha muita gente em pé, um clima pesado, aflito. O *Mapa da SPU* com as áreas potenciais para reocupação foi projetado em três telões espalhados pelo amplo salão. O representante do órgão falou para os presentes:

Existem áreas para que todos possam voltar a morar na beira do rio, nas ilhas ou na margem. Não sabemos se estas áreas serão boas, se não forem, vocês poderão mudar de novo e de novo. Vocês não precisam acertar na primeira[41].

(Mariana, defensora pública, setembro de 2015)

As áreas apresentadas como possíveis para reocupação não eram adequadas: em sua maioria estavam localizadas nas ilhas e na margem direta a montante da cidade de Altamira, em uma faixa de Área de Preservação Permanente (APP) de pouco mais de cem metros de largura, em uma região densamente ocupada por pequenos agricultores familiares. Em síntese, o mapa propunha o retorno dos ribeirinhos para as ilhas de onde haviam sido expulsos e para a beira de lotes de colonos e fazendeiros.

Ficou claro para todos os presentes que o processo estava assentado sobre bases precárias e mesmo equivocadas. As pessoas se tumultuaram perto dos mapas projetados. SPU e Ibama não conheciam a toponímia do rio, era, portanto, difícil o diálogo com os ribeirinhos, que não consideravam as áreas apresentadas como adequadas para a moradia. Para piorar, aventava-se a possibilidade de terem que mudar mais de uma vez, com o agravante de que o erro pela escolha de uma área inadequada seria deles. Ouvi alguém dizer que mais uma vez seriam tratados como animais e que aqueles que aceitassem aquilo, assinariam o próprio atestado de óbito, devido tanto à instabilidade ecológica das áreas quanto ao risco de conflito com fazendeiros.

Os ribeirinhos desconhecem as modelagens matemáticas usadas para calcular a área de alagamento do reservatório, modelagens essas controversas entre os próprios técnicos e órgãos de Estado, mas conhecem as áreas que alagam todo inverno; aquelas que alagam apenas nas maiores cheias; a dinâmica de cheia e vazante do rio; a topologia do fundo do rio; a qualidade da vegetação da beira e do centro. Por essa razão, a apresentação daquele mapa foi brutal. Os ribeirinhos, mais do que ninguém, sabiam o que significava o Xingu virar um lago, um *mar de água*.

As pessoas começaram a contar o que estavam vivendo. Muitos choraram. A reunião terminou de forma caótica. A SPU dizia que ficaria em Altamira até emitir o último TAUS, pois devolveria o território aos ribeirinhos que, em contrapartida, deveriam preservá-lo. A Norte Energia, cujos representantes haviam ficado todo o tempo quietos no fundo do salão, dizia que já haviam negociado com 14 famílias que poderiam permanecer em suas localidades e com 33 famílias que poderiam retornar para novas áreas. Ninguém, até então, sabia que a Norte Energia estava negociando sozinha com as famílias. Estava claro que o diálogo inexistia.

As reuniões iniciais dos Diálogos ribeirinhos foram tão desastrosas que o processo foi suspenso antes de começar: era necessário avaliar o universo de famílias ribeirinhas deslocadas e elaborar uma proposta de reassentamento viável. A Norte Energia se comprometeu publicamente a paralisar qualquer negociação individual até que o processo de diálogo fosse retomado. Não havia consenso algum sobre como se daria o reassentamento dos ribeirinhos nas margens do Xingu, tampouco existia clareza sobre quem teria esse direito ou onde seriam esses reassentamentos.

O mapa alarmou os presentes porque indicava como áreas para reocupação locais que os ribeirinhos sabiam que ficariam alagados, bem como áreas de grandes fazendeiros com os quais haviam ocorrido conflitos no passado. Em vez de assegurar reparação pelos danos sofridos, a proposta aumentava a incerteza com relação ao futuro.

Naquele mesmo dia, um grupo de ribeirinhos se organizou para discutir o mapa apresentado pela SPU e acompanhar a proposta de retorno dos ribeirinhos ao rio Xingu. Formou-se então o Grupo de Trabalho dos Ribeirinhos, com o objetivo de acompanhar e produzir informações que garantissem maior adequação do processo ao modo de vida, organização social e as expectativas dos ribeirinhos.

No final daquele ano, em uma publicação do Instituto de Pesquisa Superior Aplicada (Ipea) sobre a função socioambiental do patrimônio da união, foi apresentada uma síntese do processo de retorno dos ribeirinhos para o Xingu:

> "Inaugura-se aqui um novo elemento a ser considerado no licenciamento de empreendimentos hidrelétricos na Amazônia, um mapa do território em que as populações ribeirinhas são reconhecidas e valorizadas como tal. Por meio desse instrumento cartográfico emitido pelo Estado brasileiro, atesta-se sua validade jurídica de posse pretérita no território e se pode iniciar um processo racional de relocação dos atingidos. A partir desse instrumento apropriado pelas comunidades tradicionais, a gestão sociopatrimonial do reservatório irá contemplar o uso das ilhas emersas e margens com aptidão de uso; e, após o processo de relocação das populações, a SPU promoverá um novo cadastro dessa população, legitimando seu direito ao território. Ainda que, durante o processo de enchimento do reservatório e a estabilização do lençol freático regional, as áreas de aptidão de uso possam ser redimensionadas, com novas relocações. Porém, a partir do diálogo estabelecido com as comunidades e do reconhecimento do instrumento da TAUS, com garantia do processo participativo no escopo do licenciamento ambiental, essas populações tradicionais terão assegurado sua permanência no território, ainda que modificado pelo empreendimento, sob o monitoramento contínuo da DPU e do MPF"
>
> (AQUINO, 2016, p. 318)

*

Quase quatro meses depois, no dia 19 de fevereiro de 2016, houve uma reunião sobre a retomada dos Diálogos ribeirinhos. Ainda não havia consenso sobre o universo das famílias ribeirinhas e as áreas adequadas para reocupação. Apesar da ausência de qualificação para a retomada do processo, fomos informados, nessa ocasião, que a Norte Energia dava continuidade às negociações individuais. A reunião aconteceu no MPF. Estavam presentes representantes da Norte Energia, Ibama e Casa de Governo. Participei como pesquisadora, a convite do MPF.

Na reunião, mesmo com toda a articulação e a pressão para um processo de diálogo, a empresa continuava incorporando apenas formalmente as recomendações do MPF e Ibama e na prática continuava a agir da mesma forma. Um exemplo foi a questão da dupla moradia: a empresa dizia que estava revendo sua atuação junto às famílias cuja dupla residência havia negado. Os critérios que utilizou para refazer essa avaliação não se baseavam na declaração do morador, mas na avaliação feita por funcionários da empresa, "se a ocupação é algo mais que um rancho de lona", conforme as palavras do superintendente de assuntos fundiários da empresa. Era a empresa quem decidia o que era uma casa, quem era ribeirinho e quem teria direito ao retorno, com base, sempre, nas informações do cadastro e nas avaliações de campo de seus funcionários.

A Norte Energia justificou a ausência de um estudo de viabilidade e de capacidade de suporte das áreas onde estava reassentando as famílias com a afirmação pouco criteriosa de que 75% da população ocupava uma área inferior a um hectare. Essa afirmação baseava-se nos levantamentos de avaliação patrimonial que considerava como ocupação apenas as áreas de uso direto (moradia, terreiro e roça), ou seja, as áreas desmatadas e edificadas, desconsiderando o modo de ocupação do território e suas dinâmicas, como o plantio em sistema agroflorestal, áreas de pousio, áreas de extrativismo, de uso comum e conservação. Mais impressionante que o despreparo da empresa, foi a provocação: "Se querem um estudo de capacidade de suporte, façam vocês".

Apesar de serem tensas e difíceis essas reuniões, havia o esforço para chegar a encaminhamentos práticos. Naquela ocasião, a empresa se comprometeu em elaborar um mapa das áreas possíveis para reocupação que incluísse a terra firme, pois no mapa apresentado constavam apenas ilhas. Também deveria tornar público o cadastro das famílias, uma obrigação legal que ainda não havia sido cumprida.

*

Quase um mês depois, nos dias 15 e 16 de março de 2016, foi convocada outra reunião técnica. Pela primeira vez representantes dos ribeirinhos se sentavam à mesa de negociação junto ao MPF, Ibama, SPU, Norte Energia, Casa de Governo, Secretaria de Direitos Humanos e pesquisadores do grupo de apoio. A reunião, mais uma vez, foi conduzida pela Casa de Governo que, novamente, colocou três premissas para a retomada dos Diálogos ribeirinhos: a divulgação do cadastro das famílias atingidas pelo reservatório principal; a apresentação dos mapas das áreas para reocupação com a inclusão das áreas indicadas pelos ribeirinhos[42]; e a apresentação de mecanismos para recomposição do modo de vida tradicional. Em seguida, a Norte Energia apresentou a sua proposta para avançar na "retomada das negociações" com os ribeirinhos. A empresa definiu um público de 217 pessoas em cujo cadastro identificou a dupla moradia, o perfil agroextrativista, a pesca como atividade comercial ou de subsistência e a posse do TAUS.

Nesta reunião, pela primeira vez, foram apresentados os nomes das pessoas cadastradas, tanto a lista completa das 813 propriedades interferidas na área do reservatório quanto as 217 famílias que correspondiam aos critérios estabelecidos pela Norte Energia. A divulgação do nome das famílias cadastradas implicou em uma extenuante negociação. A Norte Energia não queria divulgar os cadastros, apenas uma lista. O Ibama não sabia como divulgar uma lista com 813 nomes de maneira inteligível. Foram muitas reuniões sobre como seria divulgada a lista. O resultado final foram mapas com a localização das moradias e os nomes das pessoas cadastradas na legenda. Os mapa-cadastros foram enviados para DPU e MPF. Fixamos esses mapas também na sede da Colônia de Pescadores de Altamira.

As listas deixaram claro que havia muita confusão sobre quem eram as famílias ribeirinhas. Muitos não encontraram seus nomes, ao passo que, assim que foram divulgados, foram identificados os nomes do secretário de saúde do município de Altamira e de um piloto de avião. Isso gerou muita indignação e constrangimento. O mecanismo para solucionar esse "gargalo" – o não reconhecimento; a não identificação; e a ausência de famílias ribeirinhas daquela lista – foi que essas pessoas procurassem a DPU, que encaminharia pedidos de revisão dos casos para a Norte Energia. A empresa então realizaria estudos de caso individuais para avaliar se reconheceria ou não o direito de cada um ao retorno para as margens do rio: teria, portanto, a palavra final em termos de seu reconhecimento social e identitário.

O representante da Norte Energia, em meio ao burburinho confuso, disse que a expectativa deles era continuar a trabalhar com as 217 famílias, enquanto fariam paralelamente os estudos de casos individuais. Essa postura da empresa inviabilizava tratar o retorno para o rio como um processo coletivo. E, o que é fundamental, não atendia às premissas básicas dos direitos de povos e comunidades tradicionais sancionadas pela governo brasileiro[43].

Esse acordo, proposto pela Casa de Governo, que as pessoas que não foram incluídas na lista daqueles que teriam direito ao retorno deveriam procurar a DPU, que mediaria a realização de estudos de casos com a Norte Energia, marcou de forma negativa esse processo no decorrer dos anos. O acordo reiterava a violação dos direitos coletivos dos ribeirinhos, na medida em que negava o autorreconhecimento, atribuindo à empresa o poder de julgar quem pertencia ou não ao grupo social. Na prática, colocou a defensoria como mediadora de processos individuais, justamente o que os ribeirinhos estavam tentando superar, e assegurou ao corpo jurídico da empresa a prerrogativa de avaliar e definir quem teria direito ou não ao retorno para os beiradões do Xingu[44].

Em novembro de 2017, quando esses estudos de caso foram de fato realizados, a violência do processo foi insuperável. As pessoas tinham que contar, provar, justificar suas trajetórias e escolhas frente às perguntas ardilosas do corpo jurídico da empresa. Beirou o insuportável acompanhar esses pequenos tribunais da Norte Energia, extintos em uma reunião ampla realizada em Brasília no ano seguinte, quando todos as famílias ribeirinhas reconhecidas por seus pares foram incluídas no processo, como será descrito em detalhe mais adiante.

A construção de um processo de diálogo era ainda mais complexa na medida em que a Norte Energia já havia negociado o reassentamento em ilhas com 43 famílias (Mapa 5, p. 230). Essas famílias já enfrentavam algum tipo de conflito, risco ambiental ou inadequação em relação ao modelo de reassentamento proposto pela empresa.

O resultado da reunião foi o agendamento de uma sequência de novas reuniões: a terceira rodada dos Diálogos ribeirinhos seria uma semana de oficinas com grupos de vizinhança para ouvi-los sobre suas expectativas e necessidades para recomposição de seu modo de vida; avançar na definição do universo de famílias a serem realocadas; discutir o mapa de áreas disponíveis para ocupação e a adequação dos projetos de reparação e recomposição do modo de vida.

As “oficinas” dos Diálogos ribeirinhos aconteceram entre os dias 11 e 15 de abril de 2016 no Centro de Convenções de Altamira. Os encontros foram conduzidos pela Casa de Governo, com a participação do Ibama, Ministério Público Federal, Defensoria Pública da União, Norte Energia, o grupo de apoio do MPF e representantes do Grupo de Trabalho dos Ribeirinhos. Os encontros foram organizados a partir dos grupos de vizinhança, divididos em cinco dias de reuniões.

A dinâmica dessas reuniões, que tinham duração de um dia, era: a apresentação do processo pela Casa de Governo; a apresentação da proposta da Norte Energia; a leitura da lista dos nomes dos ribeirinhos reconhecidos pela empresa e o tratamento oferecido para cada um, reassentamento ou ponto de apoio para a pesca; apresentação do mapa da realocação; e apresentação dos projetos de assistência social, reparação e assistência técnica. A reunião durava um dia inteiro e, no dia seguinte, cada grupo participava de uma vistoria das áreas indicadas para realocação pela Norte Energia e mapeamento de outras áreas de interesse[45].

Eu estava ali, sentada naquela sala, acompanhando a interminável ladainha, enquanto representantes da Norte Energia liam a lista das famílias reconhecidas pela empresa como ribeirinhos e o tratamento que era oferecido para cada uma das famílias. No dia da leitura da lista dos antigos moradores da região do Bacabal, eu estava sentada bem em frente a Raimundão e Fátima, antigos moradores da ilha. O casal estava de mãos dadas, cabeças baixas, tristes, enquanto ouviam a leitura da lista, nome após nome, e aquilo que a empresa lhes oferecia como reparação. Leram o nome de Raimundão: direito a ponto de apoio para a pesca. Raimundão baixou ainda mais a cabeça, Fátima começou a chorar.

Raimundão
Altamira, 2016

Desde que saiu da ilha só fala em voltar e só faz chorar.

Havia me contado Raimundão pouco antes. Naquele dia, Raimundo desabafou para todos:

Raimundão
Altamira, 2016

Gostaria de saber dos órgãos qual o erro que teve para me colocar no ponto de pesca. Eu não sou pescador, eu morava lá. Pesco só para comer no dia a dia.

Era muito arbitrário: no próprio cadastro socioeconômico a ocupação de Raimundo e Fátima fora considerada uma moradia, com produção destinada à subsistência. Naquelas reuniões, mais uma vez, todos contaram sua história: era mais um esforço para serem ouvidos, reconhecidos. A empresa determinar sozinha quem teria direito ao retorno para o rio era ilegítimo, arbitrário e violento.

O senhor Benedito Balão, que nasceu em 1934, na localidade do Arroz Cru, onde seu pai havia aberto as estradas de seringa, e onde ele viveu a vida toda, foi um dos primeiros a serem removidos. Sua terra ficava onde hoje é a barragem de Pimental. Ele também tinha direito apenas a um ponto de apoio para pesca.

Mais um exemplo da arbitrariedade e violência do processo foi a posição da empresa com relação a senhora Oswaldina, que morava com sua filha Francineide em uma ilha na região da Meranda, enquanto seus outros filhos viviam em um lote no Bacajaí. A Norte Energia incluía a filha Francineide no processo de reassentamento, ao passo que para dona Oswaldina previa apenas o direito ao ponto de apoio para pesca, tratamento que ela não considerou de forma alguma adequado. Qual não foi nossa surpresa, ao ser cobrado esclarecimento para a técnica da empresa que, de forma bastante ríspida nos disse que não havia sido oferecida a opção de retorno para o rio para dona Oswaldina porque:

Não tem área para todo mundo e a senhora não precisa, tem sua produção no Bacaja.

(Representante de empresa contratada pela Norte Energia, 2016)

Ao longo do processo, foram diversos momentos como esse, em que o diálogo não era possível, pois as partes partiam de pressupostos completamente distintos. Cabia à Norte Energia definir quem precisa ou não do reassentamento? Com base em quais critérios fazia isso? O que significava não ter área para todo mundo? O cálculo das famílias que teriam direito ao retorno, ou direito apenas ao ponto de apoio, foi feito a partir da computação das áreas então disponíveis?

A Norte Energia leu, dias a fio, listas com nomes de pessoas e opções de tratamento, aquilo a que elas tinham direito. O que aconteceu naqueles dias não pode ser chamado de oficina, tampouco de diálogo: foi um massacre. A empresa, ao se atribuir o direito de julgar quem era ou não ribeirinho, a partir de um cadastro que não fora elaborado para tal finalidade, feria todas as convenções e políticas relacionadas aos diretos coletivos de povos tradicionais. O método empregado pela empresa levou à inclusão de pessoas que reconhecidamente não tinham um modo de vida tradicional, ao passo em que muitas famílias ribeirinhas, que viviam em um sistema de economia familiar, altamente dependente do território, foram excluídas ou contempladas apenas com pontos de apoio para pesca.

Vejo irregularidades com o cadastro, tem filhos do Xingu que ficaram fora do cadastro. Hoje, na lista tinha secretário de saúde, bancário, ilhas de lazer. Neste cadastro não foi colocada a história de vida do ribeirinho, que vive do sustento da mata e do rio. Quem fez os cadastros fez tudo errado ao não colocar a história de vida do ribeirinho. Hoje, o reconhecimento está sendo dado para os turistas. Lá, [no beiradão] *a gente não precisa passar forme como a gente passa na cidade. Lá, é riqueza para nós e hoje vejo ser tirado o nosso direito e dado para o rico. Eu estou me sentido mal hoje, eu não estou me sentindo um ser humano com tudo o que eu estou vendo.*

Socorro Arara
Altamira, 2016

O relato de Socorro, mulher de presença firme e constante nas reuniões, que naquele dia não conseguiu conter as lágrimas, resume o que significou para os presentes a leitura daquela lista de nomes. Frente a emoção, o desconsolo e a revolta das pessoas, ao se verem excluídas, Henrique, que representava o Ibama, ponderou:

A lista deverá ser revista, entendo a emoção do que está sendo tratado aqui, mas vamos caminhar e tentar rever os erros que existem nesta lista.
(Henrique, analista do Ibama, 2016)

Mas, com o passar dos dias, a leitura da lista trazia cada vez mais problemas e exclusões:

A Norte Energia diz que está fazendo o trabalho reto, para mim está tudo errado. A gente morava na ilha, eles botaram como área de lazer. Aqui estão meus vizinhos [menciona alguns deles]. *A gente mora há um bom tempo naquele local. Na última reunião, a gente foi na* DPU

Claudia
Altamira, 2016

e disseram que iam resolver isso para a gente, deram um prazo de trinta dias, e até agora nada. Lá, a gente vivia na beira do rio, hoje vive humilhado. A gente queria que a Norte Energia tratasse a gente como ser humano, nós ficamos jogados no meio da rua.

Ivaneide, filha de seu Luiz, um senhor que nasceu e viveu a vida toda na Ilha do Aciolis, fez um relato bastante forte, que provocou a comoção de muitos:

Me emociono muito, sou filha de Altamira, meu pai tem 82 anos, meu avô criou meu pai e meus tios aqui, subindo o rio. Lá, meu pai criou a gente. Meus avós chegaram em 1931. Nós vivemos a vida inteira nessa beira de rio, a gente não tinha motor, vinha de remo para a cidade. Aí veio essa Norte Energia, trouxe muita coisa boa, Altamira virou uma cidade grande, mas mexeu muito com nós ribeirinhos e indígenas. Hoje, minha mãe precisa de atendimento psicológico, minha mãe vive numa chácara, isso tirou o chão dos pés do meu pai, ele é infeliz, morava no paraíso, tiraram a vida do meu pai. Gostaria que a Norte Energia desse a chance para o meu pai voltar, porque ali era a nossa felicidade. Que Deus dê inteligência e sabedoria para vocês, porque não é coisa de valor, é para reparar a nossa felicidade.

Ivaneide
Altamira, 2016

Elinaldo, seu irmão, nunca foi cadastrado pela empresa, não estava na ilha no momento do cadastro. Sua casa foi derrubada sem ter sido indenizada, e todos seus apetrechos de pesca foram enterrados junto aos escombros de sua moradia. Visitamos Elinaldo durante a inspeção interinstitucional. No relatório final, consta o seguinte depoimento:

O que está acontecendo é como uma doença sem cura. Acabaram com o que eu tinha. Enterraram minha casa, com 2.400 metros de malhadeira, dois isopores e minha maleta de pesca. Não tinha necessidade de fazerem isso comigo.

Elinaldo
Ilha do Aciolis, Altamira, 2015

Ao longo da semana, os ribeirinhos contaram suas histórias, criando um ambiente de lamentação pública e coletiva no qual a revolta tornou-se explícita diversas vezes e de diferentes formas. Os ribeirinhos, nessas oficinas, não foram convidados para serem atores ativos em um processo participativo, e influenciar as tomadas de decisão: foram chamados para serem julgados. Não foi a primeira, nem a última vez, que isso aconteceu em Altamira, foram muitas, inúmeras, as reuniões públicas em que as pessoas tinham que narrar suas histórias para provar quem eram, que existiam e exigir uma reparação por aquilo que perderam. O choro foi um elemento cada vez mais contido, mas sempre presente.

Nessas reuniões e nas vistorias, tivemos mais informações sobre a situação das quarenta e duas famílias que já haviam sido reassentadas pela Norte Energia em ilhas ou margens do reservatório. Os grupos locais não foram levados em consideração, na medida em que o direito ao reassentamento foi garantido a apenas algumas famílias, que foram, por sua vez, na maioria das vezes, reassentadas em locais distantes de sua localidade de origem. Assim, era evidente que não foram considerados os vínculos de vizinhança, tampouco a relação dos ribeirinhos com o território.

Seu João Joaquim de Oliveira e seu Amado de Oliveira, por exemplo, são antigos moradores da região do Trindade, e foram reassentados pela Norte Energia na localidade do Palhal. A ilha disponibilizada pela empresa tinha cem metros de frente por duzentos de fundo. Não gostaram da terra e acharam longe, mas temendo ficar sem nada, aceitaram, antes de saberem que a empresa reassentava outras famílias na região do Trindade. Ainda hoje, ambos aguardam a aprovação de sua mudança para áreas maiores, na terra firme, próximo ao Trindade, pois não conseguiram permanecer no Palhal. Essas situações geram insegurança entre os ribeirinhos sobre a viabilidade de retorno para o rio, tanto por questões ecológicas, como fundiárias. Elinaldo sintetizou bem esse receio:

Não quero voltar para terra de outro, não vou perder amigo por conta de terra. Eu quero indenização, porque não tive direito de nada. Se tiver direito só a terra eu vou ver, se me engraçar, fico com ela. Mas o problema é que nosso rio mudou muito, eu não vou querer uma área que depois não vou conseguir ficar por conta deste banzeiro, não dá pra chegar na cidade em momento de chuva.

Elinaldo Viana
Altamira, 2016

Nesse curto e pouco efetivo diálogo mediado pelo governo federal, se houve alguma troca, foi entre agências de Estado. Aos ribeirinhos coube apenas recontar, à exaustão, suas histórias de expropriação, sendo-lhes negada qualquer possibilidade de decisão, agência ou participação. Um exemplo relacionado a essa tutela autoritária é o caso de seu João Goiano.

A Norte Energia cadastrou seu João Goiano em 2012, como posseiro da ilha onde vivia. Em maio de 2015, a empresa lhe ofereceu uma indenização em dinheiro ou um lote em um reassentamento rural. Seu João optou por um reassentamento, pois não queria ir para a cidade. Algum tempo depois, seu João foi visitado por uma assistente social da empresa, que avaliou que ele era muito idoso, estava debilitado e não tinha nenhum parente. Concluíram que precisava de acompanhamento médico na cidade, portanto, um reassentamento rural seria inadequado para ele, que tampouco tinha capacidade física para trabalhar na terra. Antes de seu João sair da ilha, ele tinha seis malhadeiras, um espinhel com anzol, três caixas de isopor, uma canoa com motor, um motor de luz, uma enxada, uma foice e um facão. Dois anos depois de mudar para a cidade, não tinha mais nada, vendeu tudo para comprar comida e remédios. Na ilha, tinha plantações e parceiros que o ajudavam, que lhe davam *assistência*, na cidade, não tinha nada. A Norte Energia negou o direito ao reassentamento a seu João Goiano porque o considerou velho demais para viver fora da cidade[46].

Realocações

A realocação dos ribeirinhos para as margens do Xingu, realizada pela Norte Energia, reiterava um embate desigual entre os ribeirinhos e o aparato técnico da empresa. Três equívocos viciaram o processo desde o início: a negação do direito ao autorreconhecimento, a ausência de correspondência com organização socioespacial pretérita e a desconsideração dos vínculos de parentesco e vizinhança.

A Norte Energia começou a reassentar famílias na margem do reservatório de forma aleatória e sem nenhum mecanismo de participação social. Em uma das reuniões, a empresa apresentou a metodologia que havia adotado para a retomada das negociações. As famílias seriam reassentadas em "porções remanescentes e ilhas emergentes", em áreas com elevações acima da cheia máxima média anual de 23592 metros cúbicos por segundo, com o objetivo de garantir a permanência dos moradores nas ilhas ao longo de todo o ano. Porções remanescentes são áreas que foram compradas pela empresa, mas que não foram utilizadas diretamente.

Mais especificamente, são parte de seu patrimônio fundiário que não foi ocupado diretamente pela instalação física da usina. Ilhas emergentes são aquelas que se formaram com o enchimento do reservatório, ou seja, porções de terra que permaneceram emersas, ou, para usar uma expressão local, são áreas de "topo de morro" que não alagaram com o enchimento do reservatório, mas tampouco são adequadas para agricultura. Ambas as modalidades de reassentamento foram chamadas de RIR: reassentamento em ilha remanescente. Essa nomenclatura se manteve ao longo do tempo, mesmo quando as famílias começaram a ser reassentadas em áreas de terra firme. Com o tempo, na falta de uma nomenclatura mais adequada, esses reassentamentos começaram a ser chamados pela empresa de "pontos de ocupação" (Mapa 5, p. 230).

O modo como a empresa apresentou naquele dia o método que usou para calcular as áreas adequadas é bastante significativo da falta de aptidão ou indisposição para o debate. O que determinou a identificação das áreas para realocação foram as cheias médias anuais, ou seja, a vazão do rio em metros cúbicos por segundo. Trata-se de uma informação bastante relevante para a geração de energia elétrica, mas que nada diz sobre os lugares que são alagados na prática, além de ser ininteligível para a maioria. A cota de alagamento, ao contrário, diz respeito diretamente às áreas alagadas e, por essa razão, é uma informação de conhecimento difuso em Altamira. A Cota 97, de alagamento, e a Cota 100, de segurança, são amplamente conhecidas, inclusive seus marcos físicos na cidade e no beiradão. A escolha da empresa ao adotar a vazão média do rio, e não a cota de alagamento, em uma reunião com os ribeirinhos, pode ser lida como uma estratégia de blindagem técnica ao debate amplo e qualificado. O fato de as famílias retornarem para áreas com elevações acima da cheia de 23.592 metros cúbicos por segundo era apresentado como uma grande melhoria de qualidade de vida para aqueles que viviam em ilhas que alagavam sazonalmente; contudo, a informação era incompreensível, além de ser tecnicamente inadequada na medida em que a vazão do rio influencia diversamente áreas com altitudes distintas.

Outro critério, bastante arbitrário, foi a capacidade de suporte do reassentamento. Os pontos de ocupação seriam definidos com base em um semicírculo com raio de 250 metros. A empresa adotava o método utilizado pela SPU para simples registro da posse, que nenhuma relação tem com a área de uso efetivo da família, tampouco com a capacidade de suporte do ambiente, que envolve diversas variáveis ecológicas. Assim, mesmo usando o termo técnico, a empresa não havia realizado nenhum estudo de capacidade de suporte do ambiente para o reassentamento.

A empresa também prometia reassentar as famílias perto de seu lugar de origem, ao que chamou de "setorização das áreas". Essa foi uma incorporação precária de uma recomendação dos ribeirinhos, do grupo de apoio e do MPF, de que os ribeirinhos fossem considerados com relação aos seus lugares de origem e moradia, que nos mapas, documentos e projetos apresentados fossem empregadas as suas toponímias e a espacialização de suas localidades e comunidades. A incorporação de alguns critérios amplamente discutidos apenas reiterava a negação do reconhecimento da coletividade, do grupo social. Para a Norte Energia, não havia ribeirinhos ou território tradicionalmente ocupado, a lógica era literalmente oferecer um ponto de ocupação na beira do rio para algumas famílias, tanto é que previam o monitoramento de uma estaca.

As primeiras realocações foram realizadas pela Norte Energia logo após a inspeção interinstitucional, quando o Ibama assinalou que as alternativas de reparação destinadas aos ribeirinhos deveriam ser revistas. As famílias, cujas ilhas de origem ficariam com uma área emersa superior a um hectare, segundo as projeções da empresa, poderiam retornar. Isso aconteceu quando suas casas já haviam sido demolidas. Deveriam ser, portanto, reconstruídas pelos próprios moradores, um sistema de "auto-construção", conforme definiu a empresa, que forneceria apenas o material.

Esse foi o caso, por exemplo, da Ilha do Pedrão, onde viviam, antes do deslocamento forçado, o senhor Algemiro com a esposa e a filha, sua irmã Marta, sua mãe e Zé Bispo, um agregado. Eles foram cadastrados em 2012, ninguém sabia o que aconteceria e, por anos, não tiveram informação alguma. Seu Algemiro tinha um sítio bastante grande e vivia da venda de polpa de frutas que cultivava em sistema agroflorestal, sua esposa gostava de pescar tucunaré para comer.

Em 2014, os funcionários da empresa chegaram falando de indenização, mas ninguém queria sair de lá. Seu Algemiro chorou por uma semana. Então chegaram dizendo que tinham que demolir as casas. Pagaram a indenização, eles saíram mesmo sabendo que a ilha não alagaria. Seu Algemiro não tinha casa na cidade, comprou um lote e construiu uma casa no bairro do Mexicano, onde abriu um pequeno comércio.

Em fevereiro de 2015, a Norte Energia telefonou para seu Algemiro oferecendo o retorno para sua ilha. Ele vivia deslocado no bairro do Mexicano, tinha medo de tudo, inclusive dos funcionários da Norte Energia, que diziam estarem o monitorando. Seu Algemiro me pediu para acompanhá-lo no dia em que a empresa ligou para ir com ele até a sua ilha.

Fui com ele e os funcionários da empresa. Naquela ocasião, foi-lhe dito que existia a possibilidade de outras pessoas também serem realocadas naquele local, mas não era certo. A ele foi mostrado um mapa, mas nenhum nome de possível novo morador foi mencionado. Dias depois, seu Algemiro voltou para ilha e percebeu que havia outros marcos usados pela Norte Energia para identificar as reocupações, as estacas estavam em sua área de roçado e pomar. Ficou claro para seu Algemiro que estavam entregando parte de sua localidade para outras pessoas, obrigando-o a compartilhar seu quintal – seu roçado e pomar – com pessoas que não conhecia.

Onde viviam três famílias, a Norte Energia reassentou onze, sendo que dos antigos moradores apenas seu Algemiro foi incluído no processo. Sua mãe, irmã e agregado não foram consultados pela empresa. Seu Algemiro dizia que, da forma como o retorno era conduzido, a permanência na ilha seria economicamente inviável, pois perderia suas áreas de cultivo (Mapa 5, p. 230).

Uma das pessoas reassentadas na ilha de seu Algemiro foi o senhor Manoel, que vivia anteriormente na Ilha do Poção. Seu Manoel trabalhava com coleta de açaí e dizia que a dimensão da área que havia recebido na Ilha do Pedrão impossibilitava que continuasse com a atividade, ou mesmo que pudesse criar galinha e porco, como fazia em sua antiga localidade. Dizia que não conhecia seus novos vizinhos e que o desafio seria zelar pelo que era dele, que talvez tivesse que colocar uma cerca, pois os animais de criação atravessam para área dos vizinhos, o que podia gerar conflitos, por ferir a lógica da organização costumeira, quando as famílias ficavam distantes umas das outras, resguardadas por áreas de mata.

O reassentamento na Ilha do Pedrão também foi oferecido à senhora Maria Irene, que não aceitou se mudar para o local, por ser muito distante da beira do rio e de difícil acesso, em uma área de pasto. Parte da Ilha do Pedrão era ocupada por uma fazenda, área que a Norte Energia oferecia para dona Maria Irene:

Eles me ofereceram um terreno lá na Ilha do Pedrão, mas era tão longe da beira, ficava a uns três quilômetros do rio. É muita humilhação, depois que eles tiram a gente da ilha, eles fazem como eles querem. Fizeram eu assinar um documento em que abria mão do Pedrão, e como eu não queria o Pedrão, eu ficaria por último. Eu assinei porque infelizmente ela falou que eu não teria escolha e ficaria sem nada se não assinasse.

Maria Irene
Altamira, 2016

Esses fragmentos falam, mais uma vez, sobre *humilhação*, sobre as arbitrariedades do processo de reassentamento e sobre violência institucional. Mesmo depois de ser obrigada pelo órgão licenciador a rever os mecanismos de reparação destinados aos ribeirinhos, a empresa continuou a negociar as reparações de modo individual. As pessoas continuaram a ser coagidas a "pegar ou largar" aquilo que a empresa oferecia.

Seu Zacarias foi um dos primeiros a ser reassentado na Ilha do Mansur, bem próxima à cidade. Recebeu uma área de 100 metros de frente por 200 de fundo, onde há um alagado, e toda a área é coberta por braquiária, capim. Essa era a proposta inicial de realocação da Norte Energia: reassentar as famílias nas porções de ilhas, emergentes ou remanescentes, que ficariam, segundo a projeção de uma vazão média do rio, fora d'água. As pessoas ficaram dispersas em áreas pequenas, pouco adequadas para a atividade agrícola, com diversas restrições ambientais, que eram, até então, posses ou propriedades de outros, muitas vezes de ribeirinhos que não foram incluídos pela empresa no processo de reassentamento. As pessoas recebiam a notícia de que tinham sido sorteadas para voltar para a beira do rio.

A família Cavalcante também retornou para sua antiga ilha, Bacabal do Cotovelo. Rita, logo que autorizada pela empresa, ergueu um ranchinho de lona na ilha. Quando não estavam, pessoas desconhecidas ocupavam o barraco e roubavam suas tralhas de pesca. A Norte Energia queria colocar outras pessoas na mesma ilha, onde vivia havia mais de trinta anos com seu irmão Antônio, sua irmã Maria Elani e sua mãe. A área onde plantavam na ilha do Bacabal foi alagada, o banzeiro passou a bater forte, quebrando e soltando as canoas. Peixe não tinha mais, as malhadeiras ficavam presas nas galhadas dos paliteiros, o rio tinha virado lago. A Norte Energia decidiu deixar só as quatro famílias, os Cavalcante. Rita teve que construir sua casa na área do irmão, a sua ficava no topo do morro, em área de mata fechada.

Não dá para viver como antes porque devolveram um pedaço reduzido da ilha, e com mais restrições do que antes, e disseram que vamos ter que viver a nossa vida tradicional. Mas a nossa vida tradicional incluía pescar pacu de seringa e hoje o ambiente está modificado, não existe mais pacu para pescar. Como eu vou ter minha vida tradicional de volta? Como eu vou viver meu modo de vida tradicional se eles tiraram tudo o que eu tinha e querem me devolver um lago com água podre?

Nas "ilhas novas", aquelas que se formaram com o enchimento do reservatório, a vegetação foi cortada, e o que sobrou ainda está apodrecendo – são os "paliteiros". Formaram-se pontas emersas, geralmente pedregosas, conforme haviam alertado os ribeirinhos. Em alguns locais, a água parada não é adequada para o consumo, tampouco para o banho.

O último morador do reservatório, o senhor Ramiro, foi reassentado em uma área pequena, cheia de pedras. Na ilha vizinha, estavam dona Célia e Corró, antigos moradores do Arroz Cru, onde viviam em um lote na terra firme. Foram uma das primeiras famílias a serem reassentadas na região do Palhal, onde se formaram a maioria das ilhas novas.

O barraco de seu Corró ficava ao lado de um baixão com água parada e quente e por isso Célia e Corró levavam água da cidade para beber. Contaram que aceitaram aquela área pois não sabiam que haveria reassentamento na terra firme. Célia e Corró mudaram de área no início de 2017. Diversas outras famílias reassentadas em ilhas emergentes, inclusive a família Cavalcante, esperam a liberação de uma área onde seja possível retomar a vida.

Seu Simão está reassentado em uma ilha no Paratizinho, onde nada daquilo que planta cresce, *a mandioca puba na terra*. As ilhas estão encharcadas demais para as plantas. A Norte Energia fez uma análise do solo que concluiu que a terra pode ser corrigida para viabilizar o cultivo, e com isso negou o pedido de mudança de seu Simão, mas tampouco corrigiu a terra.

Por bastante tempo, e de forma equivocada, a questão dos ribeirinhos deslocados pela usina foi entendida como uma questão circunscrita aos ribeirinhos das ilhas. Isso aconteceu inicialmente porque os moradores das ilhas foram os últimos a serem deslocados, e esse processo foi particularmente violento devido à fragilidade da documentação de suas posses e as baixas indenizações que receberam, deixando muitas famílias sem moradia. A inspeção interinstitucional, por exemplo, foi realizada durante o processo de deslocamento forçado e contemplou apenas localidades nas ilhas, visto que os ribeirinhos da terra firme haviam sido deslocados quase um ano antes.

Somando-se a isso, os primeiros reassentamentos dos ribeirinhos realizados pela Norte Energia foram chamados de Reassentamento em Ilhas Remanescentes (RIR). Por bastante tempo essa nomenclatura foi mantida, mesmo após o início do reassentamento em terra firme, nas áreas de APP, gerando confusão com relação aos critérios e às regras do reassentamento. Apenas no final do ano de 2018, com a contratação de uma empresa que ficou responsável por elaborar uma proposta executiva de reassentamento, os termos "ribeirinho" e "território ribeirinho" foram incorporados pela Norte Energia.

A terra redonda da Norte Energia

Em maio de 2016, o reassentamento em área de preservação permanente (APP), na terra firme, foi autorizado pelo Ibama, que passou a acompanhar o processo de modo mais próximo com a alocação de um funcionário ligado à Diretoria de Licenciamento Ambiental como chefe do escritório de Altamira. Em setembro de 2016, as famílias começaram a ser reassentadas na terra firme, em áreas com 500 metros de frente por 250 metros de fundo, que em alguns casos incluía ambientes alagados e pastagens, com a limitação de uso para fins agrícolas de um hectare (Mapa 6, p. 231). O reassentamento começou com os casos considerados incontroversos.

A Norte Energia marcou um ponto, duzentos e cinquenta metros para um lado, duzentos e cinquenta metros para o outro e duzentos e cinquenta metros para dentro. Agora a Norte Energia mandou eu medir. Como eu vou medir? Era para eles entregarem pelos menos medido. Se não vão entregar como fizeram no km 27 [cercado], *pelo menos que*

Maria das Graças
Altamira,
setembro de 2016

esteja enfiado um piquete [o km 27 é um dos dois reassentamentos rurais coletivos construídos para o reassentamento da população rural deslocada].

Essas foram as orientações que dona Maria das Graças recebeu da Norte Energia ao ser reassentada em uma área de terra firme na região do Paratizão. Alguns dias depois que dona Maria das Graças *foi para terra,* encontrei Delcinha, sua filha. Delcinha me contou que elas tinham problemas com o gado do fazendeiro, que tinha inclusive avançado com sua cerca em parte da área que receberam, onde havia pasto. Mas o pior era que a Norte Energia andava dizendo que a terra era redonda: que tinha que medir 250 metros de fundo e 250 metros para cada lado da estaca, colocada pela empresa, e traçar um semicírculo. A Norte Energia, talvez por descuido, mas de forma certamente coerente com os detalhes por vezes surreais de seus procedimentos, levava ao pé da letra o artifício usado para o registro do TAUS, agravando a confusão relacionada aos limites das áreas de reassentamento e a instabilidade da posse, gerando estranhamento e apreensão frente a algo que nunca ninguém tinha ouvido falar: uma terra redonda.

Diversos conflitos não tardaram a aparecer, como a invasão de gado e a disputa por limites. Alguns fazendeiros também impediam os ribeirinhos de acessarem as estradas vicinais, trancando os portões de acesso. A ocupação restrita à área de preservação permanente ameaçava também a continuidade das atividades tradicionais e produtivas em geral.

O Ibama entregou esta lei [Novo Código Florestal] *e agora a gente não sabe se vai poder plantar na área. Eu não posso limpar a área, eu não posso botar uma roça, diz que aquilo é uma* APP. *Eu vou ficar lá só cuidando daquela área? Vão me pagar para cuidar dessa área? Eu tenho o direito de botar a minha roça*[47].

Havia grande receio de que as restrições ambientais impedissem as atividades elementares para a sobrevivência e permanência no lugar, e que, além dessas restrições, ficassem permanentemente sujeitos às fiscalizações e interferência do Ibama e da Norte Energia. Conflitos ligados a diferentes concepções e usos do território, que já existiam na região, também não tardaram a aparecer.

Na região do Paratizinho, um fazendeiro era proprietário de nove lotes. Duas irmãs foram reassentadas na APP, em uma porção da fazenda adquirida pela Norte Energia. A família já tinha conflitos no passado com o fazendeiro, que não queria que o carro da escola, que levava as crianças para estudarem na agrovila do Sol Nascente, no Assurini, passasse pela estrada que cruzava a fazenda. As famílias chegaram a fazer um abaixo-assinado em 2012 e o fazendeiro liberou o acesso. Quando foram reassentadas, a estrada foi novamente bloqueada. Contaram que animais – búfalos, cavalos, carneiros e jumentos – circulavam na área da família.

Tem a cerca, mas o bicho que está andando lá, o búfalo e o jumento, não tem cerca que segure. A estrada passa no meio da fazenda e tem uma cancela, mas ele tem que cercar a estrada e deixar a cancela livre, como todos os fazendeiros fazem, para não ter este problema de cancela.

Dona Nega
Altamira, 2016

Até meados de 2019, a Norte Energia reassentou nas ilhas e margens do reservatório 121 famílias, mas nem todos permanecem em seus "pontos de ocupação". A realocação em pontos espalhados ao longo das margens do reservatório, sem conexão ou continuidade territorial, coloca os ribeirinhos em uma situação de insegurança frente a outros grupos sociais, sobretudo grandes proprietários de terras, com os quais partilham o espaço físico e o acesso ao rio, mas não as mesmas lógicas territoriais. Associado ao território fragmentado, também é evidente a desarticulação do tecido social sobre o qual se baseava o direito costumeiro: as regras de uso, os sistemas de proteção e vigilância do território. A realocação de pessoas e famílias em localidades distintas das localidades de origem, em grande medida em localidades que pertenciam a outras famílias, a incerteza quanto à dimensão das áreas disponibilizadas e o não reconhecimento a exclusão de diversas unidades familiares, associados à indefinição territorial e à vizinhança com grandes fazendas de gado, gerou um cenário de medo, insegurança e conflitos que ameaçam a permanência dessas famílias no território ao longo do tempo.

Estudos Ribeirinhos

Nos primeiros dias de junho de 2016, a procuradora Thais Santi, do MPF, solicitou o apoio de antropólogos para a elaboração de subsídios técnicos qualificados para avançar nas negociações entre ribeirinhos e a Norte Energia. Participaram dessa primeira conversa os professores Mauro Almeida, Manuela Carneiro da Cunha, Sônia Magalhães e eu. Dessa conversa, surgiu uma colaboração com a SBPC. O intuito era viabilizar a elaboração de um estudo multidisciplinar que avaliasse as condições sociais e ecológicas do reservatório da usina e propusesse soluções para o retorno seguro dos ribeirinhos para o rio Xingu. Assim, surgiu o esforço conjunto de pesquisa apelidado de Estudos Ribeirinhos. Manuela e Sônia assumiram a coordenação de uma equipe constituída de 38 pesquisadores de diversas áreas do conhecimento e universidades do país, que elaborariam os subsídios técnicos solicitados em estreita colaboração com os ribeirinhos.

Os pesquisadores se dividiram em uma equipe jurídica, que analisaria as violações aos direitos humanos e as possibilidades de regularização fundiária do novo território; uma equipe de água e florestas, que avaliaria as condições ecológicas do reservatório e suas margens; e uma equipe social, responsável pelo levantamento socioeconômico das famílias e por facilitar reuniões e expedições de campo realizadas por pesquisadores e ribeirinhos, garantindo o caráter colaborativo da pesquisa, imprescindível para se chegar a uma proposta adequada[48]. Assumi, em colaboração com o Instituto Socioambiental, a coordenação da equipe socioeconômica. Entre os meses de setembro e novembro de 2016, entrevistamos 120 famílias ribeirinhas e também organizamos as reuniões e saídas de campo realizadas por pesquisadores e ribeirinhos.

Os Estudos Ribeirinhos foram uma força-tarefa, um "engajamento maciço", como bem definiu Manuela, para a realização de um estudo propositivo sobre os ribeirinhos deslocados pela UHE Belo Monte. Nas semanas que antecederam a apresentação pública do estudo, as atividades de campo e debates entre os pesquisadores e os ribeirinhos sobre os resultados da pesquisa foram fundamentais não só para a produção colaborativa de conhecimento sobre um contexto novo, tanto do ponto de vista social como ecológico, mas também para formular os mecanismos de reparação pela violação de direitos humanos e a garantia de continuidade do modo de vida tradicional[49].

Hoje, percebo o quanto essas reuniões entre ribeirinhos e pesquisadores, não só brilhantes em suas áreas de conhecimento, como comprometidos com a importância do trabalho científico, foram importantes também para o fortalecimento da organização social e da formação política, dando início a um aprendizado técnico imprescindível para que, com o tempo, os ribeirinhos pudessem definir e detalhar, com autonomia, sua proposta de reparação.

No dia anterior à audiência pública na qual seria apresentado o estudo, fizemos uma apresentação prévia para instituições e órgãos públicos, especialmente para o Ibama. A escolha por uma reunião técnica prévia para o nivelamento de informações foi fundamental para garantir o êxito em um processo complexo de discussão pública, negociação e tomadas de decisão que envolveu uma articulação entre diferentes instituições e interesses.

O principal papel desse estudo, além de suprir as lacunas e a precariedade de informações técnicas no processo de reassentamento da Norte Energia, como a identificação do universo de ribeirinhos deslocados, a capacidade de suporte do ambiente e as áreas adequadas para reocupação, era colocar em justaposição o conhecimento científico e o conhecimento tradicional, uma estratégia para diminuir as assimetrias que existiam entre ribeirinhos e a empresa, bem como estruturar uma proposta de reordenamento territorial mais sólida e mais adequada ao modo de vida tradicional. Os resultados foram apresentados em audiência pública em Altamira, em 11 de novembro de 2016[50].

Os três principais resultados da audiência foram: o reconhecimento da legitimidade daquilo que os ribeirinhos vinham denunciando desde o início da construção da usina, pois suas narrativas passaram a ressoar nos dados científicos apresentados pelos pesquisadores; o início efetivo da negociação do processo de retorno dos ribeirinhos para a margem do rio Xingu; e o reconhecimento da importância do protagonismo dos ribeirinhos, bem como de sua autonomia[51].

Nas vistorias, aquilo que os ribeirinhos vinham observando e denunciando havia anos ganhava força com a observação e a análise científica dos pesquisadores. Jansen Zuanon, ictiólogo do Instituto Nacional de Pesquisas da Amazônia, estudioso dos tucunarés das corredeiras do Xingu, disse na reunião:

Os peixes das corredeiras vão morrer com essa água parada, quando a água sobe muito, vem todo o sedimento e a lama por cima. Os peixes vão morrer porque não tem corredeira. O peixe está passando fome faz tempo, a carne está esponjosa, se desfazendo, está muito magro. Dá medo até de passar doença para gente. Cheguei a tirar sessenta parasitas de um peixe só. Os peixes de aquário estão morrendo e esses maiores também estão sendo afetados. Vem mais uma onda de mortandade aí. Dentro dessa área que visitamos, não imaginamos que essa região já estaria tão degradada. Essa lama já estava no joelho em um lugar onde não esperávamos. Quando voltar para o nível que a Norte Energia espera para a barragem funcionar, vai subir o nível, vai ter mais lama e vai ter mais mortandade de peixes. Quando acabar de apodrecer essa mata submersa, pode ser que melhore um pouco, mas vai demorar pelo menos uns dois anos para estabilizar [...].

Se não controlarmos a pesca, o tucunaré acaba, porque todo mundo só vai pescar tucunaré. Pode ter confusão também com a pesca esportiva, que pode gerar um outro conflito. Temos que estar preparados porque vai ter peixe, mas são outros, tem que mudar o jeito de pescar e cuidar para ele não acabar com o tempo. Temos que pensar junto com vocês para que vocês estejam preparados para esta mudança. Para quem vai vender, como vai pescar. Esperamos ainda muita bagunça nesse tempo de mudança até que com o tempo, daqui três a cinco anos, a vida no rio pode começar a se estabilizar.

Esperamos que em um momento mais adiante não fique tão ruim. Hoje, estamos no pior momento, mas não podemos perder a esperança. Vai mudar tudo, então temos que nos preparar para isso. Temos que pensar em maneiras diferentes de sobrevivência. O prejuízo do ponto de vista ambiental não tem volta, o que perdermos aqui será perdido para sempre. A pesca pode mudar ou diminuir, mas o ambiente não vai mais se recuperar.

(Jansen Zuanon, SBPC, 2016)

Esse era o cenário que havia se formado com o barramento do rio. Aquilo que os beiradeiros e pescadores vinham observando atingia seu ponto máximo de degradação e ressoava nas observações dos cientistas. O encontro entre ribeirinhos e cientistas para a realização do estudo mostrou que havia consonância entre aquilo que ambos diziam, a partir de observações empíricas, chegavam a conclusões comuns. Essa formalização e chancelamento, por parte da comunidade científica, das constatações dos ribeirinhos, foi fundamental para fortalecer a disputa de narrativas junto ao aparato técnico do Estado e da empresa.

Na audiência, também foi apresentada a primeira proposta de planejamento territorial para a reocupação das margens do reservatório. Para indicar as áreas adequadas para a reocupação, sobrepusemos as áreas afetadas pelo Decreto de Utilidade Pública (DUP), que determina as áreas passíveis de desapropriação para fins de utilidade pública, com a malha fundiária. Priorizamos áreas onde existe uma maior concentração fundiária, visando minimizar conflitos com pequenos proprietários e restringir o processo de desapropriação a um número menor de imóveis que, preferencialmente, não sejam de famílias que dependam da propriedade rural para manutenção integral de sua economia familiar, assim como áreas que haviam sido integralmente desapropriadas pela empresa. Também foi feita uma análise de relevo e cobertura do solo, identificando, via imagens de satélite, áreas que não seriam próprias para o reassentamento de famílias e áreas adequadas a ocupação (Mapa 8, p. 233).

Após a apresentação da proposta, veio a primeira reação do Ibama:

> *Em Belo Monte é a primeira vez que acontece esta ocupação do espaço, não foi previsto lá atrás, não é uma questão fácil de resolver. Quando a gente apresenta isso, duvido que ninguém tenha pensado que a Norte Energia teria que comprar as áreas e entregar para os ribeirinhos. Há uma diferença entre o licenciamento ambiental e a retomada de uma política pública. Quando falamos que a APP é o início do processo, e não o fim, é justamente porque dentro desse espaço dos ribeirinhos, muitos estavam voltados a uma atividade agrícola, mas não tinham a pesca como uma atividade comercial. A APP é o início, mas talvez não seja o fim. A minha preocupação dessa proposta ideal é não caber dentro do licenciamento.*
>
> (Henrique, analista do Ibama, 2016)

A preocupação do Ibama era com a conservação ambiental da área de preservação permanente e com os limites da competência do órgão na consolidação do reassentamento dos ribeirinhos. Em um contexto no qual ficava cada vez mais claro que os ribeirinhos não eram apenas pescadores, mas viviam também da agricultura e do extrativismo, havia preocupação relacionada às atividades agrícolas no interior da APP. Sobretudo porque essas atividades, muito provavelmente, ganhariam um vulto maior com o agravamento dos impactos na atividade pesqueira.

A preocupação do órgão com a preservação da APP não fazia muito sentido. Conforme enfatizou Jansen Zuanon naqueles dias, a importância ecológica da APP estava relacionada às dinâmicas ecológicas do rio Xingu antes da construção da barragem e, portanto, estava vinculada aos ciclos de cheia e vazante do rio. Com a interrupção do ciclo e a inundação permanente dessas áreas, aquela mata perdia sua função ecológica e apodreceria com o alagamento permanente. Ademais, grande parte da vegetação já havia sido suprimida pela Norte Energia, para evitar seu apodrecimento. Por outro lado, boa parte da cobertura da APP era de áreas de pasto[52]. Para Jansen, a permanência dos ribeirinhos nessas áreas, a princípio, era a principal garantia não só de sua preservação, mas de recuperação ambiental.

Por fim, no encerramento da audiência, a principal recomendação de Francisco Nóbrega, que representava o Conselho Nacional de Direitos Humanos, e de Manuela Carneiro da Cunha, que representava a SBPC, foi a necessidade de criar uma instância de representação dos ribeirinhos responsável por reconhecer os membros de suas comunidades e por intermediar a relação das famílias com o Estado e a empresa.

A preocupação central colocada aqui é que a definição de quem é ribeirinho ou não, não pode ser do empreendedor. O papel do Ibama, como órgão licenciador, é garantir que as propostas sejam encaminhadas, mas o que eu entendo das demandas colocadas aqui é que a Norte Energia não pode mais decidir quem é ou não ribeirinho.

(Francisco Nóbrega, Comissão Nacional de Direitos Humanos, 2016)

Não há outra maneira de definir critérios que sejam legítimos de quem é ribeirinho ou não se não for por um reconhecimento dos pares, entre seus próprios membros. Um conselho legítimo tem que se basear nessas unidades familiares. Estamos fazendo uma recomendação de que seja criado um conselho dos ribeirinhos do reservatório. Essa é a única solução para resolver o imbróglio nesse processo de reconhecimento dos ribeirinhos, baseado na autoidentificação e na identificação dos membros dos grupos familiares.

(Manuela Carneiro da Cunha, SBPC, 2016)

Pode parecer secundária a recomendação de que os membros de um grupo social tenham a prerrogativa de dizer quem são e reconhecer seus pares, mas isso não era óbvio em Altamira, assim como deixou de ser trivial no Brasil atual. Como bem percebeu Francisco Nóbrega, esse era o principal gargalo do processo, reiterado em diversas ocasiões pela empresa, que insistia em *não abrir o cadastro*. A audiência pública deixou claro que os cadastros não eram adequados para identificar as famílias ribeirinhas, e que quem tinha essa prerrogativa eram os próprios ribeirinhos.

Se houve algum resultado prático imediato desse esforço de pesquisa, que resultou em uma publicação de mais de quatrocentas páginas, foi que, pela primeira vez, a palavra dos ribeirinhos ganhava peso ao ser pronunciada em uníssono com as observações empíricas de importantes pesquisadores. Por outro lado, tornava-se pública sua articulação e força política. Alguns dias depois, em 2 de dezembro de 2016, foi oficialmente criado o Conselho Ribeirinho: um conselho constituído de representantes das famílias deslocadas da área do reservatório, com a atribuição de realizar o reconhecimento social dos membros desse grupo; participar como instância deliberativa e mediadora do processo de reocupação do rio Xingu; acompanhar o reassentamento das famílias; e garantir sua permanência no território ao longo do tempo.

Resistências

A gente é igual um braseiro: se a gente tira uma brasa e põe no canto, ela apaga; mas se ficam juntas, elas permanecem acesas.

Dona Carmina
Ilha do Pedrão, janeiro de 2018

Às oito e meia da manhã do dia 11 de novembro de 2016, o Centro de Convenções de Altamira já estava lotado. Mais de oitocentas pessoas chegaram logo cedo para a audiência pública sobre o modo de vida da população ribeirinha diante dos impactos não mitigados da UHE Belo Monte. Estavam presentes representantes de diversos órgãos de governo – Norte Energia, MPF, DPU, DPE, SPU e Ibama – e os pesquisadores que apresentariam o estudo da SBPC, mas quem lotava o auditório eram os ribeirinhos e indígenas.

Eu estava nervosa, cheguei encolhida, andando com dificuldade entre pessoas e cadeiras. Em frente ao auditório, enfeitando a mesa com plantas, frutos, cestos e redes, estava dona Francineide. Assim que me viu, veio em minha direção, pegou nas minhas mãos, que suavam frio. Ela encostou seu rosto no meu e rezou, pediu proteção e força ao Senhor. Foi rápido, não conversamos, apenas nos olhamos. Em Altamira, naqueles dias, era difícil ter tempo para conversar. Eu me esforcei para não chorar, pois estava além do meu limite. Francineide percebeu e quis me amparar. Naquele dia, a expectativa era imensa e havia muita tensão.

Na mesa, onde se sentariam as autoridades, foi fixada a faixa “O rio Xingu é das famílias ribeirinhas”, feita pelo Movimento Xingu Vivo. Foi a primeira de muitas vezes em que essa faixa foi usada. Ficou claro que aquelas pessoas não estavam ali para ouvir, e sim para falar. Ribeirinhos e indígenas chegaram com arcos, flechas, remos e bordunas, organizados e prontos para o embate.

Pela primeira vez em Altamira, ninguém falou por eles, nenhum pesquisador, nenhum movimento social. A apresentação do estudo da SBPC foi adiada para o período da tarde. À mesa, sentaram-se autoridades e órgãos de governo: Thais Santi, representando o MPF, Manuela Carneiro da Cunha e Sônia Magalhães, representando a comunidade científica, e Suely Araújo, representando o Ibama. As quatro mulheres permaneceram à mesa durante toda a sessão, que se encerrou no início da noite.

Ao longo de toda a manhã, as pessoas subiram ao palco, pegaram o microfone, uma após a outra, e falaram sobre violência e espoliação. Eram diferentes histórias concatenadas, que se afirmavam mutuamente pela repetição das experiências de sofrimento e perda. Aqueles que estavam sentados à mesa ouviram, por horas, a narrativa do que aconteceu com o rio Xingu e suas gentes desde a instalação da usina. Eram narrativas sobre como morre um rio e sobre como se esfacela uma sociedade. As palavras materializavam um cenário complexo de mudanças, rupturas e violações, complementado por cada um que subia ao palco. Na plateia, havia silêncio e comoção.

Naquele dia, os ribeirinhos ocuparam o centro, assumiram o lugar de fala de forma forte e coesa. Foram porta-vozes de sua própria história, com narrativas precisas e potentes. Eles não pouparam as instituições de relatos minuciosos, de críticas e cobranças. Cada um que pegava o microfone para falar dizia seu nome e seu lugar de origem, contando, um após o outro, sua história de expropriação e violação. Seus interlocutores eram os representantes dos órgãos de governo e da Norte Energia.

As falas dos ribeirinhos eram direcionadas às instituições, e isso definiu a forma narrativa. Suas falas se iniciavam com um relato da situação individual, enfrentada por cada um, e culminava com a narrativa de um cenário mais genérico, que afetava a todos. Descreviam as consequências do deslocamento forçado, da transformação da paisagem e das dinâmicas ecológicas do rio Xingu; denunciavam a violência, a inexistência dos projetos de reparação e a inadequação dos estudos técnico-científicos realizados pela empresa, que não correspondiam àquilo que observavam na prática.

Eu e minha esposa somos pescadores, antes da barragem enchíamos uma caixa de gelo com tucunaré em dois dias. Há dois anos a produção caiu muito. Hoje eu passo uma semana todinha e não pego quinze quilos de tucunaré, porque o tucunaré sumiu, está escasso no rio Xingu, praticamente não existe mais. Ele é peixe de corredeira, que dá em pedra. A água parou, eles se foram. Nós queremos que o MPF *e o Ibama vejam isso. A curimatá o ano passado se acabou, a piracema não existe mais. Nossos caris praticamente acabaram. Sobre as casas da Norte Energia, falaram que íamos nas lojas buscar os materiais para construir a casa, mas eu sou pescador, não sou pedreiro nem carpinteiro, eu sei trabalhar com rede de pesca, não sei construir uma casa.*

Pescador de Altamira, 2016

Nós não queríamos a Norte Energia aqui na nossa região, fomos contra Belo Monte desde o começo. Hoje eu não consigo mais sobreviver da pesca. Estou mendigando o pão, antigamente eu não precisava, porque tinha açaí. Eu sou pescador, tem muitos pescadores aqui. A minha ilha tem cerca de dois metros de altura, segundo a empresa, a ilha seria impactada. A ilha do meu irmão, que é mais baixa do que a minha, não alagaria segundo a empresa. Como assim? Isso não é estudo. Somos ribeirinhos e exigimos ser reconhecidos. O rio Xingu representa para a gente o nosso banco, é a nossa vida. Senhores, tirar pescador do rio hoje é matar. Hoje não tem mais peixe, não estou querendo nada que é de vocês, vocês estão ganhando bilhões para estarem aqui. Como tocaram fogo em nossas casas sem nem ter pagado a indenização? Isso extrapola tudo que é direito do cidadão, a maioria passa fome, não consegue trazer nem uma caixa de peixe, tiraram tudo que é nosso e muita gente hoje vive de aluguel.

Gilmar Braga Gomes, Altamira, 2016

Sou morador da Barriguda, a Norte Energia foi lá e indenizou a gente com 22 mil reais, que nem sequer deu para comprar um terreno aqui na cidade, então sou um prejudicado. Gostaria de dizer a todas as entidades que gostaria de voltar para a minha ilha. Antes eu pescava, eu tirava meu sustento do rio, tinha minha farinha, tinha macaxeira, tinha meus legumes. Hoje estou na rua sem casa, não tenho trabalho. Gostaria que olhassem para o caso dos prejudicados, não estou falando só por mim, mas por todos que estão aqui. Tenho certeza que eles foram prejudicados junto comigo, porque teve gente que recebeu 5 mil reais para sair da sua casa. Eu só quero uma terra para eu trabalhar porque estou ficando velho, não tenho condições de ficar na rua trabalhando como pedreiro.

Pedro Gomes, Altamira, 2016.

As narrativas incluíam as trajetórias de tucunarés, curimatás e pacus. Isso porque não foram apenas as pessoas que foram expulsas do rio Xingu. Os tucunarés, que habitam as corredeiras, perderam seus habitats com o enchimento do reservatório. As curimatás, que desovam na floresta alagada e voltam para o rio no período da vazante, perderam seus locais de desova e reprodução com a interrupção do pulso normal do rio. O desmatamento e o alagamento de ilhas e da vegetação provocaram a destruição dos locais de alimentação dos pacus. As bombas e as luzes que explodiam durante o dia e a noite reverberavam nas águas do Xingu por longas distâncias, espantavam os peixes e interferiam em seus fluxos migratórios.

As consequências da construção da barragem eram visíveis apenas para aqueles que conheciam o pulso do rio, seus habitantes, humanos e não humanos, suas casas, seus hábitos alimentares e suas estratégias de reprodução. Durante todo o período de construção da usina, esses impactos foram negados pela empresa com anuência do Estado, embora à noite, da varanda da minha casa, que fica a cerca de cinquenta quilômetros da barragem, víamos a claridade do canteiro de obras no céu, sentíamos o barulho das explosões e o tremor da terra.

O mundo, as dinâmicas sociais e ecológicas tidas como certas, foi desfigurado. Essa desfiguração, o rompimento dos modos de viver, não acontece sem violência. Essa violência se concretizou na negação da própria existência de outros mundos, ou seja, para os ribeirinhos significou o rompimento da possibilidade de ser, e continuar a ser, quem eram; a necessidade de provar, continuamente, sua identidade e existência enquanto sujeitos. Também era necessário provar a validade de seus conhecimentos e de suas perspectivas acerca do que estava acontecendo com pessoas, peixes e com o rio Xingu, na medida em que dados e monitoramentos oficiais não correspondiam à experiência vivida.

Humilhação é uma expressão atribuída a essa negação sistemática da experiência. Mencionei como João quis virar um homem-bomba no escritório da Norte Energia para que outros não sofressem a mesma *humilhação* de ser obrigado a negociar aquilo que tinha com a empresa; mencionei como ninguém denunciou os saques no beiradão, tanto os roubos como a caça e a pesca predatórias ou o assassinato de Ney, porque a violência, o rompimento do direito costumeiro e o consequente terror não podiam ser revelados. Nomear o que estava acontecendo ativava o sentimento de *humilhação*. O silêncio era um efeito da desfiguração do mundo, da reiterada negação das narrativas, das identidades, das observações e mesmo da existência dos ribeirinhos.

Para chegar à audiência com narrativas fortes e coesas, foi necessário romper o silêncio e nomear a experiência vivida. À desfiguração do mundo, os ribeirinhos contrapunham aquilo que tinham em comum: uma história partilhada e uma identidade estabelecida a partir do pertencimento a um território comum. Esse movimento de rearticulação social e reconstrução de sentidos não surgiu de repente: teve como ponto de partida as redes sociais preexistentes com suas modulações locais, beiradeiras e amazônicas, fortalecidas e reinventadas no próprio processo de organização política que se fez necessário frente à desarticulação econômica e social. Aquilo que estava sendo apagado pelo processo de expropriação territorial, os vínculos sociais e os modos de vida, adquiria função política fundamental, na medida em que permitia a rearticulação em torno do que havia de comum e que estava ameaçado[53].

Se esse movimento de ressignificação e reorganização teve como importante resultado a criação de um Conselho Ribeirinho, antes foi necessário que os ribeirinhos incorporassem os dispositivos de controle usados pela empresa, como listas, mapas e cadastros, e os transformassem em tecnologias políticas de resistência, para influenciar e se fazer presente nas negociações que se davam no âmbito no processo de licenciamento da usina e que, portanto, definiam seus direitos e possibilidades de futuro.

Tecnologias políticas

Uso aqui o termo tecnologias políticas para me referir aos dispositivos incorporados e subvertidos pelos ribeirinhos em suas estratégias de resistência para garantir outras formas de existência frente à capturada do modelo único e hegemônico da Norte Energia. Esse não é um confronto simples, visto que a ontologia capitalista se coloca como única possibilidade real, blindada por verdades referenciadas pela ciência e relegando aos outros o status de visões ou representações do mundo.

> "A economia política inclui como capítulo sombrio o processo pelo qual natureza e povos diferentes são destruídos – entes materiais e imateriais, corpos e filosofias – como parte do processo por meio do qual são constituídos pressupostos para o universo das coisas produzidas como mercadorias. A destruição é a primeira regra da economia ontológica industrial, e terra arrasada é a continuação da política de dominação econômica pelo meio da guerra ontológica. A variedade biológica é substituída pela bioindústria, e a variedade de humanos é substituída pela modernidade universal – leia-se, pela generalização do valor-dinheiro como medida de todos os entes."
> (BARBOSA DE ALMEIDA, 2013, p. 25)

Movimentos territoriais desse tipo começaram a surgir, sobretudo na década de 1970 e 1980, em diferentes lugares, com o avanço de projetos desenvolvimentistas e das fronteiras de colonização ao redor do mundo. As experiências de resistência desses povos impulsionaram a consolidação de um debate potente sobre Estado, natureza, poder e identidades, na medida em que a ontologia dualista da modernidade capitalista tem como efeito aniquilar outros modos de existência. Era necessário dar lugar à multiplicidade de mundos e a seus respectivos sistemas ontológicos, pressionados pela expansão da economia capitalista, cujos pressupostos ontológicos são indivíduos, mercadorias e recursos. Há mundos em que a oposição entre natureza e cultura não faz sentido: organismos e ambientes são inseparáveis, a condição humana é a imersão nesse mundo habitado por humanos e não humanos e animado por relações sociais interespecíficas. O território não é só uma terra para viver, mas é a condição mesma da vida enquanto um processo contínuo de interação entre pessoas, animais e ambientes e a circulação de pessoas, coisas, afetos e conhecimentos (ESCOBAR, 2015 e INGOLD, 2000).

Para assegurar a (re)existência das lógicas e modos de viver locais, os ribeirinhos acionaram diferentes estratégias de resistência cotidiana, dentre elas um tipo específico: a incorporação e subversão dos dispositivos de captura e controle do Estado. Os ribeirinhos tiveram que lidar com as formas do Estado – reunião, lista, ofício, mapa – e isso implicou a aquisição de competências específicas, como participar de reuniões, compreender o significado de termos técnicos e jargões e como se orientar na trilha de documentos sequenciados e autorreferenciados. Mas, ao criar um coletivo, o Conselho Ribeirinho, eles quebraram com a lógica relacional dualista que individualizava todas as relações, conseguindo um outro lugar na disputa técnica e política. Por outro lado, a intensa circulação de pessoas em Altamira - pesquisadores, jornalistas, advogados e artistas - propiciou a construção de redes ampliadas de aliança, colaboração, amizades e afetos, bem como a construção de contralistas, contramapas e contranarrativas.

Reunião

Um dos primeiros dispositivos de captura que passou a fazer parte da vida cotidiana dos moradores de Altamira foi a reunião. As inúmeras reuniões que se sucediam, e que sempre resultavam em novas reuniões, não ocuparam a vida apenas dos ribeirinhos, mas de todos aqueles que foram afetados pela construção da usina de Belo Monte.

Thaís Mantovanelli, em sua tese de doutorado, descreve como os Xikrin do Bacajá compreenderam e atuaram na interação com os dispositivos de controle da empresa ou, como prefere a autora, as formas políticas dos brancos - reunião, documento e projeto - no contexto da construção da usina. A partir de uma experiência de campo bastante semelhante à minha, de imersão em inúmeras, repetidas e frequentes reuniões, cujo tema também eram a ausência dos impactos ambientais nos laudos técnicos e a implantação de ações do Plano Básico Ambiental, a autora descreve o modo de engajamento dos Xikrin nas reuniões e sua crítica tanto à forma de realização das mesmas, quanto à sua ineficácia (MANTOVANELLI, 2016).

Do ponto de vista Xikrin, essas reuniões não são um ritual, mas um artefato da política dos brancos, na medida em que, ao contrário dos rituais, não têm eficácia. Para dar conta dessa perspectiva, a pesquisadora focou sua atenção na sequência de reuniões que acompanhou, no modo de engajamento Xikrin e de seus pontos de vista, desconsiderando o modo de engajamento e o ponto de vista dos funcionários da empresa. A descrição dessa conexão parcial deve-se à relação da antropóloga com os Xikrin e seus objetivos de pesquisa: destacar a crítica dos indígenas ao artefato reunião.

Aqui não busco descrever a perspectiva beiradeira da forma reunião e sua eficácia, mas sua estratégia de incorporação e subversão das dinâmicas que constituem a forma reunião para obter determinado efeito. Assim como Thaís Mantovanelli, o que descrevo é uma conexão parcial a partir da perspectiva beiradeira, na medida em que meu interesse é descrever o agenciamento e a subversão realizados pelos ribeirinhos, e não o funcionamento dessas reuniões em uma perspectiva dialógica.

*

As primeiras reuniões que acompanhei sobre *a retirada* do beiradão foram as preparatórias para a realização da inspeção interinstitucional em junho de 2015. Alguns meses depois, com o início dos Diálogos ribeirinhos, em setembro daquele ano, e a ampla divulgação em Altamira de que os ribeirinhos teriam o direito ao retorno para o rio Xingu, essas reuniões se tornaram semanais. A divulgação do *Mapa da SPU* inaugurava a concretude desse direito, ao mesmo tempo em que escancarava a inadequação técnica da proposta de retorno.

Quando esse mapa foi apresentado, não gerou alento ou esperança, mas um estado geral de alerta e mesmo de indignação. A proposta beirava o absurdo: era proposto a eles voltar para os locais de onde haviam sido recentemente expulsos e que seriam, em breve, alagados. As modelagens matemáticas que orientaram a elaboração do mapa não correspondiam ao conhecimento histórico sobre os regimes de cheia e vazante do rio. Mais uma vez, os dados técnicos não correspondiam à experiência e o conhecimento dos beiradeiros.

Os ribeirinhos recusaram o mapa apresentado e organizaram o Grupo de Trabalho dos Ribeirinhos, com o intuito de qualificar esse retorno para a beira do rio e garantir a participação e o protagonismo dos ribeirinhos. Avaliando que precisavam de uma assessoria técnica e científica para incidir no processo, convidaram, inicialmente, eu e Cristiane Carneiro para participar das reuniões.

Iniciamos assim um longo ciclo de encontros. Nós nos encontrávamos inicialmente uma vez por semana em uma sala da UFPA, sempre às segundas-feiras, dia em que a maioria dos ribeirinhos estava na cidade para vender o pescado e se preparar para uma nova pescaria. Com o tempo, as reuniões foram ficando mais espaçadas, até que, no final de 2016, assumiram uma nova dinâmica e intensidade com a formalização do Conselho Ribeirinho.

As primeiras reuniões do Grupo de Trabalho dos Ribeirinhos, ou GT Ribeirinhos, tinham como objetivo identificar as famílias que moravam no beiradão, suas redes de parentesco e vizinhança e organização social, visto que não havia um estudo oficial prévio sobre o modo de viver ribeirinho. Muitas pessoas não haviam sido cadastradas pela Norte Energia ou não tinham o Termo de Autorização de Uso Sustentável, ou seja, para a empresa e o Estado era como se não existissem.

Ao longo das reuniões, consolidou-se o que veio a ser chamado de "Grupo de apoio", constituído inicialmente por um grupo de pesquisadoras e militantes do Movimento Xingu Vivo[54]. O papel desse grupo era garantir que as reuniões tivessem algum encaminhamento concreto, produzindo informações e documentos que qualificassem as demandas dos ribeirinhos.

No começo, eram reuniões bem difíceis. As pessoas vinham em busca de informação, mas todos sentiam necessidade de contar sua história, contar aquilo que estavam vivendo. Nós assistimos, semana após semana, à construção de uma narrativa coletiva sobre a experiência do deslocamento, da ruptura e da destruição. Havia silêncio e respeito por cada um que falava, e todos falavam longamente sobre suas experiências e trajetórias pessoais. Chorava quem falava e chorava quem ouvia. No início, o que havia de comum era a partilha da tragédia e do trauma. Todos ali, exceto os de fora, perderam o mundo no qual viviam e muito daquilo que tinham e conheciam.

Uma senhora, ao contar a história de seu tempo de menina, quando seu pai faleceu e a família se mudou do *Alto* para perto de Altamira, chorava muito e muitos daqueles que ouviam choravam também. Outra senhora dizia que a depressão estava muito grave, as pessoas estavam adoecendo. Alguém comentou que estava tomando remédio controlado, que a empresa tinha-lhe tirado também *o juízo*, a sanidade mental.

Essas narrativas eram ouvidas em silêncio com um respeito cerimonial, diferentemente do burburinho constante que marcava outras reuniões. As pessoas repetiam suas histórias semana após semana, essas histórias reverberavam na narrativa de cada um e, mesmo quando a repetição beirava o delírio, havia silêncio e respeito. As pessoas ouviam atentas, em silêncio, com os olhos baixos.

Mais do que histórias, o que se partilhava ali era a experiência extrema de ruptura, cuja violência mais devastadora não se deu sobre cada pessoa, mas sobre os pontos de conexão entre elas. Ao esgarçamento das redes sociais, provocado pela ruptura das conexões que animam o mundo habitado, outra experiência extrema se sobrepunha: o não reconhecimento por parte do Estado e da empresa dos ribeirinhos enquanto uma coletividade ou grupo social diferenciado, bem como o não reconhecimento da própria existência daqueles que não constavam em seus cadastros e listas.

A ausência de reconhecimento por parte das instituições e da sociedade, a negação do direito das pessoas de serem quem são, de se autodefinirem e nomearem, ocorre quando, sistematicamente, suas narrativas são refutadas e negadas. Em situações como essa, as histórias deixam de ser contadas e ficam retidas na subjetividade e no isolamento[55]. Na medida em que, naquelas reuniões, as pessoas podiam contar sua história e serem ouvidas, elas se tornaram, primeiro, um espaço de cuidado; em seguida, de resistência, pois o encontro permitia inverter a lógica da dispersão, da anulação de identidades e subjetividades, favorecendo a recuperação e reanimação das redes sociais preexistentes e a construção de novos sentidos e possibilidades para o futuro.

Se por meses essas reuniões foram um lugar de lamentação e de luto, quando o choro de quem falava provocava o choro de quem ouvia, pois a dor era a mesma, ao se constituir como um lugar de encontro, tornaram-se também um espaço de construção de uma narrativa comum que, com o tempo, possibilitou superar o lamento e a denúncia para se tornarem uma estratégia de refiguração do mundo e reconstrução de sentidos. Foi a prática de contar e recontar a própria história que possibilitou a construção de um coletivo que se tornou capaz de sair da esfera privada e do isolamento para levar essas histórias para a esfera pública, restaurando a existência social dos ribeirinhos.

Mecanismos semelhantes são descritos por outros atores. Michael Jackson, em um estudo com refugiados na Nova Zelândia, associa o ato de contar histórias com a capacidade vital das pessoas de trabalharem juntas para criar, partilhar e celebrar aquilo que elas têm em comum, o que lhes possibilita sair do isolamento, para entrar na esfera pública (JACKSON, 2002, pp. 40-48). Sônia Magalhães descreveu reuniões entre os atingidos pela hidrelétrica de Tucuruí que tinham dinâmicas semelhantes e que também se tornaram, com o tempo, espaços de articulação de movimentos de resistência. A autora chamou as reuniões realizadas pelos atingidos de fóruns de lamento:

> "Porque são, concomitantemente, lugar da reivindicação política e espaços de encontro com a própria história e, por consequência, espaços de recordação e enunciação de todas as perdas."
>
> (MAGALHÃES, 2007, pp. 215-216)

As narrativas dos ribeirinhos descreviam detalhadamente os processos de violência e expropriação que viviam. Com o tempo, cada vez mais, essas narrativas enfatizavam também aquilo que havia de comum, o pertencimento a uma história e um lugar. Essas narrativas começaram a recuperar e reanimar aquilo que havia sido desfigurado e pulverizado, ou seja, as relações sociais estabelecidas a partir da experiência de habitar um território comum (GODÓI, 1998 e 1999). Enfatizar o pertencimento era se opor ao contexto de *desgarramento*. Ao contrário de pertencer, *estar desgarrado* significa estar afastado, separado, extraviado de uma pessoa ou grupo. Naquele contexto, implicava estar desgarrado também de um território e sobretudo do rio Xingu.

Algumas expressões tornaram-se recorrentes nessas reuniões, por exemplo, *pertencimento* e *laços de parentesco*. Os ribeirinhos incorporavam categorias utilizadas por documentos e funcionários da empresa, bem como operadores do direito para, ao empregá-las a partir de sua própria perspectiva, reivindicar o acesso a direitos. Nas narrativas dos ribeirinhos, *pertencimento* e *laços de parentesco* são categorias ligadas ao plano do vivido, à dimensão cotidiana e afetiva da vida, que não diz respeito apenas às relações de consanguinidade e afinidade entre humanos, mas implica a relação com a terra, o rio e seus habitantes, humanos e não humanos. Nesse sentido, o Xingu é *nosso pai* e a terra *nossa mãe*. O Xingu não é apenas uma teia interligada de múltiplos canais e pequenos afluentes, onde existem diversas ilhas e tipos distintos de ambientes; é também aquele que alimenta, nutre e cria e, nesse sentido, é pai. A terra que o margeia é aquela que alimenta com seus frutos e flores, dá abrigo, morada e aconchego, por isso é mãe. Assim, o que as pessoas afirmavam ao falar em *laços de parentesco* e *pertencimento* é a importância que relações abrangentes tinham na configuração de seu modo de viver e que, portanto, compunham e davam vida ao beiradão e às pessoas, em um regime de consubstancialidade (SAHLINS, 2013).

Configurou-se entre o grupo um léxico partilhado: as palavras começavam a assumir novos significados a partir do momento em que se configurava um novo campo coletivo de enfrentamento. As expressões *pertencimento, laços de parentesco* e *modo de vida* passaram a ser cada vez mais mobilizadas, repetidas muitas vezes, como que para reafirmar sua existência enquanto direito a ser garantido. Com o tempo, as reuniões passaram a ser um espaço de articulação política e de construção de estratégias de resistência. Um importante movimento foi a afirmação pública da identidade ribeirinha, identidade que resumia as amplas discussões sobre pertencimento e parentesco. Ao perderem seu território, não bastava afirmar o vínculo a um ofício vinculado ao rio: era preciso explicitar o vínculo histórico que tinham com a terra e seu modo de habitá-la. Nesse contexto, começou a ganhar importância pública, mais do que a categoria ocupacional da pesca, pescadores, a categoria identitária ribeirinha e a história comum que deu forma ao território habitado e aos modos de viver nele.

Nas primeiras reuniões em que os ribeirinhos se sentaram à mesa para discutir com o Estado e a empresa seu retorno para o rio Xingu, todos se apresentaram como pescadores e ribeirinhos. Era março de 2016.

Rita Cavalcante, Elinaldo Viana e Raimundo Braga Gomes, Altamira, 2016

Sou Rita, pescadora e ribeirinha.
Sou Élio, pescador e ribeirinho.
Sou Raimundo, pescador e ribeirinho.

Fazia sentido naquele momento identificarem-se como pescadores, sua categoria ocupacional. Mas ao mencionarem, inicialmente em segundo plano, que também eram ribeirinhos, colocavam em movimento uma estratégia de acesso a direitos territoriais. A adoção e o uso de uma categoria identitária lhes possibilita estabelecer uma outra relação com as instituições e as políticas governamentais (ARRUTI, 1997).

O que estava em jogo para eles não era apenas o direito a uma terra próxima ao rio, mas a possibilidade de continuar a viver do rio. Se o retorno para o rio era necessário, e urgente, como único meio de garantir a rearticulação dos grupos domésticos e a retomada da vida, a transformação do rio em um lago gerava, e gera, muitas dúvidas sobre a real possibilidade de retomarem suas vidas tal como eram em um passado muito recente. O que fariam em um rio que não conheciam mais? Como viveriam em um ambiente cujo pulso de inundação agora era regulado pela empresa? Como pescariam peixes cujos hábitos e movimentos não conseguiam mais identificar?

Raimundo Berro Grosso, em uma reunião do GT Ribeirinhos, em outubro de 2015, disse que sentia que estava voltando a ser menino, que teria que aprender tudo de novo, pois o Xingu não era mais o mesmo e que, para sobreviver, teria que ser mais agricultor do que pescador. Com a crescente redução da produção pesqueira e o agravamento das condições de vida na cidade, o retorno para a terra se tornava cada vez mais importante. *Eu preciso voltar para a terra para não morrer de fome*, dizia Raimundo.

O retorno para a terra era visto como garantia de sobrevivência. Mesmo sem peixes, na terra poderiam plantar e da terra poderiam viver. Habitar a terra não estava associado a um ofício, mas ao mútuo pertencimento entre pessoa e território, garantia de continuidade da vida. A terra era garantia de *poder ser quem sou* e *deixar alguma coisa para os meus*. Não se tratava apenas da própria sobrevivência, mas também da possibilidade de continuidade para as gerações futuras.

As primeiras atribuições do GT Ribeirinhos foram: definir critérios e incidir sobre o processo de negociação chamado pelo governo federal, os Diálogos ribeirinhos; discutir critérios sociais e ambientais para identificação de áreas adequadas para a realocação; discutir premissas para a recomposição do modo de vida ribeirinho; e garantir a ampla participação e representação dos pescadores e ribeirinhos removidos das ilhas e beiras. Participaram dessas reuniões cerca de oitenta pessoas, a maioria ribeirinhos que viviam nas ilhas (GT RIBEIRINHOS, 2015).

O grupo de apoio entrevistou 79 famílias que participaram dessas reuniões, as quais podem ser reunidas em 42 grupos domésticos. Dessas unidades familiares, apenas quatro viviam na terra firme, e dessas, duas tinham o título da terra, uma vivia em área cedida pelo fazendeiro proprietário e uma trabalhava como caseiro em uma fazenda. Essas duas últimas configurações são recentes e estão relacionadas ao processo de concentração fundiária na terra firme, que levou à expropriação dos ribeirinhos, o que começou a acontecer com a abertura da rodovia Transamazônica e se acentuou na década de 1990.

A maior presença de moradores de ilhas está relacionada a uma diversidade de fatores. A *retirada* dos moradores das ilhas era bastante recente, portanto essas famílias foram mobilizadas antes do processo de dispersão, inclusive geográfica. Os moradores de ilha não tinham o título da terra, pois ilhas são terras da União, portanto, receberam apenas indenizações pelas benfeitorias, visto que não havia um programa de reassentamento para os ribeirinhos. Assim, essas famílias foram profundamente prejudicadas, o que gerou uma maior procura por instituições e busca por acesso à reparação dos direitos violados.

Nos primeiros encontros dos ribeirinhos, não havia clareza sobre onde aquelas reuniões poderiam levar, tampouco que aquele se tornaria um espaço importante de organização e representação política. Com o tempo, as reuniões, ao minimizar a fragmentação social, fomentar o resgate de uma memória comum e a afirmação de uma identidade partilhada, rearticulavam as redes sociais preexistentes, tornando-se um espaço de fortalecimento de uma coletividade e de um sujeito coletivo de direitos.

O GT dos Ribeirinhos apresentou ao Ibama e à Norte Energia alguns critérios para o retorno para as margens do rio: áreas em terra firme com dimensão mínima de oito alqueires por família, cerca de 32 hectares; terra produtiva com área preservada; manutenção das redes de parentesco e vizinhança; mecanismos de garantia frente a possíveis conflitos fundiários; instalação de escolas e postos de saúde. O grupo também apresentou critérios para programas de transição e recomposição do modo de vida e um mapeamento de áreas de interesse para reocupação (Mapa 7, p. 232).

*

Em 2 de dezembro de 2016, no auditório da UFPA, foi oficialmente criado o Conselho Ribeirinho, com 28 representantes das localidades atingidas pelo deslocamento forçado. A primeira reunião do Conselho Ribeirinho teve como objetivo iniciar o processo de reconhecimento social das famílias ribeirinhas expulsas pelo enchimento do reservatório, dando sequência aos encaminhamentos da audiência pública e às recomendações do estudo da SBPC. Em 13 de janeiro de 2017, o Conselho Ribeirinho se reuniu no escritório do Movimento Xingu Para Sempre. Certamente, o local da reunião não foi uma decisão aleatória, mas não deixa de ter sido sorte nossa esse momento tão central e significativo ter acontecido naquela sala colorida e acolhedora. A mesa coberta com toalha de chita foi arrastada para o canto, os conselheiros fizeram uma grande roda. Todos, em pé, deram as mãos e juntos rezaram um pai-nosso, com os olhos fechados, e a cabeça baixa. Havia solenidade nos gestos: era evidente a responsabilidade partilhada, como se pudéssemos sentir a carga do lugar que passaram a ocupar como conselheiros.

A prece, o ritual de dar as mãos em círculo e rezar, tornou-se uma dinâmica do Conselho Ribeirinho, uma mística, o modo como o grupo imprimiu sua própria lógica à forma reunião. Em duas ocasiões, essa mística, a prece inicial com todos de mãos dadas, mostrou-se particularmente eficaz, no sentido de produzir um efeito. A primeira delas foi em uma reunião com a equipe da Diretoria de Licenciamento Ambiental do Ibama: os conselheiros interromperam o início do evento para a prece, e os analistas do Ibama, naquela ocasião todos homens, não queriam rezar, muito menos dar as mãos. Os ribeirinhos insistiram, não começariam sem antes fazer a prece ritual, e os analistas cederam. Então todos entraram na sala, deram as mãos formando um círculo e rezou-se o pai-nosso. Parecia que colocar todos em simetria, em círculo e de mãos dadas, provocava um constrangimento público[56]. A forma reunião era subvertida, fazendo com que os analistas da diretoria do Ibama perdessem o controle sobre a dinâmica do encontro. Outra ocasião em que esse constrangimento público ficou evidente, provocado pela insistência dos ribeirinhos em iniciar a reunião com uma prece, foi em um seminário técnico realizado em Brasília, para o qual foram todos os conselheiros. Era evidente o desconforto dos representantes da Norte Energia com a mística, que impunha uma dinâmica para a qual não estavam preparados, tampouco dispostos. A inversão na lógica da forma reunião causa desconforto. Este desconforto, ou constrangimento, tornar-se explícito na recusa de alguns, por exemplo, de dar as mãos.

Lista

Listas são documentos que elencam, catalogam, enumeram ou organizam uma série de itens, nomes ou coisas. Listas criam um conjunto fechado e, consequentemente, excluem tudo o que não foi elencado no conjunto. As listas foram um dos principais dispositivos de captura empregados na construção da usina de Belo Monte. O Plano Emergencial, parte do Plano Básico Ambiental voltado para os povos indígenas, por exemplo, antes mesmo do início das obras, teve como uma das principais atividades a elaboração mensal de listas das mercadorias que eram distribuídas pela Norte Energia para as aldeias. Essas listas eram elaboradas pelas lideranças indígenas de cada aldeia, intermediadas pelas empresas executoras do PBA, aprovadas pela Funai e então enviadas para o setor de compras da Norte Energia. O valor total das mercadorias solicitadas não podia ultrapassar 30 mil reais mensais por aldeia.

Moinowihi Araweté, em uma conversa com o antropólogo Guilherme Heurich, referiu-se às mercadorias elencadas nas listas como *pepikã*, termo usado para qualificar relações de troca, de contrapartida e também dinheiro. Para os Araweté as mercadorias eram "o pagamento antecipado pela morte do povo do Ipixuna", ou seja, a contrapartida pelas mercadorias que recebiam era a morte futura dos Araweté, que seriam alagados pela água da barragem (HEURICH, 2015).

Para os Xikrin do Bacajá, as listas tinham como principal objetivo garantir que a empresa cumprisse suas obrigações, acordos e condições estabelecidos no processo de licenciamento da obra, ou seja, responsabilizar a Norte Energia pelas mudanças na paisagem, no regime de cheia e vazante do rio e pela ameaça à sobrevivência de humanos e não humanos. As listas continham itens como voadeiras, caminhonetes, motosserras, colchões Ortobom, fardos de arroz, açúcar, combustível, assim como a construção de prédios escolares, a reforma de postos de saúde, a aquisição de medicamentos e a contratação de professores. As listas dos Xikrin eram "fórmulas não domesticadas de agrupamentos ou taxonomias" (MANTOVANELLI, 2016).

O potencial de captura das listas, que em seu extremo é a captura da vida em si, mobilizou os Araweté, os Xikrin, os beiradeiros, e também os antropólogos, na construção, redação, refutação, digitalização e retificação de listas. Mantovanelli descreve uma situação em que, por dias, pessoas Xikrin de todas as aldeias da Terra Indígena Trincheira-Bacajá conversavam pelo rádio para decidir quais itens entrariam nas listas que seriam enviadas à Norte Energia. Entre os itens, todas as aldeias decidiram incluir colchões da marca Ortobom, por ser a melhor. Outra situação descrita pela autora foi em 2012 durante as negociações para a desocupação dos canteiros de obra da usina hidrelétrica, que havia sido ocupado por cerca de duzentos indígenas e pescadores contrários ao barramento do Xingu. Então os Xikrin elaboraram listas com suas exigências para a retirada. Cada aldeia escreveu sua lista com os mesmos pedidos das demais e quantidades diferenciadas. A antropóloga tinha a função de transcrever todas as listas para o computador e, em seguida, lê-las em voz alta para que todos pudessem ouvir. Cada item incluído na lista era discutido por todas as lideranças, e devia ser incluído para todas as aldeias.

Esse método dialógico, que culmina na construção de um posicionamento comum, foi também empregado pelos ribeirinhos na construção de suas listas. Se as listas geravam disputas e críticas, sobretudo por parte de atores externos, eram também contra dispositivos de captura da vida. Para os Xikrin, assim como para os beiradeiros, as listas eram um modo de forçar a empresa a reparar os danos que provocava e que provocaria, expressando de formas distintas seu sentido de justiça.

*

Para os ribeirinhos, as listas da Norte Energia eram aquelas que barravam portas, que lhes impediam de entrar em reuniões e participar de seminários, lhes negavam a palavra, quando não a existência. Diante da efetividade e da violência provocada pelas listas enquanto dispositivos de captura de identidades e de exclusão, a primeira tarefa do Conselho Ribeirinho foi a elaboração de sua própria lista. Tratava-se de identificar, por meio de um processo de reconhecimento social, quem eram os ribeirinhos que foram expulsos do beiradão.

Eu me preocupo muito com essa sonegação de direitos. Eu me criei nessa região desde os sete anos e a Norte Energia não me reconhece nem como indígena, nem como ribeirinho. Eu trouxe os meus documentos. Isso é violação dos direitos humanos. Quem tem que falar quem é ribeirinho somos nós. Vocês conhecem Brasília e a cidade, quem conhece o rio somos nós.

Leonardo
Batista Juruna
Brasília, 2018

Todos sabiam que, ao definir critérios de inclusão, estariam de alguma forma construindo também mecanismos de exclusão. Mais uma vez alguém diria quem tem direito e quem não, mas dessa vez seriam eles. Essa era uma tarefa gratificante, mas bastante difícil. Para evitar que a lista de reconhecimento social fosse usada como mecanismo de exclusão, mais do que de inclusão, em todas as comunicações e documentos foi explicitado o caráter não definitivo da lista, e a prioridade de reconhecer aqueles que haviam sido excluídos dos programas da empresa e que estavam em situação de risco.

Antes de começar a primeira reunião, eu estava bastante preocupada, pois sabia o quão complicado era formalizar uma lista, tanto pela dificuldade inerente à construção de consensos como pelo uso nefasto que poderia ser feito do documento, no sentido de criar ou reiterar exclusões e injustiças. A lista era um produto óbvio no processo de licenciamento ambiental, e o uso desse dispositivo pelos ribeirinhos era o passo esperado para garantir a inclusão das famílias no processo. A orientação era definir critérios em torno do que é ser ribeirinho, para garantir o rigor e a isonomia do processo de reconhecimento, sendo que o principal objetivo era garantir o sentido de justiça dos ribeirinhos.

Dispostos em roda, no escritório do Xingu Vivo, cada conselheiro descreveu, detalhadamente, o que significa ser beiradeiro, ribeirinho, como é viver no beiradão e quais conhecimentos são necessários para viver na beira do rio. Cada conselheiro fez naquele dia uma síntese narrada de todo o processo de construção de narrativas, ou *storytelling*, dos meses anteriores. Conforme descreviam o que é ser ribeirinho, eu registrava em cartolinas as descrições dos modos de fazer e de viver no beiradão. Depois que todos falaram, a justaposição dessas cartolinas no centro do grupo possibilitou o agrupamento de uma lista de conhecimentos e modos de fazer que caracterizam, por extensão, o modo de vida ribeirinho.

O ribeirinho é uma mistura: é pescador, agricultor, caçador, criador, extrativista. Produz sua alimentação: peixe, caça, farinha, fruta. Tem criação: galinha, pato, cachorro, porco. Planta todo tipo de coisa, é da terra que tira sua alimentação.

Ser *mistura* diz respeito à diversidade de ofícios e conhecimentos, bem como a pertença a uma matriz indígena muito antiga. Assim, os ribeirinhos são pescadores, agricultores, caçadores, extrativistas, carpinteiros e pilotos de voadeira e são também Juruna, Arara, Kayapó, Kuruaya, Xipaya e se autodefinem como ribeirinhos, beiradeiros, pescadores e indígenas.

O sistema de pluriatividade garantiu a sobrevivência e permanência de grupos familiares em territórios marginais aos grandes ciclos econômicos ao longo do tempo. A dependência dos recursos do meio propiciou o desenvolvimento de formas de uso e de ocupação do território que não o degradava, mas ao contrário, os lugares habitados pelos ribeirinhos permanecem preservados em uma região de intensa expansão da fronteira agrícola e consequente desmatamento e degradação ambiental. A preservação da floresta não se deve a uma adesão ideológica dos ribeirinhos ao conservacionismo, tampouco a uma cosmologia de equilíbrio com a natureza, mas parece resultar da necessidade de manter um estoque de recursos como garantia de sua própria sobrevivência e qualidade de vida ao longo do tempo e, portanto, garantia da própria reprodução social. Isso não quer dizer que não existe predação em seus modos de fazer, e sim que existe uma aparato técnico e cultural que mantém a predação sob limite (BARBOSA DE ALMEIDA e CARNEIRO DA CUNHA, 2009).

Se aprende na convivência com o lugar.

Existe uma articulação entre práticas cotidianas, conhecimentos e territórios que é fruto da história e do engajamento nas tarefas cotidianas implicadas no habitar, no viver em determinado lugar. Os conselheiros elencaram uma série de habilidades que dizem respeito a um conjunto de conhecimentos indispensáveis para viver no beiradão. São conhecimentos não só transmitidos de geração em geração, mas incorporados e transformados no processo de habitar o mundo e na execução de atividades cotidianas. Esse conhecimento está ligado a um lugar, na medida em que os saberes e as técnicas são adquiridos ao trabalhar e viver em um ambiente específico, com tipos específicos de pessoas (HARRIS, 2005).

O território, enquanto lugar habitado, é um componente fundamental na constituição da identidade, bem como é fonte e registro do conhecimento partilhado. Sem um lugar, o conhecimento perde seu substrato material a partir do qual é reinventado e transmitido[57].

O conhecimento diz respeito ao território no qual está materializado, ensina sobre onde se vive e sobre como viver nesse lugar (LEACH, 2006). Em certo sentido, o território cria pessoas ao ser criado por elas. A desestruturação da relação desorganiza os regimes locais de produção material e simbólica (BARBOSA DE ALMEIDA, 2012a).

A categoria *nascido e criado* também foi discutida. Ela é uma referência identitária importante para os beiradeiros e comum a diversos povos tradicionais. Se no Brasil a expressão tem uma presença difusa na linguagem cotidiana, também encontramos a expressão "born and raised" na literatura e na fala de pessoas ao redor do mundo. A expressão aponta para uma relação inseparável entre história, território e conhecimento. Embora as histórias de vida sejam centrais na constituição do pertencimento, não basta ter uma história: os conselheiros atribuíam o pertencimento *àqueles que ficaram*, ou seja, que mantiveram, ao longo do tempo, o vínculo com o território e, portanto, que são portadores de um conjunto de conhecimentos ligados à habilidade de viver em determinado lugar, conhecimento esse que incide e molda também os corpos. Nesse sentido, podiam pertencer aqueles que não eram nascidos, mas foram criados e se criaram no processo de habitar aquele mundo enquanto membros da comunidade, incorporando habilidades técnicas e relações sociais. É interessante pensar a mútua constituição entre pessoa e território a partir da noção de criação. A acepção do verbo "criar" pode remeter tanto a educar e apoiar como nutrir, no sentido de dar sustento (GODÓI, 2014).

O Conselho Ribeirinho, ao resgatar a história e o modo de vida no beiradão, colocava em movimento uma estratégia de resistência que descreve, de forma encarnada, a definição analítica de povos tradicionais proposta por Manuela Carneiro da Cunha e Mauro Almeida:

> "Populações tradicionais são grupos que conquistaram ou estão lutando para conquistar (prática e simbolicamente) uma identidade pública conservacionista que inclui algumas das seguintes características: uso de técnicas ambientais de baixo impacto, formas equitativas de organização social, presença de instituições com legitimidade para fazer cumprir as suas leis, liderança local e, por fim, traços culturais que são seletivamente reafirmados e reelaborados"
>
> (BARBOSA DE ALMEIDA e CARNEIRO DA CUNHA, 2009)

Essa definição resume o que foi colocado em prática pelo Conselho Ribeirinho, ao afirmar uma identidade anteriormente vista de forma depreciativa e enfatizar sua relação com o território, as técnicas e saberes que o configuram e os modos tradicionais de organização e produção. A partir da construção de critérios que definem ou sintetizam o modo de vida ribeirinho, o Conselho Ribeirinho convocou reuniões ampliadas com as comunidades locais. Essas reuniões seguiram uma metodologia semelhante: os moradores, sobretudo os mais velhos, contavam sua história, a história do lugar onde viviam, o nome daqueles com quem partilhavam o cotidiano, seus parentes e vizinhos. Enquanto as histórias eram contadas, registramos as redes de vizinhança em croquis e as relações de parentesco em diagramas.

As reuniões foram organizadas por localidade, duravam um dia inteiro, as vezes se estendiam por mais de um dia, ao longo de semanas, entre janeiro e março de 2017. Concluídas as reuniões com as comunidades, o Conselho Ribeirinho fez outras quatro reuniões para verificar e validar a lista final com os nomes das famílias.

O sentido de justiça que permeava a lista era a identificação daqueles que viviam no e do beiradão e que foram expulsos pela construção da usina. Adotar e subverter um dispositivo utilizado até então apenas pela empresa e pelo Estado, ou seja, a tecnologia política das listas, foi o mecanismo encontrado para abrir o cadastro socioeconômico da Norte Energia, incluir as famílias que haviam sido deixadas de fora e *lutar* pelo retorno de todos para as margens do rio Xingu.

Para os ribeirinhos, o retorno era um direito daqueles que resistiram aos sucessivos projetos de colonização da região e permaneceram no beiradão. Por essa razão, algumas famílias que tinham uma história antiga na região, e que em alguns casos mantinham uma moradia, não foram incluídas na lista de ribeirinhos moradores quando as atuais gerações perderam o vínculo com o território, no sentido em que não dependiam mais do beiradão para viver, ou seja, quando tinham sua fonte de renda na cidade e passaram a usar a antiga localidade apenas como local de lazer.

Essas famílias, embora tenham despertado solidariedade e o constrangimento inevitável em um difícil processo de tomada de decisão que levava à exclusão de pessoas, não foram reconhecidas como moradoras do beiradão, justamente por não dependerem do território para viver. Não lhes foi negado o direito ao seu antigo lugar, tampouco foi negada a importância desse vínculo afetivo, mas, tratando-se de um processo de reconhecimento das famílias ribeirinhas residentes, cuja desterritorialização ameaçava sua sobrevivência, não foi considerada atribuição do Conselho, naquele momento, a identificação desses vínculos históricos e afetivos.

No dia 4 de fevereiro de 2017, o Conselho Ribeirinho concluía, em uma sala de aula da UFPA, o intenso processo de reconhecimento social com uma última verificação coletiva da lista dos nomes. Mais uma vez, todos ficaram em pé, de mãos dadas, para uma prece. Dessa vez, a prece foi diferente, não foi um pai-nosso unissonante. Todos estavam de mãos dadas, mas cada um proferia sua própria prece em voz alta, de olhos fechados, cabeças baixas, em uma catarse coletiva na qual cada um entoava sua própria mística.

O grupo saía fortalecido do processo. O grande formalismo das primeiras reuniões foi lentamente substituído por um clima de cumplicidade, favorecido pelas marmitas partilhadas nas escadarias da universidade, as conversas após o almoço e sobretudo a partilha de uma imensa responsabilidade comum. Nenhuma decisão, desde a escolha dos conselheiros à elaboração da lista dos ribeirinhos, passou por processo de votação. Tudo foi construído a partir de longas conversas que culminavam na construção de acordos.

Com a divulgação da lista, os conselheiros começaram a ser procurados, assediados, e até coagidos, por aqueles que queriam entrar na lista de reconhecimento. Foi uma carga emocional bastante pesada para todos, não tenho como avaliar como foi para eles. Pessoalmente, por semanas, fui parada na cidade de Altamira por pessoas que queriam saber se estavam ou não na lista. No mercado, na padaria, na porta da escola, e mesmo, algumas vezes, em minha casa. Foi um período extremamente desgastante para os conselheiros que recebiam diariamente ligações e visitas em suas casas daqueles que queriam saber se tinham sido incluídos. Mal consigo imaginar o peso que sentiram toda vez que tiveram que dar uma resposta negativa.

O grupo de apoio do Conselho Ribeirinho elaborou um relatório descritivo do processo de reconhecimento social que continha uma lista das famílias reconhecidas. Essa lista foi enviada para as instituições envolvidas no processo. Primeiro, a Norte

Energia fez um cruzamento dos nomes contidos na lista com seu cadastro socioeconômico. A partir desse primeiro cruzamento, o Ibama analisou a lista e criou uma tipologia de casos: aqueles que receberam algum tipo de tratamento da Norte Energia; aqueles que não foram encontrados nos cadastros; aqueles que não foram consideradas elegíveis pela empresa e aqueles que tiveram seus cadastros cancelados[58].

Depois dos cruzamentos, classificações e retificações da lista, com ampla participação dos ribeirinhos e das instituições, incluindo o órgão licenciador, a Norte Energia não reconhecia sua legitimidade. Houve uma ocasião em que o advogado da empresa disse publicamente que ele não reconhecia a Convenção nº 169 da OIT, que reconhece o direito à autoidentificação e autodeterminação dos povos, da qual o Brasil é signatário. Foi um dos momentos em que a violência institucional assumiu nuances surreais[59].

A violência institucional é a negação sistemática do direito à vida, e opera tornando seu alvo uma categoria genérica, um número, um código fundiário. Entre as três possibilidades de existência estabelecidas pela Norte Energia – população urbana, rural ou indígena – não havia espaço para ser ribeirinho. A violência negava a validade da experiência dos sujeitos, impondo-lhes a necessidade de provar continuamente sua existência. Esse tipo de violência opera por meio da negação sistemática da pessoa (FANON, 1968). A equipe técnica da empresa passou um pente fino na lista do Conselho Ribeirinho e selecionou algumas famílias para estudo de caso: pretendiam julgar, com sua equipe de advogados, quem era de fato ribeirinho.

A realização dos estudos de caso foi o ápice da violência institucional, pois reiterava a negação do direito das pessoas serem quem eram. As famílias selecionadas eram aquelas que tinham recebido uma indenização em dinheiro considerada alta, uma carta de crédito para a compra de um lote rural ou que, na avaliação da empresa, não tinham condições de voltar para o beiradão. Essas pessoas foram chamadas individualmente no escritório da Norte Energia para recontar, mais uma vez, sua história.

Conseguimos garantir que esses "tribunais" montados pela empresa fossem acompanhados pelo grupo de apoio, mas esse acompanhamento ficou restrito à minha participação como antropóloga, condição que era explicitada, e precisava ser defendida, a cada estudo de caso. Foram sessões constrangedoras: as pessoas chamadas para o estudo de caso deviam levar uma testemunha, sentavam-se a uma mesa com o aparato técnico da Norte Energia, advogados, assistentes sociais e técnicos de campo, um defensor público da DPU e eu. Os ribeirinhos tinham que contar o que tinham feito com o dinheiro da indenização ou com a carta de crédito, onde estavam morando, como estavam vivendo. Tinham que justificar por que não conseguiram comprar uma moradia próxima ao rio com o dinheiro que receberam, por que não foram morar próximo de seus parentes ou por que não estavam em casa quando a empresa contratada foi fazer o cadastro dos moradores. Não se tratava de um processo de escuta, mas de inquisição.

Especialmente difícil foi o estudo de caso de seu João Goiano, mencionado anteriormente, um senhor idoso, que vivia sozinho em uma pequena ilha. Eu o visitei em sua casa, e me chamou atenção como, mesmo sem ter força e saúde para trabalhar, ele tinha apoio dos pescadores que deixavam as canoas em sua ilha, que em troca traziam comida e remédios. Mesmo sob os protestos do senhor, a empresa avaliou que ele não tinha condições de viver sozinho no beiradão e o transferiu para um reassentamento urbano coletivo, o RUC Laranjeiras. No dia de seu estudo de caso, mesmo insistindo que queria voltar para o beiradão, o advogado da empresa disse que autorizaria seu reassentamento apenas após avaliação médica e psicológica.

Ao todo, 26 pessoas foram selecionadas pela Norte Energia para a realização de estudos de caso. Após a realização dos "tribunais" individuais, em uma reunião entre a Norte Energia, a DPU e o MPF, alguns casos foram solucionados, no sentido de que as famílias foram incluídas no processo de retorno para o rio. Porém, com relação a doze famílias, não houve acordo: a Norte Energia se recusou a revisar seu posicionamento. Três dessas famílias eram da comunidade São Lázaro do Rio. Segundo a empresa, em parecer realizado pelo escritório de advocacia Borges e Almeida, as famílias de São Lázaro do Rio:

> "No que se refere à alegação de que a desapropriação promoveu a separação de parentes que moravam próximos um dos outros na região da área desapropriada, nos parece que, se essa

> reunião realmente fosse algo tão importante e fundamental, poderiam todas as famílias terem se reunido para, somando recursos, comprarem áreas maiores do que cada um tinha, perpetuando a relação de proximidade, inclusive à beira do rio. Por fim, quanto ao argumento de que estas famílias receberam suas indenizações em momentos diferentes umas das outras (intervalo de três meses, segundo o que foi narrado), o que teria impossibilitado a reunião de recursos para compra de área em conjunto, entendemos que esta questão poderia ter sido contornada, se a intenção de se manterem reunidas fosse um desejo. Para tanto, bastaria que tivesse sido pedido a Norte Energia que as indenizações e prazos ocorressem de forma concomitante, o que não ocorreu."
>
> (NORTE ENERGIA, 2017)

As negociações com as famílias não só não foram simultâneas, como não lhes foi dado um prazo razoável para buscar uma propriedade adequada: elas tinham apenas trinta dias para sair de suas casas, para evacuar. A Norte Energia, reiteradamente, recusou-se a realizar negociações coletivas, mesmo com repetidas recomendações do MPF, da DPU e mesmo do Ibama.

Outro argumento utilizado pela empresa foi que essas famílias tinham atividades agrícolas e documentação da propriedade:

> "Atividade prioritariamente agrícola não enfatizando vinculo indispensável com o rio. Existe uma prova documental a demonstrar que a interessada era uma agricultora, não necessariamente ribeirinha, qual seja: o Título Definitivo do Incra que foi expedido em seu favor em 15/08/1983. Por isso, no mínimo, sua recomposição de modo de vida poderia ocorrer não necessariamente às margens do rio (cujo vínculo de forma alguma foi demonstrado, quanto mais comprovado)."
>
> "Em verdade, a compra de outra área de terras somente não ocorreu porque a interessada, por livre arbítrio, decidiu repartir seu patrimônio. Ou seja, a família é quem não quis continuar com seu modo de vida"
>
> (NORTE ENERGIA, 2017)

Essas duas últimas afirmações da empresa, carregadas de perversidade, mostram o total desconhecimento dos processos históricos da região, bem como das trajetórias das famílias que julgavam. As famílias da comunidade de São Lázaro do Rio são de origem Juruna, descendentes diretas do patriarca Mïratu, que dá nome a uma das aldeias da TI Paquiçamba. Essas famílias, que viviam nas ilhas da Volta Grande, mudaram-se para a região do Paratizão antes da demarcação e homologação da terra indígena, e na década de 1980 receberam o título da terra onde viviam, na terra firme, na região do Paratizão. Essa história de ocupação do beiradão, comum a tantas outras famílias, demonstra a antiguidade de sua presença na região, ao contrário do que pretendia a empresa com tais argumentos. O fato de a família ter dividido a indenização também aponta para como a propriedade privada não é o que orienta o direito costumeiro dessas famílias, ao contrário, o direito à terra é atribuído a quem nela habita.

O suplício das listas, cruzamentos, refutações, contrarrefutações e estudos de caso terminaram no Seminário Técnico de Brasília, quando a empresa foi pressionada a aceitar o processo de reconhecimento social do Conselho Ribeirinho pelo MPF, Ibama, Conselho Nacional de Direitos Humanos e pela comunidade científica. Os estudos de caso foram abolidos e todas as famílias reconhecidas pelo Conselho Ribeirinho foram incluídas no projeto de retorno para as margens do rio.

Mapa

O Seminário Técnico de Brasília blindou a lista de reconhecimento social do Conselho Ribeirinho e inaugurou as discussões sobre a proposta de reparação, o Território Ribeirinho. As discussões sobre o Território Ribeirinho começaram logo após a apresentação do *Mapa da SPU*. Os ribeirinhos não consideravam viável o reassentamento em ilhas, pois a maioria ficaria submersa com o enchimento do reservatório. Aquelas que permaneceriam emersas eram habitadas e, portanto, não haveria espaço para novos moradores. Ademais, as porções emersas não eram consideradas áreas adequadas: por serem cumes de ilhas, são áreas rochosas, não adequadas para o cultivo. Somada a isso havia incerteza com relação à qualidade da água do reservatório para o consumo, e a terra firme garantiria a possibilidade de abertura de poços.

Em novembro de 2015, houve uma ampla reunião, no âmbito do GT Ribeirinhos, para mapear as áreas consideradas adequadas para o retorno. Houve uma grande mobilização: cerca de oitenta pessoas participaram da oficina de cartografia para mapear as áreas de interesse dos ribeirinhos. Projetamos na parede da sala as imagens de satélite do Google Earth e, para começar a navegação, a estratégia foi localizar um ponto de referência comum – naquela ocasião foi a orla do cais. Os critérios para a indicação das áreas foram a proximidade em relação ao local de origem, a produtividade da terra, a presença de remanescentes florestais e a disponibilidade de água potável. Como garantia da retomada e manutenção do modo de vida em um ambiente ecologicamente alterado, os ribeirinhos definiram que era necessário assegurar oito alqueires, o que corresponde aproximadamente a 32 hectares por família. Identificamos as seis ilhas que ficariam emersas após o enchimento do reservatório: três ilhas a jusante de Altamira (Ilha do Palhal, Ilha da Odila e Ilha Bacabal do Cotovelo) e três ilhas a montante de Altamira (Ilha do Poção, Ilha do Silvino e Ilha do Pedrão). Todas são ou eram habitadas por ribeirinhos ou indígenas. Foram então identificadas áreas adequadas para reocupação no Palhal, Paratizinho, Paratizão, Trindade, Barriguda, Babaquara, Bacabal, Costa Júnior e Bom Jardim. Uma das áreas foi mapeada por um grupo de indígenas pescadores, representado ali pelo senhor Cecílio Kayapó. Os indígenas, de diferentes etnias, queriam ser considerados como uma única comunidade (Mapa 7, p. 232).

Primeiro ato

No final de 2015, o Grupo de Trabalho dos Ribeirinhos apresentou para a presidência do Ibama, na Casa de Governo em Altamira, o primeiro mapa das áreas de interesse para reocupação, bem como garantias para que a realocação para as margens do Xingu pudesse ser mantida ao longo do tempo. Para os ribeirinhos, não se tratava apenas de voltar para a beira do rio, era preciso garantir a reocupação em áreas não degradadas, bem como a garantia de proteção frente a possíveis conflitos fundiários. Ademais, com as profundas mudanças ambientais, era preciso assegurar o sustento das famílias até que ocorressem as primeiras colheitas e a atividade pesqueira fosse restabelecida, o que estava relacionado tanto à estabilização ecológica do reservatório como a adaptação de conhecimentos e técnicas pesqueiras aos novos ambientes.

Alguns dias depois, o mapa foi entregue para a Norte Energia. Um grupo de ribeirinhos foi até o escritório da empresa para levá-lo e indicar, para o responsável da empresa pela cartografia, as toponímias locais e a localização das comunidades. Essas informações deveriam ser incorporadas nos próximos mapas da empresa.

Os desafios que seriam enfrentados por esse coletivo, nos meses e anos seguintes, não eram apenas garantir o retorno dos beiradeiros para a beira, mas garantir que as famílias que de fato moravam tradicionalmente no beiradão fossem reconhecidas e incluídas no processo de retorno; que fosse garantida a recomposição de uma paisagem e ambiente que permitissem a reconfiguração do território; que nesse território fosse respeitada a distribuição espacial das famílias, o mais próxima possível daquela que existia anteriormente; que fosse garantida assistência às famílias para a retomada das atividades produtivas e apoio financeiro até as primeiras colheitas. Aos ribeirinhos caberia aprender a viver em um novo mundo.

Segundo ato

Em fevereiro de 2018, o Conselho Ribeirinho foi para Brasília participar do seminário técnico sobre seu retorno para as margens do Xingu. Fomos de ônibus. A experiência de uma viagem de ônibus de mais de quarenta horas foi certamente importante para o fortalecimento da cumplicidade do grupo, além de garantir o tempo necessário para discutir amplamente intenções e estratégias das reuniões que aconteceriam na capital. Em Brasília, ficamos hospedados no Instituto Bíblico de Brasília, que carinhosamente chamamos de "Bethânia de Brasília", um espaço da igreja católica, com quartos coletivos simples, comida bem temperada e preços acessíveis.

Naquela ocasião, o que tinha se tornado uma dinâmica do Conselho Ribeirinho, iniciar reuniões com uma prece coletiva, mais uma vez, mostrou-se uma eficiente tecnologia política. Ao convidar autoridades e representantes de instituições a ficarem em pé, darem as mãos e rezarem juntos, o Conselho criava o constrangimento como ponto de partida. A iniciativa de alguns conselheiros irem para a reunião com cocares também contribuiu para um ambiente tenso e confuso.

O seminário começou com a apresentação de alguns conselheiros, que falaram, sobretudo dos problemas e da inadequação do modelo de reassentamento proposto pela Norte Energia: basicamente áreas de cerca de dez hectares por famílias, com apenas um hectare destinado ao uso agrícola, sem conexão entre si e em áreas integralmente localizadas na Área de Preservação Permanente (APP) do reservatório da usina, ou seja, sujeitas a restrições ambientais (BARBOSA DE ALMEIDA ET. AL., 2017, p. 338).

Raimunda Gomes, uma das primeiras a serem reassentadas na APP, falou sobre as dificuldades que enfrentava. Certo dia, Raimunda estava indo trabalhar na roça quando viu uma guariba, uma espécie de macaco, com um filhote no colo, no galho de uma árvore. A guariba olhou para Raimunda e girou o corpo para proteger o filhote, mas continuou olhando Raimunda nos olhos. Raimunda entendeu que a guariba lhe dizia que aquele território era seu, que ela precisava dele para criar seu filhote. Pensou que estava disputando o território com os animais: como não havia mais ilhas, humanos e não humanos disputavam a beirada que restou.

Rita Cavalcante, que voltou para a mesma ilha da qual fora expulsa, falou sobre o estranhamento por estar no mesmo local, mas em um ambiente inteiramente modificado.

Rita Cavalcante
Brasília, 2018

Morei em uma ilha por 37 anos. Toda a minha terra foi transformada, eu não me reconheço no ambiente em que vivi a vida toda. É lá que eu tenho que construir o meu modo de vida? Impossível. Tudo aquilo que me fazia dizer que eu tinha uma vida ribeirinha não existe mais.

O ribeirinho faz muitas coisas, sente o cheiro do igapó, ouve o barulho do bater do rio enchendo e o bater do rio baixando. O ribeirinho sem território não é ribeirinho. O meu território ribeirinho me dá ferramentas para construir minha identidade com dignidade, mas o ribeirinho não tem como desenvolver o seu modo de vida na APP.

O ribeirinho perdeu a sua dignidade. E este território dá a possibilidade da gente continuar a ser ribeirinho.

Eu gostaria de fazer uma pergunta para todas as autoridades: hoje a empresa tem um modelo de reassentamento ribeirinho? Eu pergunto: esse modelo que hoje é apresentado aos ribeirinhos nos dá condição de desenvolver nossa vida ribeirinha?

Manuela Carneiro da Cunha, ao falar da Convenção nº 169 da OIT, resgatou o relato de Raimunda Gomes, sobretudo seu encontro com a guariba, chamando a atenção para o fato de que nem todos que estavam ali presentes eram capazes de entender o que ela queria dizer, por ser um modo tipicamente amazônico de entender o mundo.

Suely Araújo, então presidente do Ibama, reconheceu que havia problemas no modelo de reassentamento realizado pela Norte Energia, e disse que, como órgão licenciador, estavam tentando resolver da forma mais correta e justa possível, dentro daquilo que está previsto na legislação; que a equipe técnica já estava analisando a lista do Conselho, e que estava à disposição para receber os representantes dos ribeirinhos no Ibama.

Hilário Portes, superintendente socioambiental e de assuntos indígenas da Norte Energia, disse que a intenção deles era errar menos, que aquele era um dia de reflexão, por isso trouxeram uma equipe numerosa, para sair com uma boa dose de inspiração e conhecimentos para depois devolver com o coração aberto para os ribeirinhos, mas que naquele dia não responderia a todas as questões.

Em seguida, Mauro Almeida falou sobre a tendência em escala internacional de reconhecer que áreas de conservação são mais bem protegidas quando cogeridas por coletividades locais. Cristina Adams enfatizou que o território é fundamental para a sobrevivência e a segurança alimentar dos ribeirinhos e, para tanto, é necessária uma área grande o suficiente para garantir o pousio de ciclo longo e curto dos roçados, bem como áreas de preservação permanente, sendo que a área proposta pela Norte Energia é insuficiente para manter o sistema de pousio, o que pode resultar em degradação do solo e redução da biodiversidade.

No intervalo para o almoço, os ribeirinhos estavam ansiosos para que a discussão se direcionasse para soluções concretas. Eles tinham uma solução mas não encontravam espaço para apresentá-la.

A retomada da reunião começou com Francisco Nóbrega, da Comissão Nacional de Direitos Humanos, fazendo uma síntese do que havia sido discutido até então: o modelo de reassentamento na APP é inadequado e insuficiente, pois não recompõe o modo de vida e não garante a permanência das famílias; reitera, portanto, a violação de direitos humanos. Enfatizou a necessidade do Ibama e da Norte Energia terem clareza de que era preciso expandir as áreas, e também era preciso pensar em qual instrumento jurídico seria o mais adequado para garantir o direito ao território.

Assim, seguiu-se um debate entre a Norte Energia, o Ibama e a SPU, no qual os conselheiros não conseguiam entrar. Seus pedidos para falar foram repetidamente negados. Finalmente, quando conseguiram o direito à palavra, levantaram-se e, em frente à mesa onde estavam sentados os representantes das instituições, apresentaram o mapa de sua proposta de território, que garantiria o retorno de todas as famílias reconhecidas (Mapa 9, p. 234).

A apresentação do mapa do Conselho Ribeirinho invertia completamente o fluxo da reunião. Enquanto as instituições patinavam sobre como resolver a questão dos ribeirinhos, sem conseguir chegar a lugar algum, tampouco a critérios mínimos que deveriam orientar a formulação de um reassentamento adequado, os ribeirinhos apresentaram uma solução concreta, o mapa do Território Ribeirinho. Francisco Nóbrega foi o primeiro a celebrar:

Queria saudar o Conselho pela proposta, trouxeram algo concreto, palpável, isso é incrível. Um encaminhamento interessante seria que a Norte Energia se manifestasse sobre a proposta e dissesse se é viável ou não.

(Francisco Nóbrega, Conselho Nacional de Direitos Humanos, Brasília, 2018)

A Norte Energia se comprometeu a apresentar um posicionamento sobre a viabilidade da proposta do Conselho Ribeirinho em um prazo de sessenta dias. Chegar a esse encaminhamento implicou uma negociação entre MPF e o corpo jurídico da empresa que se estendeu noite adentro.

Nesse seminário, aconteceram duas inversões importantes: a suspensão dos estudos de caso e consequente inclusão de todas as famílias reconhecidas pelo Conselho como ribeirinhas; e o consenso em torno da insuficiência da APP para a reterritorialização das famílias e, portanto, a necessidade de aquisição de novas áreas.

No dia seguinte, o Conselho Ribeirinho protocolou o mapa no escritório do Ibama. Henrique, analista do órgão que acompanhava o licenciamento ambiental em Altamira, apresentou o escritório para os conselheiros, e os funcionários ficaram de pé para saudar aqueles que tinham subvertido os morosos e frios processos do licenciamento ambiental. Era a primeira vez que um plano de reparação era colocado pelos atingidos, e não pelos estudos técnicos e os planos oficiais de mitigação de impactos.

Menos de dois meses depois da reunião, a Secretaria de Patrimônio da União, para surpresa de todos, publicou no Diário Oficial três portarias de Auto de Demarcação "visando a reterritorialização das comunidades ribeirinhas atingidas pela instalação da UHE Belo Monte no rio Xingu" (SPU, 2018a). As portarias contemplavam na íntegra o território apresentado pelo Conselho Ribeirinho, para o registro dessas áreas em nome da União para fins de regularização fundiária de interesse social. Por sua vez, a Norte Energia, que tinha pedido prazo de sessenta dias para avaliar a proposta territorial do Conselho, o fez apenas em junho de 2019, ou seja, quase um ano depois.

Terceiro ato

Frente à demora da Norte Energia em propor uma alternativa viável às famílias e dar uma resposta sobre a viabilidade da proposta apresentada, o Conselho Ribeirinho decidiu dar continuidade e aprofundar sua proposta de território. Entre os meses de abril e maio de 2018, fizemos uma viagem de campo para o detalhamento do território, um zoneamento ambiental das áreas e a identificação de elementos da paisagem considerados importantes pelos ribeirinhos. A expedição foi realizada em duas etapas: a primeira, a montante de Altamira, e a segunda, a jusante. O trabalho foi realizado por duas equipes de campo, constituídas por pesquisadores e especialistas locais[60].

Hildo da Costa
Altamira, 2019

Este trabalho foi o melhor que já teve, foi daí que tudo começou a acontecer de verdade. Esclareceu as coisas para o Ibama, porque a Norte Energia falava uma coisa e nós outra. O Ibama pôde ver que aquilo que os ribeirinhos estavam falando batia com a realidade: onde era baixão [no mapa], *era baixão; onde era juquira, era juquira; onde tinha pedral era pedral.*

Cleo Francelino
Aquino
Altamira, 2019

Foi aí que marcamos as áreas de pedral, de baixão, de paliteiro. Com este trabalho nós mostramos a realidade, com este mapa conseguimos orientar melhor os trabalhos. Foi o melhor avanço que tivemos porque mostramos que a gente conhece e que eles não tinham capacidade de fazer.

Conseguimos mostrar para eles tudo aquilo que há tempos vínhamos falando. Eles queriam dizer que sabiam mais do que nós, e fazer do jeito deles, e não do nosso. Esse mapa baixou a crista deles, eles viram que a gente sabia e mostrava aquilo que conhecia, se não tivesse feito o mapa, eles estavam enrolando a gente até hoje.

O zoneamento ambiental do território ribeirinho foi um dos momentos mais bonitos e prazerosos desses anos. Partimos de Altamira em duas voadeiras com provisão para permanecer cinco dias em cada expedição. Na primeira viagem, ficamos arranchados na casa de Raimundão e Fátima. O casal já havia sido reassentado em uma ilha pequenina, que alagava quase completamente no inverno. Na segunda expedição, acampamos na Ilha Bacabal do Cotovelo, da família Cavalcante.

Acordávamos cedo, preparávamos o *frito* – carne frita com farinha – e percorríamos as margens do território até o final da tarde. Por razões de segurança, nos limitamos à beira, por ser uma área já adquirida pela Norte Energia. Tínhamos aparelhos receptores GPS e formulários para caracterização dos pontos. Logo no primeiro dia, os formulários se mostraram aquém daquilo que os ribeirinhos consideravam importante mapear: os ambientes – mata, capoeira, juquira, pasto, igapó, baixão e paliteiro – e elementos da paisagem – açaizal, piracema, grota, rastro de caça, sítio antigo, reassentamentos, pedral e macrófita.

Os elementos da paisagem que os ribeirinhos optaram por mapear eram importantes indicadores para definir o modo de ocupação do território e as futuras regras de uso e gestão territorial, permitindo conciliar a conservação ambiental com as práticas tradicionais. Os locais onde havia presença de baixões alagados, pedrais e macrófitas aquáticas deveriam ser bem avaliados para fins de moradia. Os sítios antigos e os reassentamentos já realizados pela Norte Energia deveriam ser levados em consideração para planejar os locais de moradia de cada família e a reconstituição das redes de vizinhança.

A maior parte do trabalho de campo foi feito por meio de abertura de caminhos na mata, com facão. Para o zoneamento dos ambientes, marcávamos o ponto de transição entre um ambiente e outro. Por exemplo, fim de uma capoeira e início de um pasto. Também registrávamos a extensão do ambiente. Por exemplo, capoeira de 500 metros para o fundo e depois mata. Acordamos essa metodologia em campo e, para verificar se funcionaria, fizemos alguns testes. Os ribeirinhos diziam alguma distância e nós medíamos com o GPS. A precisão de sua avaliação das distâncias nos encorajou a fazer esse mapeamento por estimativa da cobertura do solo, sobretudo dos locais onde não conseguíamos chegar a pé, pela distância, a dificuldade de acesso pelas características do ambiente ou por serem propriedades privadas.

Os trechos onde a presença de baixões alagados, igapós ou mata fechada, dificultavam a abertura de trilhas, percorremos margeando a beira de voadeira. Foi Gilmar quem nomeou os diferentes métodos de mapeamento: *cortando a mata*, quando caminhávamos, e *gepeando*, quando margeamos a beira de voadeira marcando o trecho com o GPS.

A proposta do Conselho Ribeirinho para constituição de um território abrangeu três territórios distintos, um a montante de Altamira, na margem esquerda do rio Xingu, e dois a jusante de Altamira, nas duas margens do rio. A margem direita a montante da cidade foi excluída da proposta por se tratar de uma área destinada à reforma agrária, com presença de diversos pequenos proprietários; na margem esquerda, ao contrário, houve um processo mais intenso de concentração fundiária. Os dois territórios a jusante de Altamira eram também áreas destinadas à reforma agrária e com concentração de pequenos proprietários. Contudo, esse trecho, por ser bastante próximo da principal barragem da usina, a barragem de Pimental, foi profundamente alterado pelo alagamento permanente de extensas áreas, o que resultou no deslocamento de todos os moradores da beira, dentre eles muitos ribeirinhos.

O território a montante, que vai da localidade dos Curica ao Costa Júnior, foi menos impactado pela usina: não se formaram extensos braços de rio e a área alagada de forma permanente se concentrou nas ilhas. Nesse trecho, percorremos antigos seringais em que as marcas dos cortes nas árvores ainda eram visíveis. Certo dia, durante o trabalho, em um desses antigos seringais, encontrei uma velha máquina de costura, daquelas com funcionamento mecânico. Ninguém deu muita importância, mas para mim foi muito significativo, era um vestígio do tempo das colocações dos seringueiros, que perduraram naquela região até o início da década de 1980.

A jusante de Altamira, o cenário era bem diferente: extensos braços de rio se formaram e a floresta, que ficava no centro, agora estava na beira. As tracajás, que desovavam na praia, passaram a desovar no barro. As fazendas de gado, que ficavam longe do rio, agora estavam na margem. Nos braços de rio que se formaram, a vegetação, açaizais mas também mata, morreu, formando extensos paliteiros que impedem a navegação e afetam a qualidade da água pela decomposição de resíduos orgânicos. Para esses territórios, faz especialmente sentido dizer que fazíamos um reconhecimento territorial, no sentido de conhecer de novo, dada as profundas mudanças ecológicas. Muitos dos trechos pelos quais navegamos eram as terras anteriormente ocupadas pelos ribeirinhos: as mangueiras que não alagaram marcavam os antigos locais das moradias, os sítios antigos.

Foi bonito observar, durante o trabalho de campo, a familiaridade que os ribeirinhos tinham com a mata, no jeito de andar, nos gestos leves dos facões que cortavam a vegetação, na habilidade para improvisar locais para o descanso ou um abrigo para a chuva. Chamou-me a atenção um homem que nos acompanhou durante alguns dias que, ao contrário dos outros, caminhava olhando para cima, para a copa das árvores. Eu perguntei se ele trabalhava com madeira, e ele me respondeu que trabalhava derrubando a mata para os outros desde seus oito anos e que agora queria preservar uma terra para sua família. Para mim aquilo deixou claro que a importância do território ribeirinho não era apenas garantir o retorno das famílias que foram expulsas, mas também segurar a degradação e o desmatamento da floresta em uma região de intensa pressão, bem como poderia ser uma alternativa de vida para aqueles jovens que encontravam oportunidade de trabalho apenas no desmatamento e nas fazendas de gado.

O mapa do Território Ribeirinho é fruto de um longo processo de elaboração coletiva que começou em 2015, com uma primeira identificação de áreas de interesse feita pelo GT Ribeirinhos, em novembro daquele ano (Mapa 7, p. 232). O primeiro mapa de áreas adequadas para o reassentamento foi elaborado no âmbito dos Estudos Ribeirinhos da SBPC, em setembro de 2016 (Mapa 8, p. 233). A partir da definição dos critérios e desse primeiro mapeamento, o Conselho Ribeirinho organizou oficinas de cartografia. A última delas aconteceu no teatro de Altamira, em setembro de 2017. O mapa resultante desse processo foi apresentado no Seminário Técnico de Brasília, em fevereiro de 2018 (Mapa 9, p. 234). Por fim, o Conselho Ribeirinho realizou o zoneamento ambiental do território, em abril de 2018, e o plano de espacialização das famílias, concluído em dezembro de 2018 (Mapa 10, p. 236).

Para elaboração do mapa final do Território Ribeirinho, foram realizadas três expedições a campo, duas rodas de conversa com os ribeirinhos já reassentados e diversas oficinas de cartografia e reuniões. Como resultado consolidado desse esforço coletivo, foi definido um conjunto de premissas, que descrevem conceitualmente a dimensão espacial do território ribeirinho, e um conjunto de critérios, que ajudaram a delimitar, de forma precisa, as áreas propostas para a ocupação.

A metodologia que possibilitou sua construção foi uma criação técnica feita por muitas mãos. Os dados de campo que produzimos eram pontos e *tracks* georreferenciados, bem como uma planilha com informações sobre cada ponto e *track*: se a área é adequada para moradia, a caracterização de seu relevo, solo, cobertura vegetal, presença de espécies florestais de interesse para extrativismo, a presença de lavoura, os antigos moradores e proprietários. Os responsáveis pela elaboração final do mapa tinham receio com relação ao método que usamos em campo: a estimativa das extensões de cada ambiente, sem o georreferenciamento do perímetro. Para verificar as informações de campo, sobrepomos os dados a imagens de satélite e fotografias aéreas. As informações quase etnográficas do mapeamento em campo correspondiam às imagens de satélite. Essas informações foram sobrepostas aos dados relativos à cota média de alagamento do reservatório, a delimitação da APP variável, bem como a localização dos reassentamentos já realizados pela Norte Energia (CONSELHO RIBEIRINHO, 2018a e 2018b).

Para dar nitidez ao mapa, escolhemos cores distintas e contrastantes para cada tipo de ambiente: pasto amarelo, juquira laranja, capoeira verde-claro, mata verde-escuro, igapó azul-claro, baixão azul-escuro e paliteiro cinza. Para facilitar a leitura do mapa para aqueles que não tinham familiaridade com a linguagem escrita e cartográfica, a ilustradora Valentina Fraiz fez ilustrações dos diferentes ambientes e ícones para os elementos da paisagem mapeados. Essas ilustrações foram importantes não apenas para facilitar a leitura do mapa, como contribuíram para tornar o mapa um objeto ou produto dos ribeirinhos, na medida em que apresentava uma linguagem nova. Não era como os mapas da empresa, tinha uma outra forma de apresentação, representava de modo sintético os elementos do território que eram reconhecidos e considerados importantes para os ribeirinhos (Mapa 10, p. 236).

Com essas informações consolidadas, foi possível dar início à construção do plano de retorno das famílias. Para garantir a reconstrução das antigas redes de vizinhança, era fundamental que os ribeirinhos definissem o local da futura moradia de cada uma das famílias. Para tanto, imprimimos os mapas em folhas A0, o que permitia sua visualização para um grupo amplo de pessoas e possibilitava que os registros fossem feitos diretamente sobre o mapa impresso. Esse registro analógico das informações era bastante importante para os ribeirinhos, na medida em que permitia a visualização de alterações e a transparência das informações.

Para preparar as oficinais de espacialização das famílias no território, fixamos adesivos coloridos em cada um dos locais adequados para moradia. Esses pontos tinham uma distância mínima de 250 metros entre si. Foram excluídas localidades muito próximas às instalações da usina, áreas de fundo de furo (os braços de rio que se formaram com o enchimento do reservatório), áreas de difícil acesso, áreas com presença de morros ou pedrais, áreas de mata e áreas destinadas ao uso comum, como grotas, castanhais e açaizais. Nas oficinas, os grupos de vizinhança e parentesco foram convidados a definir o local de moradia de cada uma das famílias. À medida que discutíamos as características ambientais de cada lugar, as famílias escolhiam qual seria seu ponto e ao lado de quem morariam. Esses nomes eram anotados em uma planilha que correspondia ao número que estava no mapa. Fomos montando assim a legenda do mapa do Território Ribeirinho, que orientava a reconfiguração dos grupos de vizinhança.

Com essa tabela de pontos relacionados ao lugar de cada uma das famílias, montamos um shapefile, um formato de arquivo que contém dados geoespaciais em forma de vetor usado por Sistemas de Informações Geográficas, ou simplesmente SIG. Esses shapefiles tornaram-se também uma tecnologia de resistência, ao começarem a circular entre as instituições e sobretudo ao serem produzidos pelo Conselho Ribeirinho. É significativo nesse sentido que inicialmente tivéssemos muita dificuldade para acessar informações da empresa. A Norte Energia não liberava seus mapas, quanto menos shapefiles, nem mesmo com os pedidos formais feitos no contexto dos Estudos Ribeirinhos da SBPC. Trabalhamos então com informações de órgãos e plataformas públicas, e com mapas impressos da empresa. Por anos usamos um mapa fundiário impresso, que tivemos que plastificar, pois a empresa simplesmente não respondia aos reiterados pedidos de acesso à informação. Os dados do Incra, aos quais tínhamos acesso, não estavam atualizados e não continham o mesmo detalhamento de informações. Foi apenas quando a Norte Energia foi obrigada a se posicionar sobre o Território Ribeirinho e, portanto, recebeu do Conselho Ribeirinho as informações cartográficas necessárias, que um trânsito de shapefiles começou a acontecer entre as instituições, e aqui me refiro a Norte Energia, a SPU, ao Incra e ao Conselho Ribeirinho.

Retornando ao shapefile da espacialização das famílias no território, havia muito receio, por parte de membros do Conselho, de enviar aquela informação para a Norte Energia. Esse receio estava ligado a possibilidade daquelas informações se tornarem um instrumento de negociação individual da empresa com as famílias, e mesmo de sabotagem do processo de organização social dos ribeirinhos. Esse trabalho de espacialização era fundamental para garantir a reconstituição dos antigos grupos de vizinhança e o controle dos ribeirinhos sobre o processo de retorno. Era justamente esse controle que temiam perder ao repassar as informações mais estratégicas de seu plano de reterritorialização para a empresa. Havia um enorme aprendizado acumulado sobre o quão estratégico é esse tipo de informação e a enorme assimetria em relação à empresa no que diz respeito ao acesso a informações. Por essas razões o Conselho Ribeirinho decidiu enviar para a Norte Energia o shapefile contendo apenas o número dos pontos de moradia, omitindo o nome das famílias. Somente após um longo processo de negociação com a empresa sobre a implantação do território ribeirinho, o conselho decidiu, em 5 de dezembro de 2018, enviar para a empresa a legenda do mapa, ou seja, as informações detalhadas sobre a espacialização das famílias.

A negociação

No dia 18 de outubro de 2018, a Norte Energia, após contratar a empresa de engenharia Worley Parsons para elaborar uma proposta executiva para implantação do território ribeirinho, apresentou uma contraproposta ao Conselho Ribeirinho. Essa contraproposta alterava o modelo de ocupação proposto pela SBPC e pelo Conselho Ribeirinho. A principal mudança era a transferência, para fora dos limites da APP, das áreas de uso direto das famílias. A alteração, segundo a empresa, permitia reduzir a dimensão dessas áreas, tomando por base "aspectos agronômicos, áreas utilizadas antes do deslocamento e a força de trabalho disponível". A contraproposta também considerava que o cálculo da área necessária, estando fora dos limites da APP:

> "Passa a prescindir total ou parcialmente das áreas de pousio, pois deixam de ser indispensáveis as lides de baixo impacto, podendo ser adotadas técnicas usuais na agricultura e de mais alta produtividade."
>
> (WORLEY PARSONS, 2019, p. 10)

Essa afirmação parte do pressuposto de que as técnicas agrícolas tradicionais podem ser substituídas por métodos mais avançados, reduzindo assim o montante de terras necessárias para reassentamento. O paradoxo da proposta também se estendia aos critérios para o dimensionamento das áreas:

> "Critérios indispensáveis para permitir que sejam alcançados os níveis mínimos de produtividade necessários à reposição das condições de produção das famílias ribeirinhas afetadas e permitir sua evolução."
>
> (WORLEY PARSONS, 2018, p. 11)

Ao desconsiderar o sistema agrícola tradicional dos ribeirinhos, que implica em áreas de pousio, a empresa propunha áreas de uso familiar direto de 14, 25 hectares, uma redução em 0,75 hectares da área de produção agrícola de um módulo fiscal mínimo, que na região é de 75 hectares, dos quais 80% devem ser destinados para reserva legal. Ademais, a Norte Energia entrou com processo de consulta ao Ibama e à Secretaria de Meio Ambiente do Estado do Pará para que a APP fosse computada como reserva legal das áreas que seriam adquiridas, reduzindo de forma bastante acentuada a dimensão das áreas necessárias para a implantação do projeto.

A área total do Território Ribeirinho apresentada pelo Conselho tinha dimensão de 33.749 hectares, divididos em três porções. A contraproposta da Norte Energia abrangia uma área de 19.121,22 hectares, sendo que, desses, 11.556,38 hectares já haviam sido adquiridos pela empresa para a constituição da APP, cabendo-lhe comprar somente 7.564,84 hectares para a constituição do território. Se calcularmos a dimensão do modelo de reassentamento rural previsto no Plano Básico Ambiental da usina, para trezentas famílias seria necessária a aquisição de 22500 hectares. Assim, para a Norte Energia, o Território Ribeirinho era conveniente e esses números parecem apontar que a contraproposta foi construída pela empresa a partir da delimitação da necessidade de compra de terras, e não do cálculo da área necessária para a manutenção do modo de vida ribeirinho ou da capacidade de suporte do ambiente.

O Conselho Ribeirinho fez três reuniões com as famílias reconhecidas sobre a contraproposta da Norte Energia, nos dias 20, 25 e 26 de outubro de 2018. Mesmo cientes da redução do território, era de extrema urgência voltar para o rio, voltar para a terra. Decidiram aceitar a contraproposta e apresentar formalmente algumas ressalvas, sistematizadas no documento "Manifestação do Conselho Ribeirinho sobre a contraproposta territorial da Norte Energia"[61]. Na manifestação, o Conselho Ribeirinho afirmava que a contraproposta da Norte Energia oferecia condições mínimas para o retorno das famílias e a retomada de seu modo de vida. A principal ressalva da manifestação dizia respeito à garantia do direito de transmissão de posse aos herdeiros. Durante as negociações, a empresa afirmou que sua responsabilidade estava circunscrita ao tempo de concessão da usina, de trinta anos, portanto não tinha responsabilidade com as gerações futuras ou a permanência das famílias após o término do período de concessão. Os ribeirinhos compararam isso à escravidão: trabalhariam a vida inteira em uma terra que jamais seria sua e não deixariam nada aos seus descendentes. Esse entendimento era reforçado pela atuação dos fiscais da empresa que, ao monitorarem as famílias que já haviam sido reassentadas, reforçavam a informação de que a terra onde estavam não lhes pertencia, que estavam apenas cuidando daquilo que é da Norte Energia.

Em novembro de 2018, o MPF convocou uma reunião técnica em Brasília. Eu fui com três conselheiros, Rita, Cleo e Raimundo, convidamos a professora Cristina Adams para representar os pesquisadores do Estudo da SBPC. Em Brasília, nos reunimos com representantes do MPF, do Ibama, da SPU, da Norte Energia e da Worley Parsons, empresa que elaboraria o projeto executivo do Território Ribeirinho. O objetivo da reunião era avançar na construção de acordos que permitissem o retorno das famílias. Nessa reunião, ficou acordado que a regularização fundiária do território deveria combinar a titulação coletiva com a documentação das posses individuais, mas pouco se aprofundou a esse respeito.

Do ponto de vista legal, o direito ao território estava atrelado ao reconhecimento de um sujeito coletivo de direito, os ribeirinhos. O reconhecimento desse grupo social foi o passo fundamental que permitiu o reconhecimento do direito ao território, como pressuposto do direito à vida, assim como o direito à autodeterminação. A titulação coletiva do território é também um mecanismo de segurança territorial a longo prazo, por impedir ou dificultar o processo de concentração fundiária e grilagem de terras. Mas, para as famílias, é importante a associação dessa titulação coletiva com uma documentação individual de suas áreas, tanto por considerar que tradicionalmente as decisões são tomadas no âmbito da família, como por significar uma garantia maior de seu direito real de uso e ocupação do território, sua transmissibilidade, bem como o acesso a políticas públicas, como aposentadoria e crédito rural.

Outra decisão dessa reunião técnica foi a realização de uma vistoria interinstitucional para avaliar em campo a proposta de território do Conselho Ribeirinho. Essa vistoria aconteceu entre os dias 21 a 27 de novembro daquele ano. Participaram Ibama, Norte Energia, Worley Parsons, Conselho Ribeirinho e grupo de apoio. A Norte Energia levou drones, a Worley Parsons mapas sobrepostos a imagens de satélite, o Conselho Ribeirinho seu mapa de zoneamento ambiental do Território Ribeirinho.

Em campo, o mapa que se mostrou mais aderente à realidade e mais completo em termos das informações que apresentava, foi o do Conselho Ribeirinho. Os conselheiros assumiram a condução da vistoria, informando e orientando aquilo que deveria ser observado e registrado. Mais uma vez, ficou claro que, mesmo em um contexto de profundas mudanças ecológicas, eram eles que melhor conheciam as dinâmicas do rio, e que melhor sabiam avaliar as áreas adequadas para viver, a partir de seu conhecimento histórico dos ciclos de cheia e vazante do rio e de seu conhecimento sobre aquelas terras. Foi fundamental a aliança entre o conhecimento dos ribeirinhos e o conhecimento técnico do grupo de apoio, que permitiu condensar em uma base cartográfica todas as informações relevantes, para que fossem mostradas e demonstradas para as instituições.

Desde a vistoria, o mapa do Conselho Ribeirinho foi incorporado em todas as discussões técnicas com o órgão licenciador e a empresa, e passou a ser a base cartográfica utilizada pela Worley Parsons, que se viu obrigada a adotar até mesmo a paleta de cores escolhidas para representar cada ambiente, visto que as famílias já tinham se familiarizado com aquela representação. Essa pode parecer uma informação trivial, mas, na prática, significa que, na guerra dos mapas, que começou com a refutação dos ribeirinhos dos mapas apresentados pelo governo e pela empresa, os ribeirinhos conseguiram inverter completamente o cenário, fazendo com que o seu mapa territorial se tornasse a principal referência no âmbito do processo de licenciamento ambiental e nas negociações para seu retorno para as margens do rio Xingu. Depois de três anos de trabalho, a empresa foi obrigada a reconhecer os ribeirinhos, incluindo em seu vocabulário não só sua categoria identitária, mas o Território Ribeirinho enquanto modelo de reassentamento e reparação a ser executado como condição para a operação da usina.

*

Entre novembro de 2018 e fevereiro de 2019, o Conselho Ribeirinho realizou uma sequência de reuniões com a Worley Parsons para pactuar o contorno do Território Ribeirinho. O objetivo era minimizar o risco de conflitos fundiários, garantir a aptidão agrícola das áreas destinadas ao uso familiar direto e a localização adequada dos pontos de moradia e das áreas de roça de cada uma das famílias. Na proposta da empresa, os pontos de moradia foram mantidos no interior da APP para garantir o acesso ao rio, e as áreas de roça foram transferidas para fora desse limite, tendo em vista as restrições ambientais que incidem sobre as áreas de preservação permanente.

A metodologia acordada entre o Conselho Ribeirinho e a empresa foi a entrega, por parte da empresa, das pranchas cartográficas detalhadas de sua contraproposta territorial. O Conselho Ribeirinho então as analisava e em seguida discutia com a empresa a necessidade de ajustes. Entre fevereiro e maio de 2019, o território foi discutido ponto a ponto com o Conselho Ribeirinho e a quase totalidade das famílias reconhecidas, que foram consultadas com relação à adequação dos pontos de moradia e áreas de roça.

Ao término de todo o processo meticuloso de negociação, é evidente que a Norte Energia incorporou as categorias "ribeirinho" e "território" em seus documentos e projetos. Contudo, não incorporou o significado pleno dos termos, na medida em que ainda vincula o início da implementação do território ribeirinho à assinatura de um contrato com cada uma das famílias, que incide, sobretudo sobre sua concordância com relação às restrições ambientais, regras de uso e o limite das obrigações da empresa[62].

Se os ribeirinhos aceitaram a contraproposta da Norte Energia, isso não aconteceu de forma passiva; ao contrário, negociaram cada pormenor da burocracia. Ao mesmo tempo em que discutiam com a empresa, cujo interesse principal era reduzir ao máximo a necessidade de compra de terras, cada ponto e linha do mapa, tinham que rebater e justificar as recomendações técnicas do Ibama, cuja preocupação era a preservação ambiental e das dinâmicas ecológicas da APP frente ao adensamento populacional que aconteceria com o reassentamento. Esse debate chegou ao absurdo de o órgão licenciador sugerir a proibição do cultivo de espécies exóticas, sendo que na lista dessas espécies estavam banana, manga e cítricos em geral, ou seja, cultivos centenários na região e fundamental na dieta das famílias.

Para superar esse embate técnico, que mais uma vez cerceava o direito dos ribeirinhos serem quem eram, e viverem do modo como viviam, foi necessário, novamente, acionar as técnicas de coprodução de conhecimento e a elaboração de produtos de guerra. Dessa vez, o Conselho Ribeirinho acionou a rede de pesquisadores, articulada desde a realização dos Estudos Ribeirinhos da SBPC, para a elaboração de um parecer técnico sobre o uso e a recuperação da APP do reservatório[63]. Esse parecer reuniu pesquisadores de diferentes disciplinas – antropologia, arqueologia, ecologia e direito – para demonstrar que não se tratava de preservar a APP, mas de recuperá-la, sugerindo mecanismos para assegurar sua função ecológica e social:

> "Diante das alterações ecológicas provocadas pelo enchimento do reservatório, a APP não cumpre mais as mesmas funções ecológicas que exercia anteriormente (regulação do fluxo hidrológico, cadeias alimentares, ciclos reprodutivos etc.), ao contrário, uma nova APP está sendo construída a partir do

> enchimento do reservatório e da substituição da APP original que beirava o rio Xingu. Portanto, é evidente que já ocorreu impacto na vegetação original e aquela que agora ocorre nas áreas de APP não é típica de beira de rios/lagos da Amazônia."
> (CONSELHO RIBEIRINHO ET. AL.,2019, p. 5)

O parecer indicava que o reservatório da usina é um novo sistema socioecológico para o qual novos mecanismos de gestão deveriam ser criados.

> "É preciso desenvolver arranjos sociais flexíveis que sejam aptos à construção coletiva de regras, instituições e incentivos que respondam e se adaptem às mudanças dos sistemas socioecológicos. Uma destas abordagens é a cogestão adaptativa, que pode ser definida como um processo de gestão de longo prazo, em que diversos atores democratizam a tomada de decisões, compartilham responsabilidades, criam mecanismos de resolução de problemas, incentivam o uso de diferentes tipos de conhecimento para orientar suas decisões e trabalham em redes e parcerias. Ao mesmo tempo, avaliam e incorporam constantemente os aprendizados para novas ações, considerando complexidades e incertezas de forma sistêmica."
> (CONSELHO RIBEIRINHO ET. AL.,2019, p. 6)

Esse parecer foi fundamental para consolidar alguns avanços no âmbito do licenciamento ambiental, incidiu, em alguma medida, na incorporação, por parte do Ibama (IBAMA, 2019b), daquilo que o Conselho Ribeirinho havia proposto em seus mapas, manifestações, ofícios e notas técnicas: as regras de transmissão deveriam ser construídas e discutidas com o Conselho, as espécies exóticas naturalizadas poderiam continuar a serem cultivadas, o extrativismo de produtos não-madeireiros poderiam compor a renda das famílias.

A retomada

Antes das ilhas afogarem e das casas serem demolidas, as mulheres salvaram mudas de roupas, de plantas e de galinhas. Raimunda plantou o pé de pinhão-pajé na porta de sua nova casa, em um bairro bastante distante do centro de Altamira, ela não quis ir para os novos bairros monocromáticos da Norte Energia. Dona Maria das Graças levou os pintinhos que tinha para sua casa, no centro da cidade, e reservou para eles um cômodo. Dona Isabel salvou as tábuas de madeira de sua casa na ilha para reconstruir um pouco de seu mundo no bairro do Mexicano.

Dona Joana perdeu primeiro a casa na cidade, depois na ilha. Quando saiu da casa na cidade, perdeu os vizinhos com quem vivia, as ruas que percorria, os lugares que a faziam se sentir em casa. Perdeu também tudo aquilo que tinha na ilha e, sem um chão conhecido embaixo dos pés, adoeceu, não queria sair do quarto, depois da cama. Dona Joana se casou cedo, aos 15 anos, e dedicou a vida à família, pescando e plantando com seu marido, cuidando de seus filhos. Era uma mulher de poucas palavras, que pouco falava com pessoas de fora. Ao perder o mundo que conhecia e que a fazia se sentir segura, entrou em uma crise profunda de depressão. Quando ouviu rumores de que os ribeirinhos estavam se reunindo para discutir o retorno ao beiradão, juntou as forças que ainda tinha para procurar saber o que estava acontecendo. Assim, dona Joana começou a participar das reuniões. Primeiro, muito tímida, pouco falava. Com o tempo, foi ganhando confiança e foi eleita como conselheira, passando a frequentar cada vez mais espaços de discussão.

As reuniões possibilitaram a dona Joana reencontrar vizinhos que não via havia tempos e encontrar tantos outros ribeirinhos que estavam em sua mesma situação, longe dos seus, do rio e da terra. Dona Joana queria garantir o direito ao retorno para si e para os seus, mas não sabia bem como funcionavam os mecanismos e dispositivos da empresa. Primeiro, resolveu falar, contar a própria história que a permitia que dona Joana retomasse os sentidos de sua vida. O que para ela havia sido uma vida simples e pouco significativa, ganhava uma nova potência na medida em que a identidade ribeirinha era valorizada pelo coletivo e por todos aqueles que estavam próximos. Isso fez com que dona Joana revisitasse sua própria história, trazendo à tona um sentimento de orgulho e pertença que jamais havia sentido antes. Dona Joana perdeu seu antigo receio e começou a falar nas reuniões, pois sentia-se finalmente parte de algo maior. Decidiu retomar os estudos: era importante saber ler, e assim não seria mais trapaceada. Era necessário entender por si mesma todos aqueles documentos que iam e vinham. Refez os óculos, comprou uma pasta e uma agenda, começou a tomar nota nas reuniões e a decodificar os documentos sequenciados que mediavam a relação dos ribeirinhos com a empresa.

Dona Joana já não passava os dias em casa, quando estava lá, muitos iam procurá-la para saber das novidades, se tinham alguma resposta da Norte Energia, como estavam as negociações do Território Ribeirinho. Começou a sofrer com o ciúme do marido, que não estava acostumado a esse novo lugar que sua esposa ocupava no mundo. Com o tempo, o marido percebeu que essa nova dinâmica na vida de Joana tinha não apenas encerrado sua depressão, como também tirado da invisibilidade muitos ribeirinhos, homens e mulheres, que tiveram direitos e identidades negados.

Esse processo, a retomada da vida através do engajamento na organização social dos ribeirinhos, não foi apenas algo vivido por ela, mas partilhado por todos e, de forma particularmente forte, pelas mulheres. O Conselho Ribeirinho tem uma composição equitativa entre homens e mulheres, mas é interessante que seus parceiros, instituições e grupo de apoio, são constituídos quase que exclusivamente de mulheres.

A nossa luta não vai mais parar, agora é que vai começar.
Nós somos ribeirinhos, não vamos fracassar,
Na luta pela terra, para bem viver e amar.

As mulheres imprimiam dinâmicas próprias ao modo de organização do Conselho Ribeirinho: eram elas quem insistiam para iniciar todos os encontros com uma prece, que enfeitavam com flores e frutos as salas de reunião e que cantavam. A música acima foi criada por essas mulheres e passou a fazer parte da dinâmica das reuniões. *Fracassar* é um termo associado a uma atividade produtiva que não teve êxito, ou a um recurso que se tornou escasso. Ouvi muitas vezes o termo associado à pesca. Nessa música, o termo está associado à luta pela terra. A canção marca um importante ponto de inflexão no processo de organização social e política dos ribeirinhos: marca o momento em que o luto e a denúncia começam a ceder espaço para a formulação ativa de estratégias de resistência, a luta.

Essa luta, a resistência dos ribeirinhos, tinha como principal finalidade garantir formas distintas de existência, um determinado modo de vida e de produção, a persistência de identidades e territorialidades específicas que haviam sido ocultadas e interrompidas pela imposição de outras lógicas. Nesse processo, as mulheres conseguiram um novo protagonismo, tornando-se porta-vozes desses outros modos de existência. Os ribeirinhos também conseguiram algo sem precedentes: incluir no processo de licenciamento ambiental de uma das maiores usinas hidrelétricas do mundo um modelo de reparação inovador, criado por eles, o "Território Ribeirinho", o que constituiu uma instância de mediação e representação reconhecida por todos os atores, o Conselho Ribeirinho.

A resistência dos ribeirinhos à usina de Belo Monte foi uma resistência ontológica. Foi preciso primeiro implodir os dispositivos da empresa que apagavam a diversidade cultural e transformava sujeitos em uma massa indiferenciada e congelada em códigos fundiários. Ao serem reconhecidos como um sujeito coletivo de direitos, os ribeirinhos recuperaram sua identidade e agência. Foi a partir do resgate da própria identidade que se tornou possível repensar a história e redefinir ações estratégicas para reconstruir trajetórias individuais, e retomar a vida coletiva.

Se o Território Ribeirinho, no início do ano de 2021, ainda não está consolidado e as negociações seguem, muitas foram as conquistas, como a retomada do próprio lugar no mundo, o fortalecimento de suas redes sociais e o reconhecimento da importância de seus conhecimentos e modos de habitar o mundo. Se 121 famílias já foram reassentadas pela Norte Energia, outras têm retornado de forma autônoma e discreta para o território, dada a impossibilidade de continuarem a viver na cidade. Hoje, a comunidade São Lázaro do Rio voltou a existir, embora alguns de seus membros ainda aguardem a concretização de seu direito ao retorno. Há cerca de dois anos, os moradores construíram uma nova escola, que recebeu o mesmo nome da antiga comunidade. Hoje, essa escola conta com Ensino Fundamental completo. Diane, que ainda aguarda o direito de retornar para seu lugar, sua casinha rodeada de pés de cacau, é a merendeira da escola. Recentemente, a comunidade se organizou e conseguiu instalar placas solares. Da Norte Energia, São Lázaro do Rio não quer nem a eletricidade.

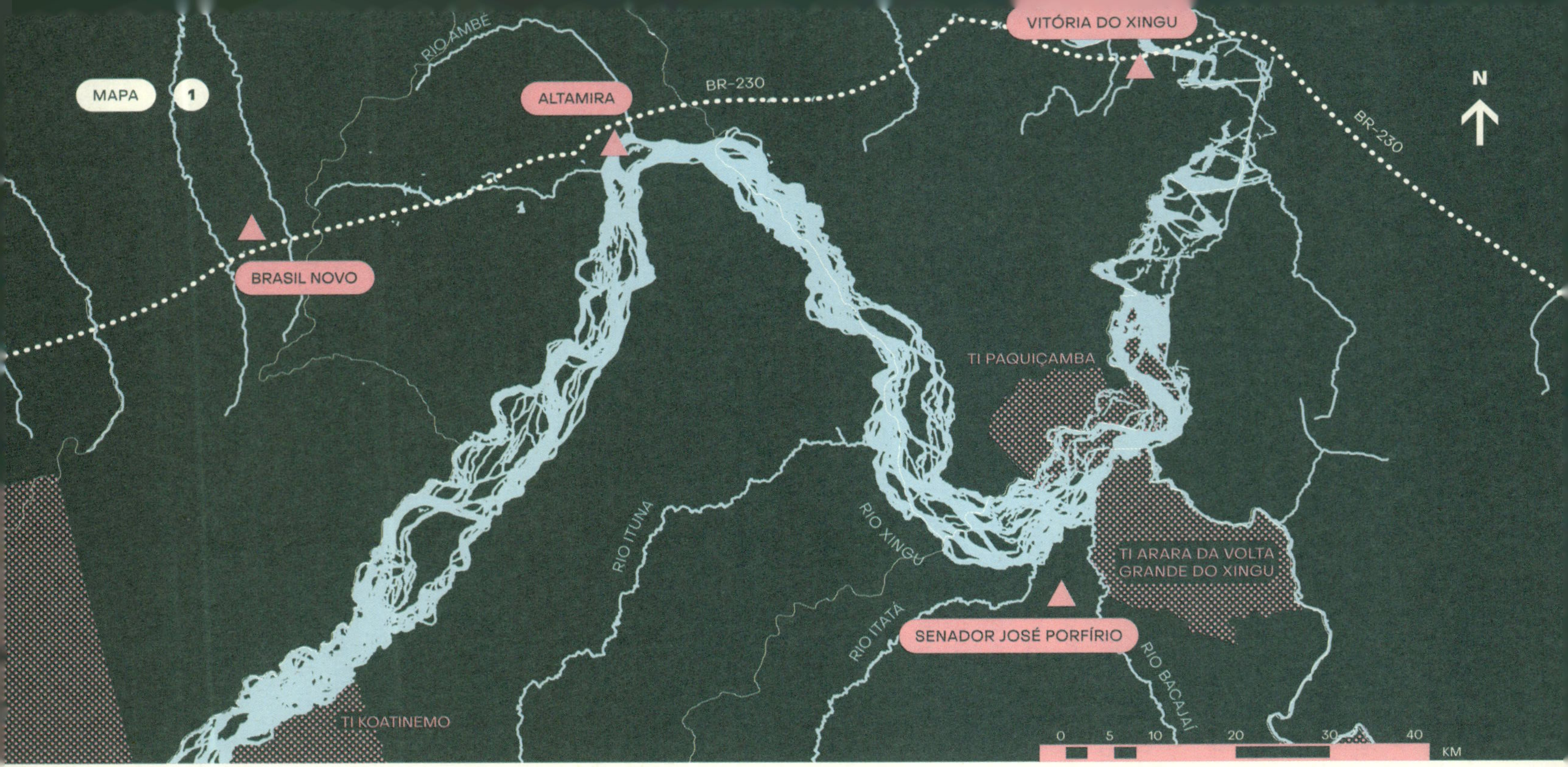

LOCALIZAÇÃO DO RIO XINGU E MUNICÍPIOS

O rio Xingu percorre os estados do Mato Grosso e do Pará, com quase 2 mil quilômetros de extensão, sendo um dos principais afluentes do Amazonas. A bacia do rio Xingu é uma das regiões mais ricas em diversidade cultural e ecológica do mundo: existem 20 terras indígenas e 10 unidades de conservação, que juntas somam 28 milhões de hectares de áreas protegidas. Altamira fica no médio Xingu, onde vivem os povos indígenas Asurini, Araweté, Parakanã, Juruna, Xipaya, Kuruaya, Xikrin, Kararaô e Arara. No *beiradão*, as ilhas e beiras dos rios e igarapés, vivem os beiradeiros ou ribeirinhos.

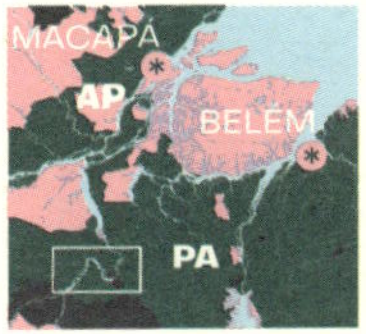

RIOS
TERRA INDÍGENA
MUNICÍPIOS

1

LOCALIDADES RIBEIRINHAS ATINGIDAS PELO ENCHIMENTO DO RESERVATÓRIO PRINCIPAL DA UHE BELO MONTE

A Volta Grande do Xingu é a maior extensão de cachoeiras da Amazônia, um obstáculo à navegação contínua desde o rio Amazonas que, no passado, protegeu a região das frentes de colonização. As localidades ribeirinhas surgiram, sobretudo, a partir do início do século XX, com uma migração impulsionada pela extração do látex das seringueiras. Este pequeno trecho de rio acolhe muitas histórias de guerras e alianças, e uma diversidade de sistemas de conhecimento sofisticados que garantiram uma vida de fartura associada à conservação da floresta.

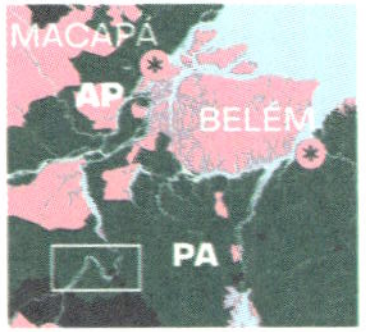

RIOS
TERRA INDÍGENA
MUNICÍPIOS
LOCALIDADES
RESERVATÓRIO DA UHE BELO MONTE

2

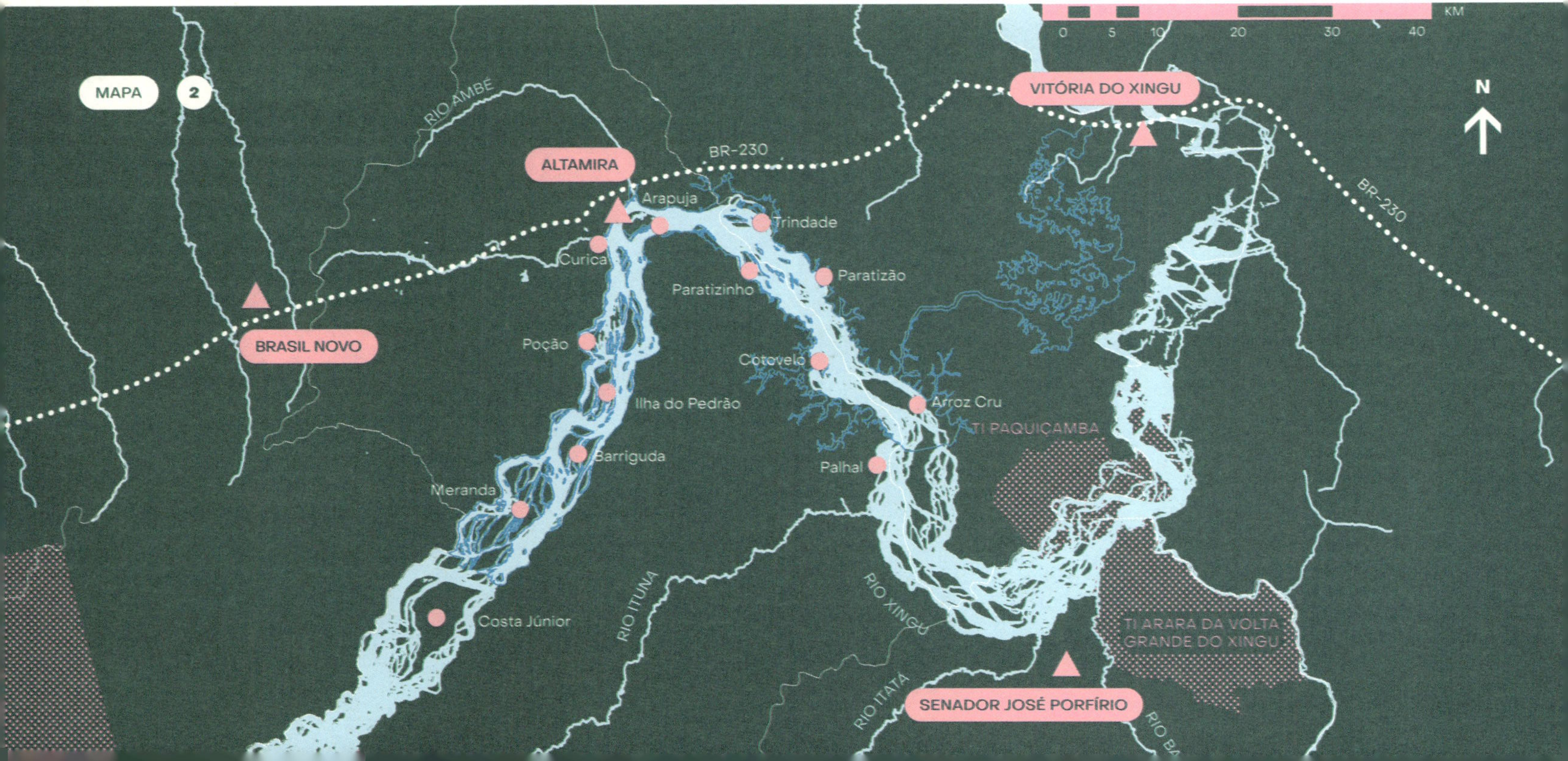

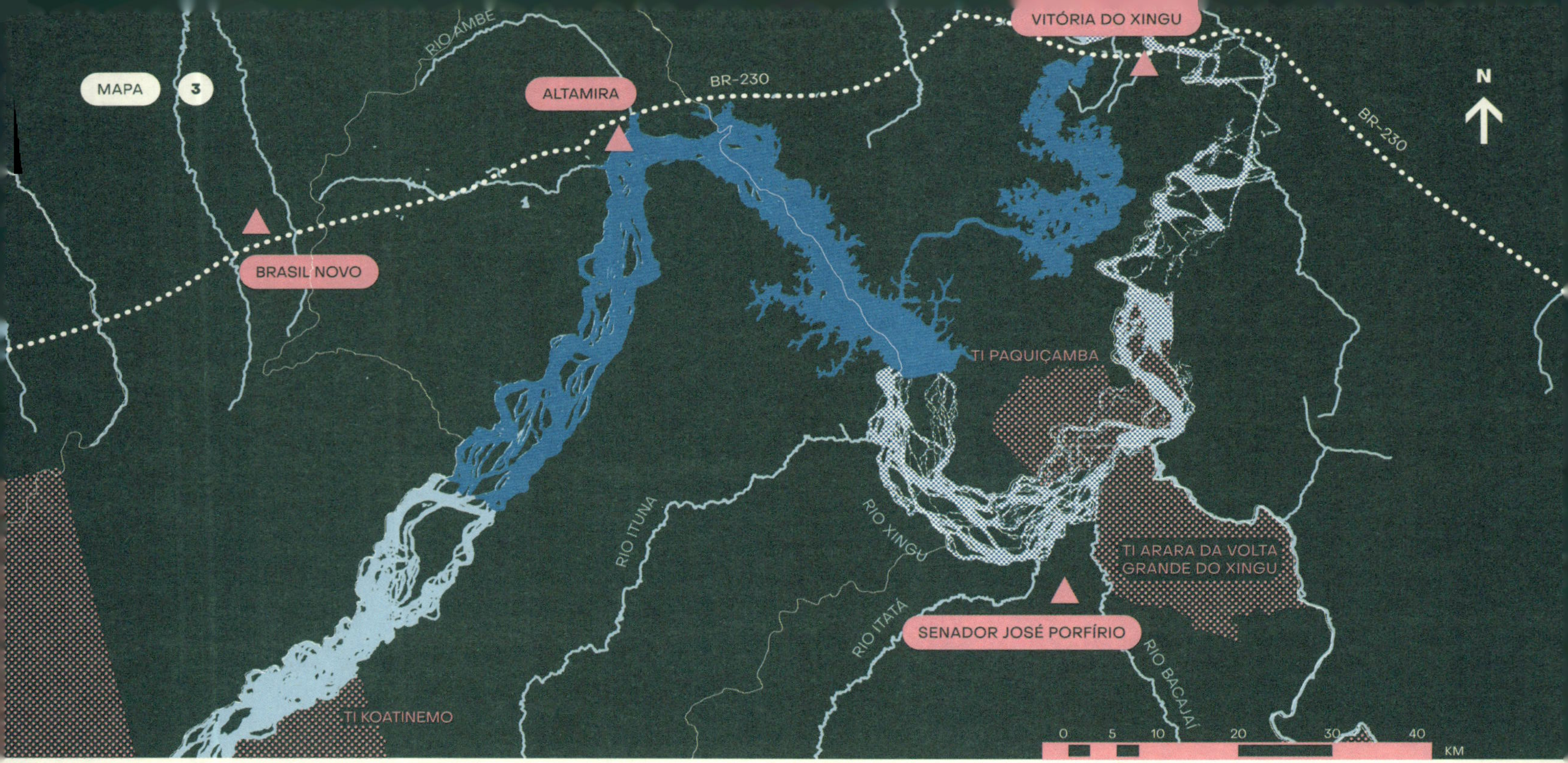

ALTERAÇÕES PROVOCADAS PELO BARRAMENTO DO RIO XINGU

As principais instalações da UHE Belo Monte foram construídas em locais de ocupação muito antiga, importantes para a atividade pesqueira e para a reprodução da fauna aquática. O barramento do rio cindiu a Volta Grande do Xingu em duas. Com a alteração do fluxo natural do rio, a parte alagada sofreu severa deterioração ambiental, com a vegetação apodrecendo no leito do rio e o desaparecimento das praias; a parte de onde a água foi desviada, cerca de 130 quilômetros de rio, está em permanente stress hídrico, o que significa uma grave ameaça para a continuidade da vida na região.

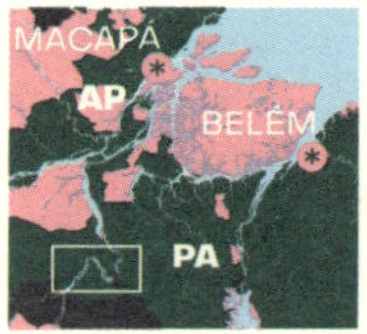

RIOS
TERRA INDÍGENA
MUNICÍPIOS
RESERVATÓRIO
TRECHO DE VAZÃO REDUZIDA

3

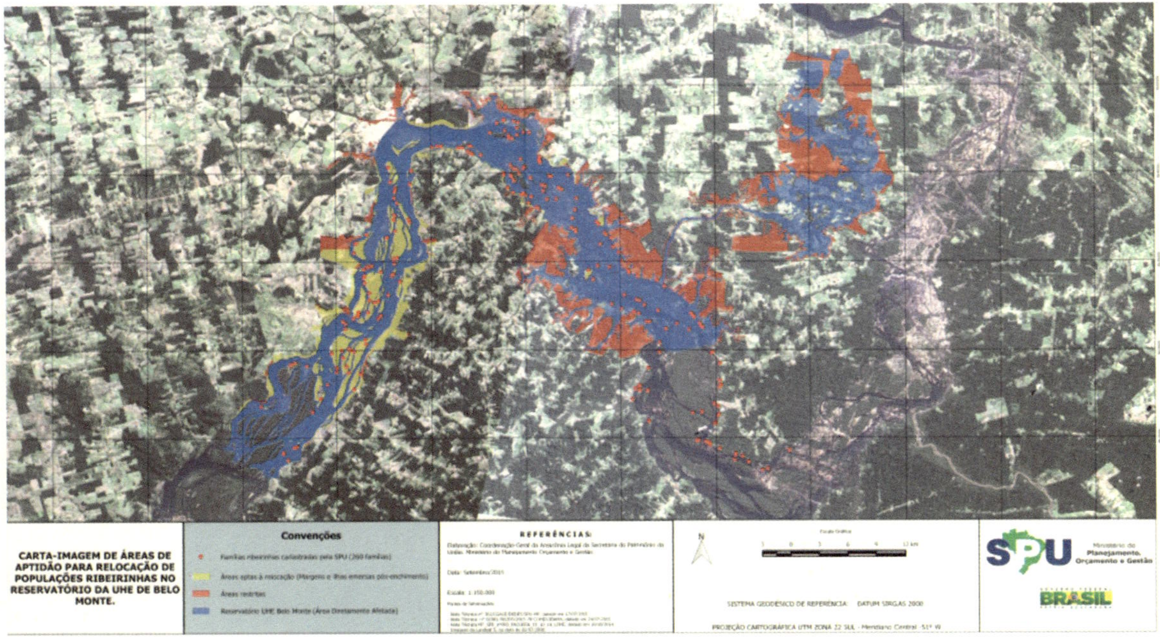

MAPA 4

FAMÍLIAS RIBEIRINHAS CADASTRADAS PELA SPU (260 FAMÍLIAS)

ÁREAS APTAS À REALOCAÇÃO (MARGENS E ILHAS EMERSAS PÓS-ENCHIMENTO)

ÁREAS RESTRITAS

RESERVATÓRIO UHE BELO MONTE (ÁREA DIRETAMENTE AFETADA)

MAPA DA SPU: 4
"ÁREAS DE APTIDÃO PARA REALOCAÇÃO DE POPULAÇÕES RIBEIRINHAS NO RESERVATÓRIODA UHE BELO MONTE" (SPU, 2015)

Este mapa foi apresentado pela SPU e pelo Ibama como uma primeira proposta para garantir o retorno dos ribeirinhos para as margens do rio Xingu, definindo áreas adequadas para reocupação e áreas restritas. A proposta foi logo refutada, os ribeirinhos consideraram que a maioria das áreas eram inadequadas, pois alagavam todos os anos, além de serem insuficientes. Em 2018, a SPU, em resposta ao território demandado pelos ribeirinhos, publicou três Portarias de Auto de Demarcação com o detalhamento fundiário e a destinação de um Território Ribeirinho para o reassentamento, que comportaria de forma adequada todas as famílias ribeirinhas deslocadas pela usina.

REASSENTAMENTOS EM ILHAS REMANESCENTE E ILHAS NOVAS (RIR)
Os primeiros reassentamentos realizados pela Norte Energia foram em ilhas remanescentes, que permaneceram emersas. Em seguida, foram os reassentamentos em ilhas novas, que se formaram com o enchimento do reservatório. Essas áreas têm 100 metros de frente, por 200 de fundo, são inadequadas para atividades agrícolas, por serem pequenas, alagadiças ou pedregosas. No destaque a ilha do Pedrão, foram reassentadas 11 famílias onde vivia apenas uma.

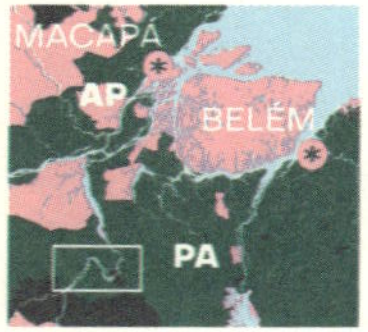

- RIOS
- TERRA INDÍGENA
- MUNICÍPIOS
- RESERVATÓRIO
- TRECHO DE VAZÃO REDUZIDA
- APP VARIÁVEL
- REASSENTAMENTOS EM ILHAS REMANESCENTES
- REASSENTAMENTOS EM ILHAS NOVAS

A TERRA REDONDA DA NORTE ENERGIA: REASSENTAMENTOS EM ÁREAS DE APP

Em 2016 começaram os reassentamentos na terra firme. Os "pontos de ocupação" foram definidos de forma arbitrária: um semicírculo de 250 metros de raio. Com limites pouco claros e em formato de meia lua, o modelo foi chamado pelos ribeirinhos de terra redonda. Esses reassentamentos, com condição ecológica um pouco melhor que os anteriores, ainda não garantem a reprodução da vida ribeirinha ao longo do tempo, por suas dimensões e restrições ambientais.

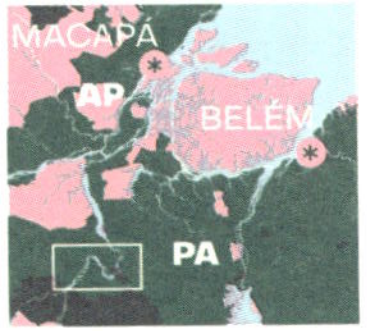

RIOS
TERRA INDÍGENA
MUNICÍPIOS
RESERVATÓRIO
TRECHO DE VAZÃO REDUZIDA
APP VARIÁVEL
REASSENTAMENTOS EM ILHAS REMANESCENTES E ILHAS NOVAS
REASSENTAMENTOS EM ÁREAS DE APP

6

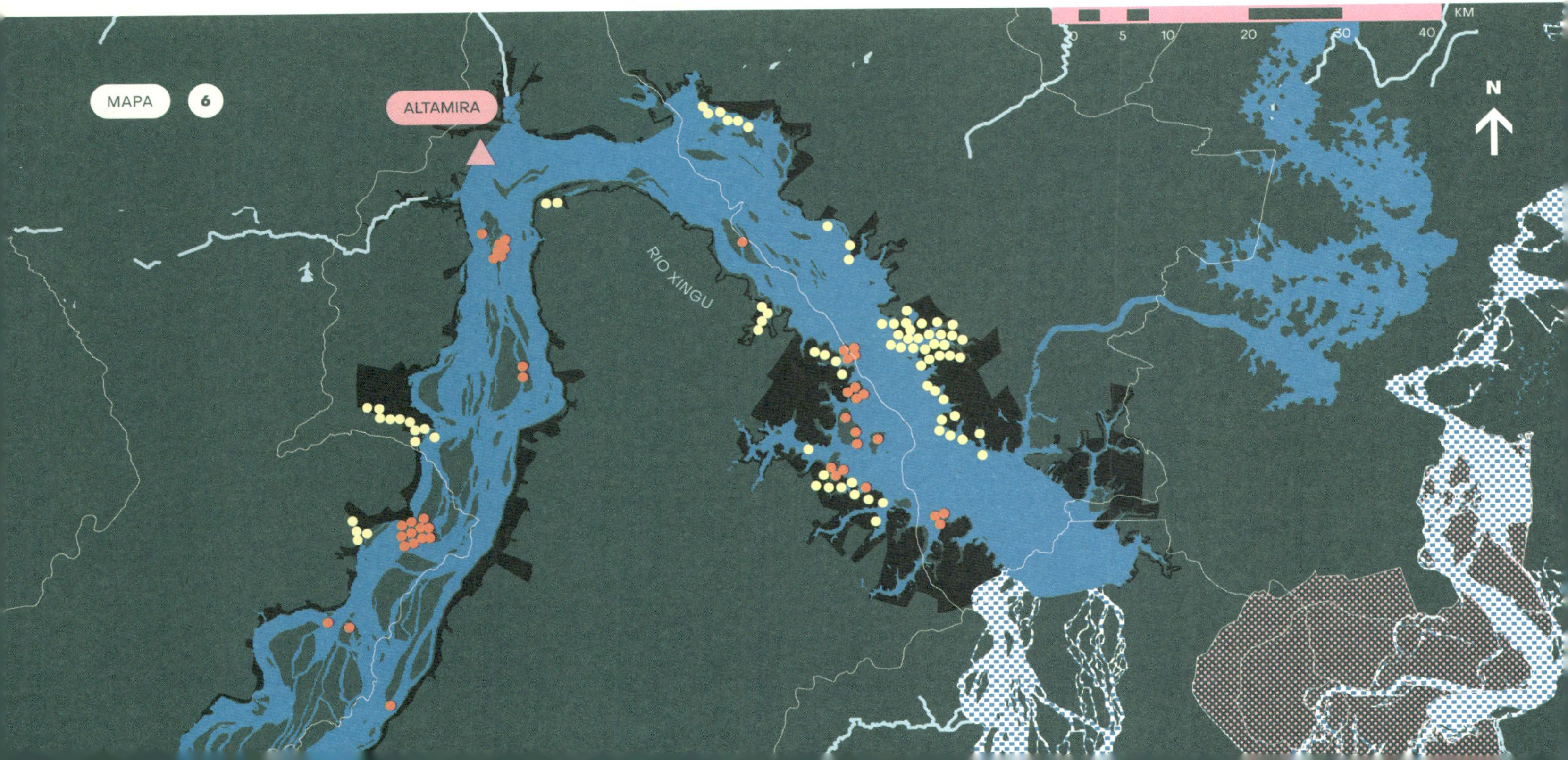

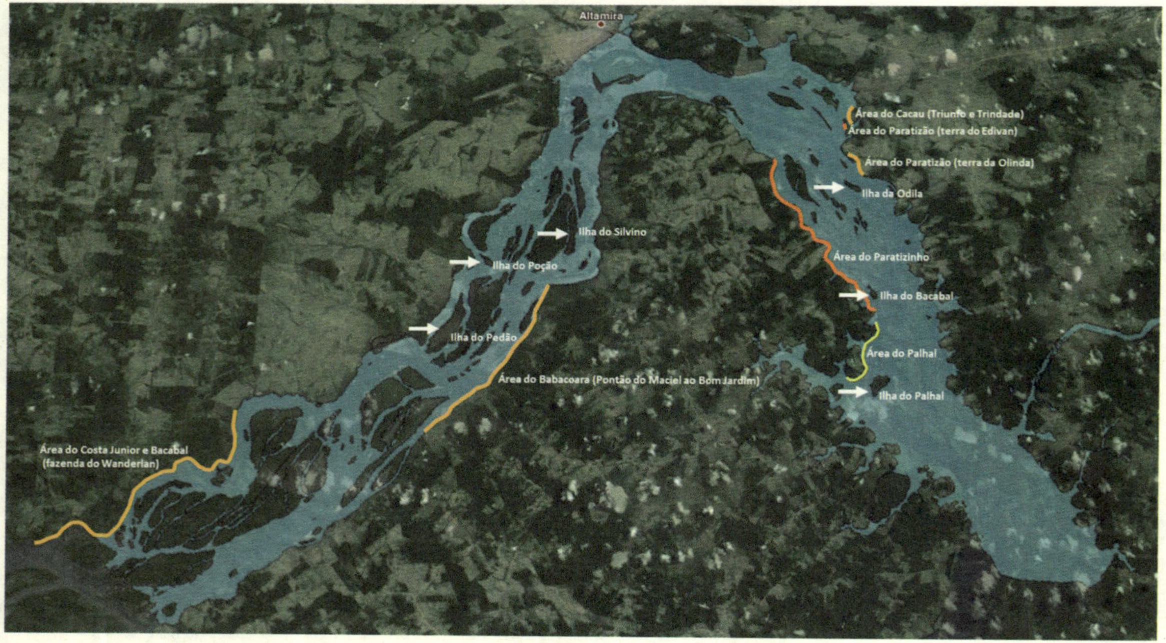

ÁREAS ADEQUADAS PARA REOCUPAÇÃO
(GT RIBEIRINHOS, 2015)

Em 2015, os ribeirinhos avaliaram o Mapa da SPU e discutiram critérios mínimos para garantir a viabilidade do retorno para o rio Xingu. As principais premissas definidas foram o reassentamento em terra firme, na margem do rio; a disponibilidade de água potável, com abertura de poços; áreas de 8 alqueires por família (cerca de 32 ha); e a recomposição das redes de vizinhança. A dimensão das áreas propostas tinha por objetivo assegurar a reprodução do modo de vida ao longo do tempo, a agricultura de pousio, o cultivo em sistema agroflorestal e a conservação e recuperação da mata nativa. Também representava uma segurança frente a enorme redução do estoque pesqueiro e da produtividade da pesca desde o início da instalação da usina.

MAPA 7

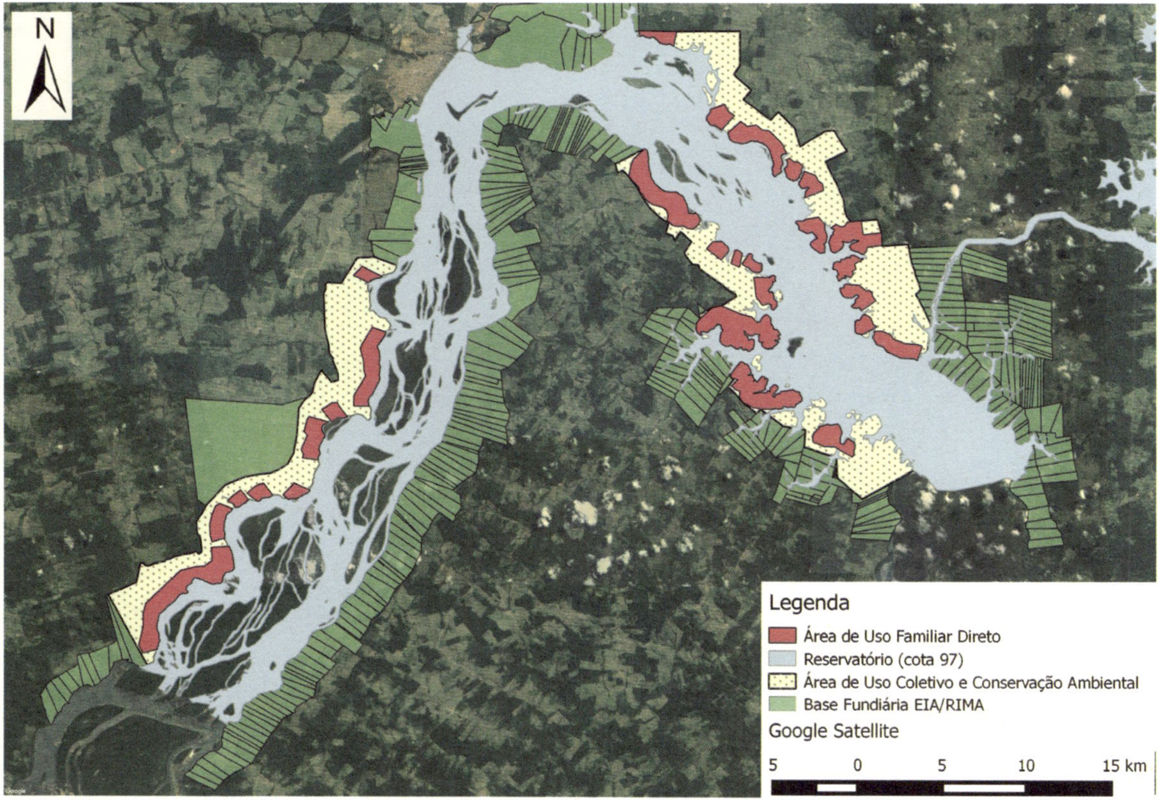

MAPA DA SBPC:
"ÁREAS POTENCIAIS INDICADAS PARA O ASSENTAMENTO DAS FAMÍLIAS RIBEIRINHAS NO RESERVATÓRIO DE BELO MONTE"
(SBPC, 2017, p. 351)

A proposta inicial do Território Ribeirinho é resultado da colaboração entre ribeirinhos e pesquisadores de referência em diversas áreas do conhecimento. O cálculo das áreas necessárias para a reterritorialização das famílias previu áreas de uso familiar direto, áreas de uso comum e áreas destinadas à conservação. Para as áreas de uso familiar direto foram estimados, por família: 2 ha para a área de moradia; 10 ha para a agricultura, para permitir a continuidade da agricultura de pousio, e 4 ha para formação de culturas permanentes.

A partir da espacialização proposta pelo GT Ribeirinhos, buscou-se priorizar regiões onde havia concentração fundiária, interferência anterior da usina, buscando reduzir também a interferência em projetos de reforma agrária.

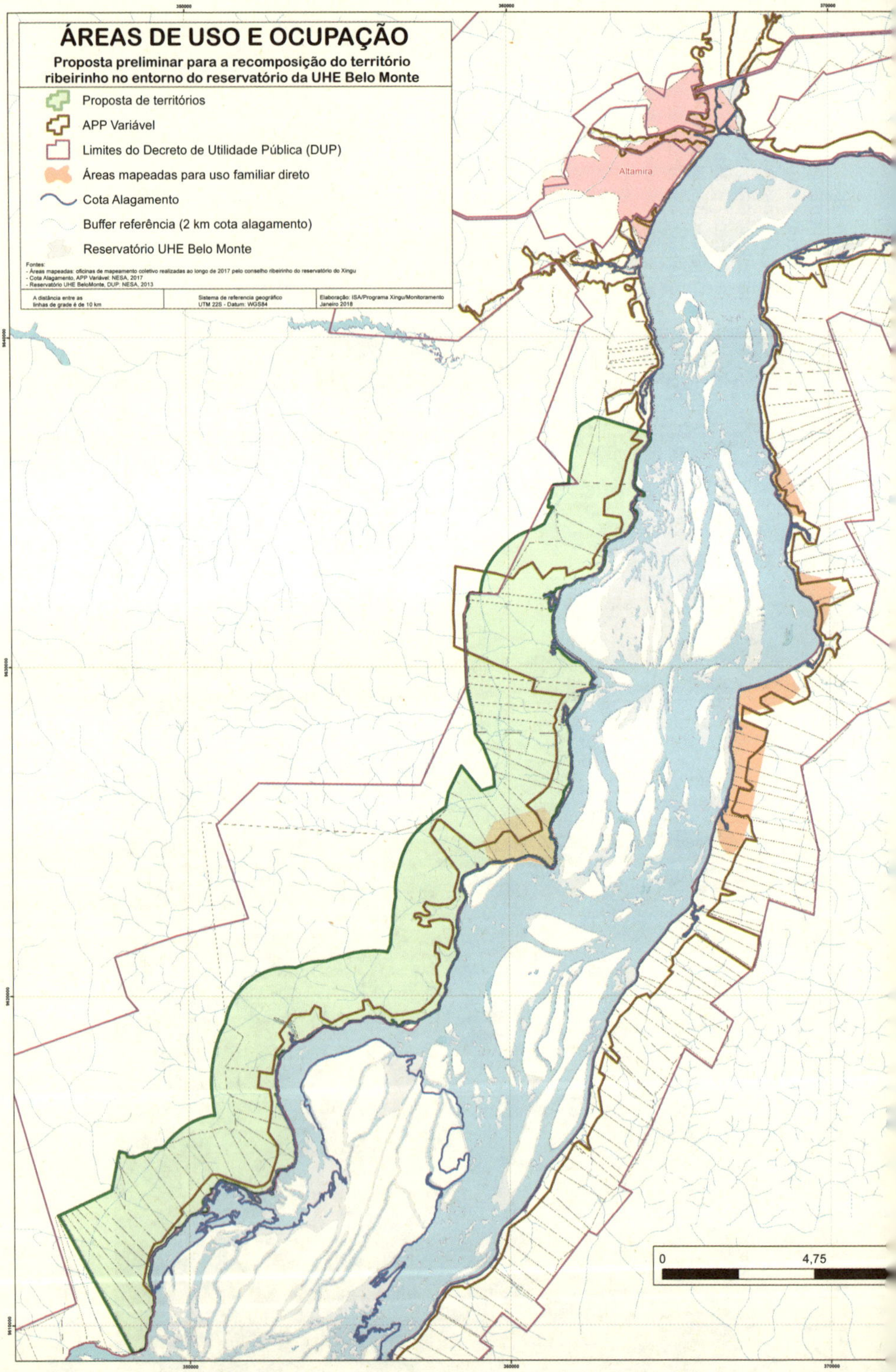

ÁREAS DE USO E OCUPAÇÃO
Proposta preliminar para a recomposição do território ribeirinho no entorno do reservatório da UHE Belo Monte
Proposta de territórios
APP Variável
Limites do Decreto de Utilidade Pública (DUP)
Áreas mapeadas para uso familiar direto
Cota Alagamento
Buffer referência (2 km cota alagamento)
Reservatório UHE Belo Monte
Fontes:
- Áreas mapeadas: oficinas de mapeamento coletivo realizadas ao longo de 2017 pelo conselho ribeirinho do reservatório do Xingu
- Cota Alagamento, APP Variável: NESA, 2017
- Reservatório UHE BeloMonte, DUP: NESA, 2013
A distância entre as linhas de grade é de 10 km
Sistema de referencia geográfico UTM 22S - Datum: WGS84
Elaboração: ISA/Programa Xingu/Monitoramento Janeiro 2018
Altamira
0
4,75

ÁREAS DE USO E OCUPAÇÃO: PROPOSTA PRELIMINAR PARA RECOMPOSIÇÃO DO MODO DE VIDA RIBEIRINHO NO ENTORNO DO RESERVATÓRIO DA UHE BELO MONTE (CONSELHO RIBEIRINHO, 2018)

Este mapa foi apresentado pelo Conselho Ribeirinho em um seminário técnico realizado em 2018 na cidade de Brasília. Trata-se de um detalhamento da proposta inicial elaborada pela SBPC. Neste mapa foi incluída a conectividade entre as áreas de moradia, uso familiar e coletivo. Os marcos para a definição dos limites do território proposto foram as zonas de extrativismo, o limite da área urbana, os reassentamentos já efetuados e a infraestrutura da usina. A partir da cota de alagamento do reservatório foi plotado um buffer de 2 km, que corresponde à distância média percorrida em atividades extrativistas. A margem direita a montante da cidade de Altamira foi excluída por ser destinada a projetos de reforma agrária, o mesmo não ocorreu na margem a jusante, por já ter sido alvo de grande desapropriação por parte da empresa.

MAPA 9

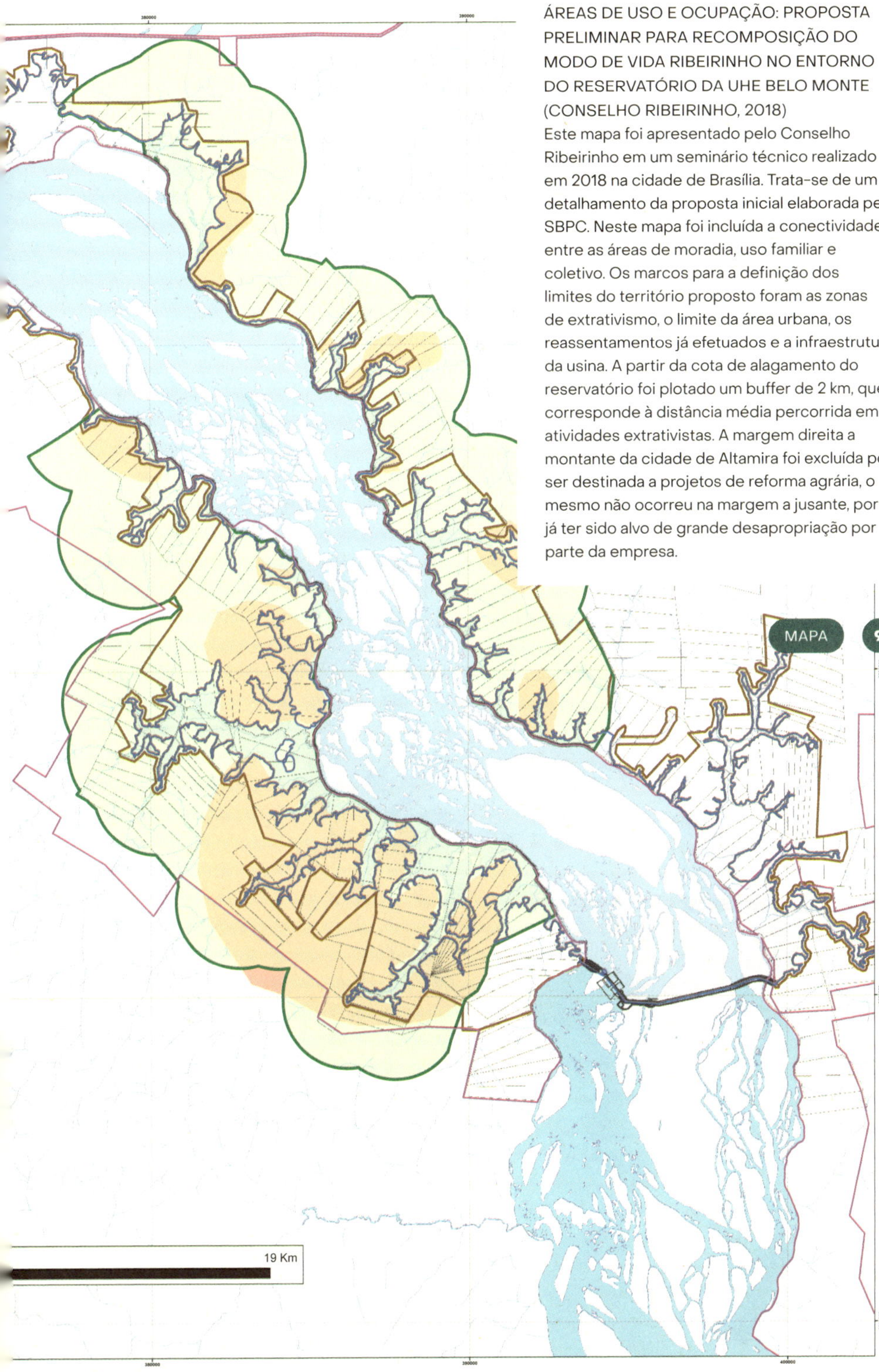

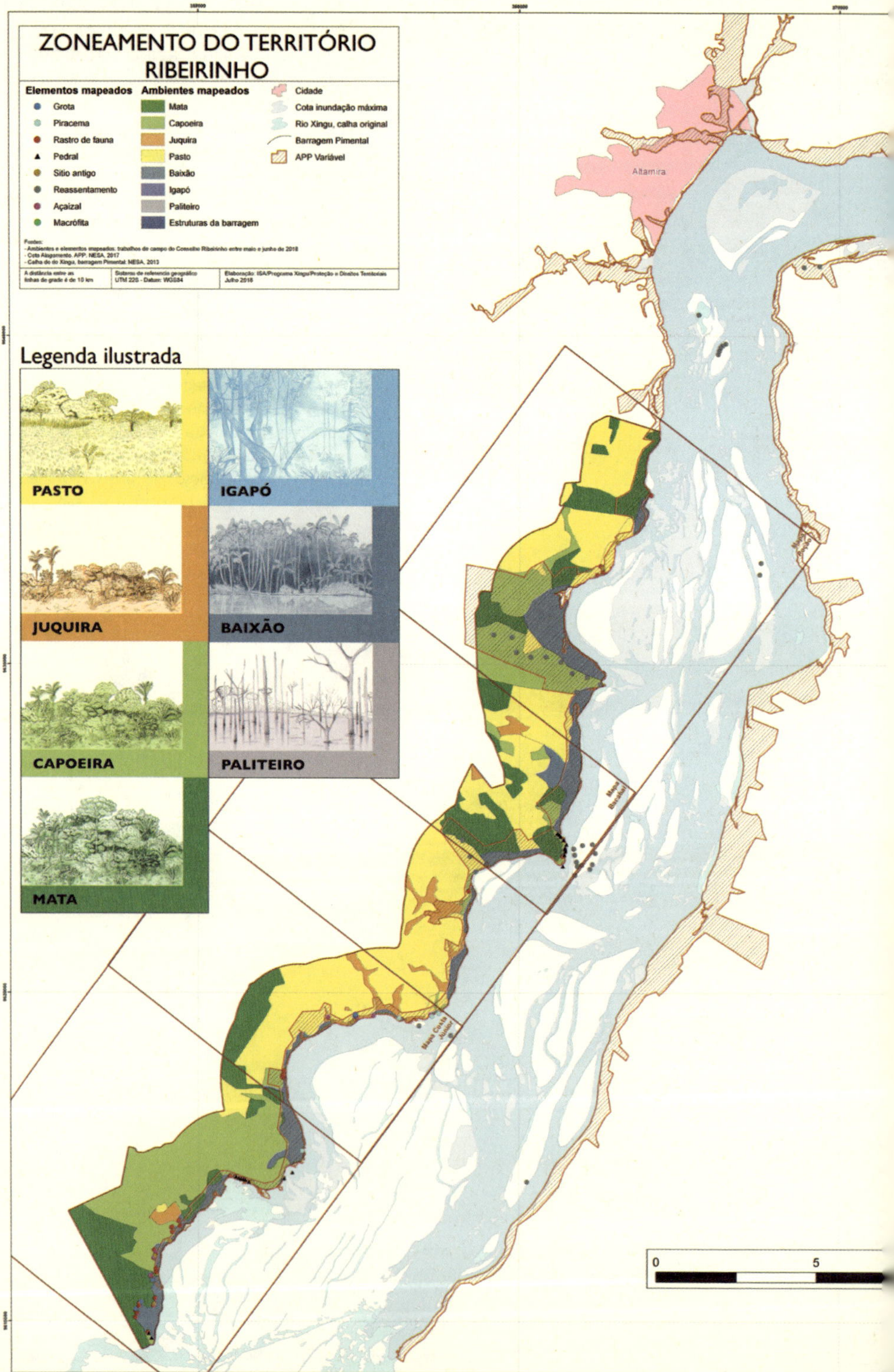

ZONEAMENTO DO TERRITÓRIO RIBEIRINHO
Elementos mapeados
Grota
Piracema
Rastro de fauna
Pedral
Sitio antigo
Reassentamento
Açaizal
Macrófita
Ambientes mapeados
Mata
Capoeira
Juquira
Pasto
Baixão
Igapó
Paliteiro
Estruturas da barragem
Cidade
Cota inundação máxima
Rio Xingu, calha original
Barragem Pimental
APP Variável
Fontes:
- Ambientes e elementos mapeados: trabalhos de campo do Conselho Ribeirinho entre maio e junho de 2018
- Cota Alagamento. APP. NESA, 2017
- Calha de do Xingu, barragem Pimental: NESA, 2013
A distância entre as linhas de grade é de 10 km
Sistema de referencia geográfico UTM 22S - Datum: WGS84
Elaboração: ISA/Programa Xingu/Proteção e Direitos Territoriais Julho 2018
Legenda ilustrada
PASTO
IGAPÓ
JUQUIRA
BAIXÃO
CAPOEIRA
PALITEIRO
MATA
Altamira
0
5

ZONEAMENTO DO TERRITÓRIO RIBEIRINHO (CONSELHO RIBEIRINHO, 2019)

O zoneamento ambiental foi elaborado a partir de informações coletadas em campo pelos ribeirinhos, com aparelhos GPS e registro de informações descritivas. Foram mapeados os elementos da paisagem mais relevantes para planejar as áreas de ocupação familiar direta e as áreas de uso comum. Os dados de campo foram sobrepostos à imagens de satélite e fotografias aéreas, para garantir a precisão. A partir do zoneamento foram definidos, pelas famílias ribeirinhas, seus pontos de moradia. Nesse processo de espacialização foram rearticulados, e também recriados, grupos de parentesco e vizinhança

MAPA 10

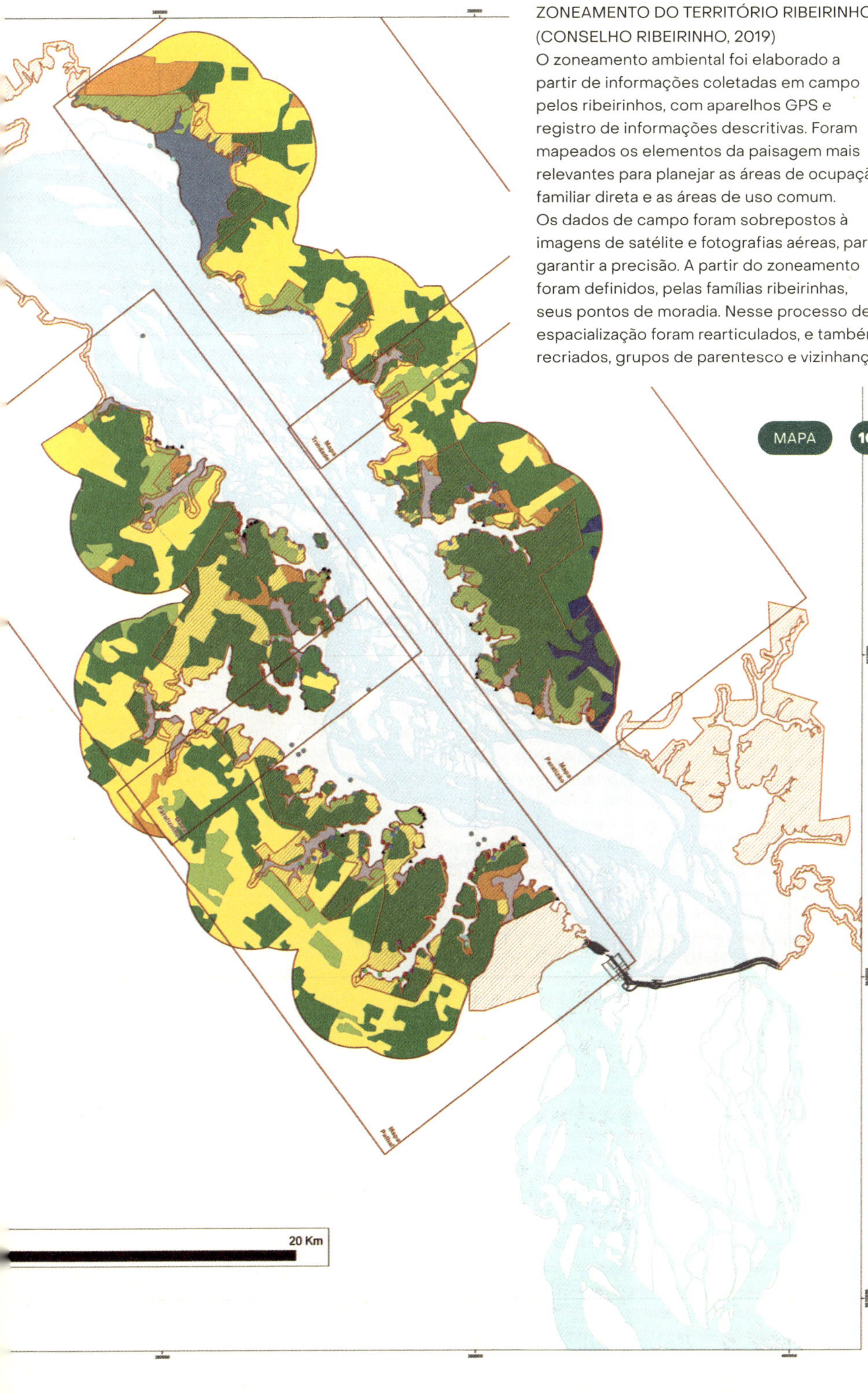

Casa de seu Ronaldinho, localidade do Paratizinho, uma foto tirada em 2014, pouco antes da casa ser demolida. Esta moradia reúne muitos elementos que compõe uma casa ribeirinha: os telhados cobertos de palha de babaçu batida ou de cavaco, um tipo de telha de madeira; as paredes de tábua serrada; o assoalho elevado; o rancho sem paredes, perto do rio; o barco e a canoa no porto; o quintal cheio de árvores frutíferas que sombreiam as moradias. No beiradão, a casa é o centro da organização social, é no âmbito da família que são organizadas as atividades produtivas: a pesca, a agricultura e o extrativismo. Trata-se da unidade territorial mínima de uma forma particular, historicamente constituída e localizada, de habitar o mundo.

Foto: Ana De Francesco 2014

Foto: Lalo de Almeida, 2009

Esta foto foi tirada em 2009 no Baixão do Tufi, área de ocupação irregular que começou na década de 1990, justamente um período de crescimento da pressão fundiária e grilagem de terras na região. Ali, as casas, palafitas construídas nas margens do igarapé Altamira, eram interconectadas por um emaranhado de passarelas de madeira. Próximo ficava a Invasão dos Padres, um dos bairros mais populosos de Altamira, às margens do igarapé Ambé. Os bairros eram muito parecidos e tinham uma localização estratégica: próximos ao cais, ao centro da cidade e ao Porto das Carroças, principal porto de desembarque pesqueiro. Na beira do igarapé Panelas ficava o bairro das Olarias, onde os oleiros aproveitavam o terreno alagadiço dos baixões para a fabricação de tijolos artesanais. Hoje, nos baixões de Altamira, nas margens dos igarapés Ambé, Altamira e Panelas, não há mais moradores.

Foto: Ana De Francesco, 2018

Estas fotos revelam um pouco sobre as formas de uso e ocupação do território. Na primeira foto, tirada na região do Costa Júnior, hoje ocupada em grande parte por fazendas, vemos uma grande mangueira e, próximo a ela, uma antiga máquina de costura, daquelas que funcionam com pedal. Para os ribeirinhos, as mangueiras sinalizam o lugar de antigas moradias, os sítios velhos. Nas adjacências havia diversas seringueiras cortadas, o que nos levou a pensar que ali era o local de uma antiga colocação. Na foto seguinte, Cleo conversa com seu Zé Vieira, ao lado de sua casa de farinha. Nesta foto vemos o modo ribeirinho de manejo dos quintais, um sistema agroflorestal que fornece uma variedade de alimentos. Vemos no primeiro plano os mamoeiros carregados de fruto, atrás uma plantação de bananeiras. Na terceira foto seu Nelson nos mostra uma árvore de copaíba, a estaca serve para tapar o furo de onde é extraída a seiva medicinal, protegendo assim a árvore de pragas.

Foto: Ana De Francesco, 2018

Foto: Ana De Francesco, 2018

Foto: Ana De Francesco 2018

Nesta foto, Zezão nos mostra dois tucunarés, ao fundo sua canoa com motor rabeta, o tipo de embarcação usado pela maioria dos ribeirinhos. Zezão, mesmo com o deslocamento forçado, nunca saiu da beira do Xingu, onde permanece pescando e vivendo em ranchos improvisados ou na casa de parentes e amigos que já foram reassentados. Desde o início da construção da usina de Belo Monte o rendimento da pesca vem caindo muito, o que torna a terra ainda mais necessária para os ribeirinhos terem fontes alternativas de renda.

Aqui dona Raimunda limpa uma tigela usada para a coleta do látex no seringal Boa Esperança, uma ilha a montante de Altamira, que pertencia ao seu pai e hoje pertence a ela. Embora o corte da seringa seja uma atividade predominantemente masculina, há mulheres que trabalharam e trabalham como seringueiras. Na árvore, vemos o desenho de cortes antigos. Faz-se um rodízio das faces da árvore que são cortadas, para garantir sua recuperação. A seringueira é considerada uma mãe, por fornecer leite e sustento.

Foto: Ana De Francesco, 2016

A construção do reassentamento urbano coletivo Jatobá: uma cratera na floresta, casas enfileiradas para receber a população deslocada. Esta imagem simboliza bem a desfiguração do mundo provocada pela construção da usina de Belo Monte. Abaixo, em branco e preto, crianças brincam em um paliteiro, vegetação morta, na localidade do Paratizão. Na página seguinte, uma foto da audiência pública realizada pelo MPF em novembro de 2016 na qual pesquisadores relataram as inúmeras violações sofridas pelos ribeirinhos e a deterioração ecológica do Xingu, dando respaldo científico para aquilo que os ribeirinhos vinham denunciando desde o início da obra. Na audiência foram propostas medidas de reparação adequadas, sendo que a principal recomendação foi a criação de um conselho de ribeirinhos, para diminuir a assimetria de poder na relação com a empresa e reduzir assim as reiteradas violações e violências.

Foto: Aaron Vincent Elkaim, 2016

Foto: Ana De Francesco, 2015

Aqui, seu Dede nos escombros de sua casa que, após ser demolida, foi queimada pela empresa. A segunda foto traz momentos importantes da organização dos ribeirinhos. O seminário técnico de Brasília, quando o Conselho Ribeirinho conseguiu que todas as famílias ribeirinhas deslocadas fossem reconhecidas como atingidas pela empresa e apresentou sua proposta de reparação e reassentamento: o Território Ribeirinho. Abaixo, um detalhe do mapa do território. O zoneamento ambiental do território foi feito em campo pelos conselheiros com o apoio de pesquisadores e contou com uma diversidade de métodos para registrar cartograficamente elementos da paisagem, que eram importantes para organizar o retorno das famílias para o Xingu. A foto seguinte (p. 249) foi tirada durante uma vistoria realizada pela Norte Energia, Ibama e Conselho Ribeirinho para avaliar em campo a proposta. Vemos os conselheiros segurando seu mapa, enquanto funcionários da empresa manuseiam um drone. Os ribeirinhos obtiveram a aprovação da implantação do Território Ribeirinho, por parte do Ibama, como medida de reparação vinculada à licença de operação da usina de Belo Monte.

Foto: Ana De Francesco, 2018

Foto: Geysiane Silva, 2018

Foto: Ana De Francesco, 2019

Foto: Ana De Francesco, 2019

O processo de construção e pactuação do Território Ribeirinho foi longo: a primeira proposta foi apresentada pelo Conselho em 2018, o projeto foi aprovado pelo Ibama em novembro de 2019. O Conselho Ribeirinho não apresentou apenas um contorno territorial, mas uma proposta detalhada e inovadora de reassentamento. Para tanto, foram realizadas diversas reuniões com os ribeirinhos, nas quais foi planejada detalhadamente a espacialização dos locais de moradia de cada família, considerando a rearticulação das redes de vizinhança e parentesco. O detalhamento do mapa do território foi um importante subsídio para a construção de regras de uso, com acomodação de regimes de uso familiar e coletivo. Foi necessário um amplo processo de negociação com a empresa, cuja proposta reduzia as dimensões do território. As pranchas cartográficas da empresa foram analisadas em cada pormenor pelo Conselho Ribeirinho, até que uma versão foi considerada minimamente suficiente para garantir seu retorno para o Xingu e a recuperação de seu modo de vida foi aprovada pelos ribeirinhos.

Foto: Clara Baitello, 2018

Foto: Lilo Clareto, 2019

Em 2021, o Conselho Ribeirinho completa cinco anos de existência. Esta foto foi tirada em 2019 durante a comemoração do aniversário de três anos do Conselho Ribeirinho. Aquele ano havia o que comemorar: a implantação do Território Ribeirinho havia sido recentemente aprovada, um terço das famílias já estavam reassentadas, os ribeirinhos tinham construído três escolas em regime de mutirão. Esta foto foi tirada por nosso amigo Lilo Clareto na escola do Palhal, e ali estão reunidos alguns membros do Conselho Ribeirinho, moradores da localidade e membros do grupo de apoio do Conselho. As escolas são centrais para o futuro do território, pois garantem a permanência das crianças e o aprendizado do que é ser ribeirinho e como viver na beira do rio Xingu. As escolas da Ilha do Pedrão e a escola São Lázaro do Rio, no Paratizão, são uma grande conquista dos ribeirinhos e guardam a semente do futuro que queremos.

Notas

1 Sobredeterminação é um conceito associado a Freud, Mao-Tsé Tung e Althusser. Ele quer dizer que uma causa determinante geral (economia) pode ser sobredeterminada por causalidades, como parentesco, religião e assim por diante.

2 A expressão foi usada por Manuela Carneiro da Cunha na abertura do livro *A expulsão dos ribeirinhos em Belo Monte: relatório da SBPC* (CARNEIRO DA CUNHA e MAGALHÃES, 2017).

3 Cachoeira aqui não se refere a uma queda d'água de altitude, mas a um trecho pedregoso ou encachoeirado de rio.

4 A pesquisa de Wagley foi realizada sob os auspícios e financiamento dos acordos de Washington entre EUA e Brasil visando suprir com borracha brasileira o esforço de guerra dos aliados, após a ocupação japonesa dos produtores asiáticos. Tal pesquisa, que tinha Galvão como assistente, foi consequência do esforço de guerra. Wagley foi recrutado porque tinha experiência na Amazônia.

5 Em 1860, houve uma alta demanda por borracha no mercado mundial. O estado do Pará era o principal produtor, mas a produção se limitava aos municípios de Breves, Anajás, Melgaço e Gurupá. Na década de 1870, a produção de borracha se expandiu para o Baixo Xingu e o Baixo Tapajós e, de modo muito mais acentuado, para o Amazonas, dada a introdução dos barcos a vapor e a navegabilidade dos rios naquela região, condição que não existia nos cursos superiores dos rios Xingu e Tapajós (WEINSTEIN, 1993, p. 71).

6 Foi Antônia Melo quem me chamou atenção para que *Alto,* enquanto categoria êmica, não é associada a um rio específico. Os beiradeiros não usam Alto Xingu ou Alto Iriri, mas simplesmente *Alto* para se referir a todas as localidades montante da cidade de Altamira, seja nos cursos do rio Xingu, Iriri, Riozinho do Anfrísio e demais.

7 A colocação é a unidade territorial mínima na qual se estrutura o modo de vida desenvolvido pelos seringueiros na floresta, conforme se verá adiante. A origem do termo está relacionada ao início da exploração da borracha na Amazônia, quando os seringueiros eram "colocados" em determinado seringal pelo patrão.

8 O aviamento é o adiantamento de mercadorias a crédito que se consolidou na Amazônia durante o ciclo da borracha como sistema de comercialização e passou a ser parte estruturante das redes comerciais, sociais, bem como da identidade amazônica (ARAMBURU, 1994, p. 1).

9 Incluo essa nota com a intenção de não perder alertas e reflexões de Mauro Almeida, que não serão aprofundadas aqui, mas são importantes para futuras reflexões e investigações.
Ele me alertou para a grande diferença que havia entre os seringais do Putumayo e do Acre. No Putumayo, os Uitoto estavam em um território contestado entre Peru e Colômbia, e os capatazes eram jamaicanos sob a direção de empresas importadoras inglesas. No Brasil, os seringais eram administrados por patrões brasileiros com seringueiros brasileiros.
Finalmente, no Putumayo era explorado predatoriamente o caucho (a árvore é derrubada) e o indígena (explorado até a morte). No Juruá (e no Xingu), era explorada a seringueira (a árvore é conservada como capital) e a mão de obra nordestina é "reproduzida" pela economia camponesa. A diferença é entre uma economia predatória (da natureza e de pessoas) e uma economia que valorizava tanto o investimento humano (seringueiros importados com custo) quanto o "capital natural" (seringueiras e castanheiras que produzem valor anualmente).

10 Os conhecimentos dos seringueiros para não se perder na mata à noite e sob a copa da floresta são descritos por Augusto Postigo em sua tese de doutorado (POSTIGO, 2010).

11 "Muitos índios que Meirelles levou para as cidades (Altamira e Belém) retornaram para as aldeias gripados,

causando grande mortandade. Cruz citou que, num grupo Kayapó de 130 índios, morreram 56" (FREIRE, 2008, p. 97).

12 Para um detalhamento dos saberes e modos de fazer dos beiradeiros da região, ver ANDRADE e POSTIGO, 2017.

13 Sobre essas normas culturais e as categorias *manso* e *brabo*, que não serão objeto deste livro, mas que são estruturantes da ontologia beiradeira, ver POSTIGO, 2010.

14 Sobre o garimpo do ouro na Volta Grande do Xingu, ver MACEDO, 2016, pp. 71-76.

15 Fazendas são consideradas "apropriações de terra de áreas superiores a 15 módulos fiscais, ou seja, 1.125 ha, cujo autor da apropriação detenha outro imóvel rural e que não seja explorada pelo trabalho familiar". Na região, a quase totalidade das fazendas encontram-se em terras da União. O que distingue as fazendas das grilagens é que para as últimas o interesse econômico consiste na comercialização da terra, e não na sua exploração. O que distingue uma fazenda de uma colônia é que os colonos possuem normalmente apenas uma propriedade rural, onde vivem e trabalham em regime familiar (TORRES, 2008).

16 Aqui, a terra firme tem uma importância em oposição às ilhas, tanto por fatores ambientais como fundiários. Do ponto de vista ambiental, a terra firme é menos sujeita às variações sazonais do nível do rio, responsável pelo alagamento total ou parcial das ilhas por alguns meses ao longo do ano. Do ponto de vista fundiário, a terra firme pode assegurar uma maior segurança da posse, na medida em que é possível a obtenção da titulação definitiva da terra, sobretudo no caso dos ribeirinhos, via programas de assentamento do Incra, o que não é possível nas ilhas que, por lei, são terras da União.

17 Esse mecanismo, a soltura de gado por grandes proprietários para inviabilizar a permanência de povos tradicionais em seus territórios, não é um fenômeno exclusivo da região do rio Xingu ou da Amazônia. Descrevi em minha dissertação de mestrado, um processo bastante semelhante que aconteceu na década de 1950 no sul do estado do Rio de Janeiro com o povo caiçara (DE FRANCESCO, 2012).

18 O processo de licenciamento ambiental do Ibama prevê três licenças, as quais estão atreladas obrigações e condicionantes que são responsabilidades do destinatário das licenças. As três etapas do licenciamento são: a licença prévia, a de instalação e a de operação.

19 A Norte Energia é um consórcio formado pelas empresas Chesf (49,98%), Queiroz Galvão (10,02%), Galvão Engenharia (3,75%), Mendes Jr. (3,75%), Serveng-Civilsan (3,75%), J. Malucelli (9,98%), Contem Const. (3,75%), Cetenco (5%) e Gaia Energia (10,02%) (BERMANN, 2012).

20 O grupo Camargo Corrêa possuiu uma usina de sílica metalúrgica em Breu Branco (Pará), que se beneficia de preços subsidiados da energia de Tucuruí, também construída pela Camargo Corrêa S.A., assim como também se beneficiaria da rede alimentada por energia das barragens do rio Xingu (FEARNSIDE, 2015).

21 Caberia acrescentar os custos da corrupção e lavagem de dinheiro que vieram à tona em 2016 com a operação Lava Jato, conduzida pela Justiça Federal em Curitiba. Executivos da empreiteira Andrade Gutierrez, em delação premiada, afirmaram que as construtoras responsáveis por Belo Monte pagaram 150 milhões de reais em propinas, o que era estimado em 1% do valor da obra.

22 Os dados foram sistematizados a partir das informações contidas na Declaração de Utilidade Pública (DUP), volume 1, ANEEL e no caderno de preços, da Norte Energia, de maio de 2013 (FGV, 2015, p. 15).

23 Licença de Instalação 795/2011.

24 Essa interrupção das expectativas com relação ao futuro, em abril de 2020, faz-se sentir em Altamira de um modo

tão brutal que me faz pensar que, por aqui, a distopia provocada pela pandemia do novo coronavírus foi antecipada pela usina de Belo Monte. Um dado que corrobora com essa minha sensação é o número de jovens que se suicidaram esse ano na cidade, jovens que não conseguiram encontrar um projeto de futuro. Sobre a epidemia de suicídios entre jovens em Altamira ver BRUM, 2020.

25 Não tenho informação sobre o ano de chegada dos primeiros membros da família Pessoa na região, tampouco a data de nascimento de seu Alfredo Pessoa, pai de Ambrósio, mas tenho a data de nascimento de um dos sobrinhos de Alfredo, filho de seu irmão Sebastião, Eduardo Pessoa, que nasceu na ilha da Taboca, região do Arroz Cru, em 1947. Esse é um registro importante por nos informar que na década de 1940 nascia a segunda geração da família Pessoa no beiradão. Muitos dos ribeirinhos que entrevistei também nasceram na região na década de 1940.

26 Sobre o valor insuficiente da carta de crédito para aquisição de um lote na beira do rio e a consequente negociação dessa carta de crédito para garantir uma casa na cidade ver considerações nº 24 a 30 do relatório da inspeção interinstitucional (MPF, 2015a).

27 Sobre a *sala do desdobro* e o processo de negociação das indenizações entre os ribeirinhos e a Norte Energia ver relatório do professor Mauro Almeida sobre a inspeção interinstitucional (MPF, 2015a).

28 Sobre a saída de dona Antônia de sua casa ver MOVIMENTO XINGU VIVO PARA SEMPRE, 2015; sobre a história de Raimunda e seu João ver BRUM, 2015; para um breve depoimento de dona Graça e os efeitos da UHE Belo Monte sobre a atividade pesqueira ver o vídeo ISA, 2016b.

29 Para uma arqueologia dos termos deslocamento, remoção e reassentamento, bem como atingido, interferido e refugiado e seus usos na antropologia, ver MAGALHÃES, 2007.

30 Dados sistematizados e cedidos por Andrea Margit a partir de dados oficiais apresentados pela Norte Energia.

31 A inadequação dos reassentamentos urbanos resultou, em setembro de 2017, na suspensão da licença de instalação da usina pelo Tribunal Regional Federal da 1ª Região (TRF1), até que fosse promovida pela Norte Energia a readequação dos projetos destinados ao reassentamento urbano coletivo de pessoas despejadas de suas casas. Segundo a investigação do MPF, a proposta da Norte Energia em 2012 era que seriam construídos três modelos de casas de alvenaria, de 60 m², 69 m² e 78 m², de acordo com o tamanho da família. Em 2013, a população foi informada que haveria apenas casas de 63 m², que seriam de concreto pré-fabricado e não de alvenaria, como havia sido anunciado. Os novos bairros também não respeitaram a distância máxima de dois quilômetros do rio, estabelecida pelo Ibama (MPF, 2017).

32 Sobre o massacre de Altamira, ver as reportagens de Aline Ribeiro (RIBEIRO, 2019) e de Fabiano Maisonnave (MAISONNAVE, 2019).

33 Segundo dados do Instituto Nacional de Pesquisas Espaciais (INPE), o desmatamento de corte raso, na Amazônia brasileira, entre agosto de 2018 e julho de 2019, teve 29,9% de aumento relativo. Isso foi chamado de "efeito Bolsonaro", pelas frequentes incitações a invasão de áreas protegidas, ao desmatamento para produção agrícola em larga escala e mesmo atividades de mineração. Somente no mês de julho de 2019 os dados de alerta para atividades de desmatamento e mineração tiveram um aumento de 278% em comparação com o mês de julho de 2018 (ISA, 2019 e WATANABE, 2019).

34 Embora esse termo em português traga uma conotação de denúncia e soe como um termo militante, sua tradução em inglês, "eviction", é bastante utilizada na literatura internacional sobre deslocamento forçado.

35 Ilana Katz foi uma das coordenadoras, junto à jornalista Eliane Brum e ao psicanalista Christian Dunker, do projeto "Refugiados de Belo Monte, atenção em saúde mental", uma clínica de cuidado que esteve por alguns períodos em Altamira, nos anos de 2016 e 2017, dando assistência psicológica aos ribeirinhos deslocados pela usina.

36 Integravam a equipe que realizou trabalho de campo, junto aos ribeirinhos, na área do reservatório, Jansen Zuanon (INPA), André Sawakuchi (USP), Cristiane Carneiro (UFPA) e Rodolfo Salm (UFPA).

37 Para além do artigo já citado de Aramburu sobre o sistema de aviamento no contexto regional como regulador não só de relações econômicas, mas, sobretudo de relações sociais, ver POSTIGO e REZENDE, 2017.

38 Condicionante 2.24, alínea "a", da Licença de Operação (LO) nº 1.317, de 24 de novembro de 2015, da UHE Belo Monte.

39 Para uma outra descrição e análise desde mesmo evento, ver MANTOVANELLI, 2020.

40 Essa afirmação, de que era necessário chegar a alguns consensos, abria o processo de diálogo colocando em evidência a dificuldade dessa construção conjunta. A opção por abrir a reunião falando de consensos pode ter uma relação com o fato de que, na manhã daquele mesmo dia, havia ocorrido o lançamento do *Atlas dos impactos da UHE Belo Monte sobre a pesca* com um debate na UFPA. Participaram desse debate as professoras Sônia Magalhães e Janice Muriel. Estavam presentes também os representantes do Ibama e da Casa de Governo em Altamira, que assistiram às nossas exposições sobre os impactos na atividade pesqueira durante a fase de construção da usina sem participar do debate, sentados juntos, no fundo da sala. Esses impactos eram então negados tanto pelo Estado, como pela empresa.

41 Representante da SPU.

42 O primeiro mapa das áreas de interesse dos ribeirinhos foi elaborado em novembro de 2015 e entregue no mesmo mês para a presidência do Ibama. Esse tema será tratado no próximo capítulo (Mapa 7, ver p. 232).

43 Convenção nº 169, da Organização Internacional do Trabalho, ratificada pelo Brasil em 2002 e promulgada pelo Decreto nº 5.051, de 19 de abril de 2004, e pela Política Nacional de Povos e Comunidades Tradicionais, estabelecida pelo Decreto Presidencial nº 6040, de 7 de fevereiro de 2007.

44 A Defensoria Pública da União teve um papel central ao longo do processo de reconhecimento dos ribeirinhos deslocados pela UHE Belo Monte. Acolheu a abertura de centenas de PAJs, Processos de Assistência Jurídica, das famílias deslocadas, participou dos espaços de negociação, da realização de estudos de caso e acompanhou o processo de reconhecimento social realizado pelo Conselho Ribeirinho. Para um levantamento desses processos junto à DPU em Altamira, na perspectiva da violação dos direitos dos ribeirinhos, ver SCABIN ET. AL. (2017).

45 O grupo de apoio que acompanhou todas as oficinas e vistorias produziu um relatório sobre os Diálogos ribeirinhos que aborda as questões levantadas aqui, bem como descreve as áreas indicadas pela empresa para reassentamento, antecipando diversos problemas que se tornaram explícitos nas etapas sucessivas do processo de retorno dos ribeirinhos para as margens do Xingu. Esse relatório não foi publicado, mas está disponível no Inquérito Civil nº 1.23.003.000078/2015-39 do MPF – Altamira.

46 Algumas informações foram extraídas de um parecer elaborado pela Norte Energia e o escritório de advocacia Borges e Almeida para subsidiar um "estudo de caso" sobre o direito de seu João retornar para as margens do rio Xingu. Esses estudos

de caso serão tratados no capítulo "Resistências".

47 Dona Maria das Graças não conseguiu permanecer no reassentamento, as sucessivas fiscalizações, associadas às restrições ambientais e à insegurança da posse, fizeram-na desistir da permanência. Também diz que depois de barrado, o rio Xingu ficou amaldiçoado.

48 Foram constituídos nessa reunião três grupos de trabalho: o GT Biodiversidade e água, composto pelos pesquisadores Cristiane Carneiro, Janice Cunha, André Oliveira, Rodolfo Salm, Raimundo Gomes, Francisco Del Moral, Célio Bermann, Cristina Adams, e Jansen Juanon; o GT Saúde, composto dos pesquisadores Lavínia Oliveira, Raimunda Gomes, Ilana Katz e Mônica Lizardo; e o GT Direitos, Sociedade e infraestrutura, constituído dos pesquisadores Manuela Carneiro da Cunha, Sônia Magalhães, Mauro William Barbosa de Almeida, Francilene Parente, Ana De Francesco, Augusto Postigo, Juan Doblas, Natalia Guerrero, Maurício Torres, Flávia Scabin, Adrian Ribaric, Flávia Thomaz e Kena Chaves.

49 A equipe de pesquisadores que participou do estudo da SBPC e esteve em Altamira nessa semana de debates, foi: eu, Augusto Postigo (antropólogo do ISA), Biviany Rojas (advogada do ISA), Bruna Balbi Gonçalves (mestranda PUC Paraná), Cristiane Carneiro (doutoranda UFPA), Cristina Adams (bióloga USP), Ilana Katz (pós-doc Instituto de Psicologia da USP), Jansen Zuanon (ictiólogo INPA), Liana Amin Lima da Silva (doutoranda PUC Paraná), Manuela Carneiro da Cunha (antropóloga Universidade de Chicago e USP), Marcelo Salazar (engenheiro ISA), Mauro Almeida (antropólogo Unicamp), Norma Valêncio (socióloga Ufscar), Rodolfo Salm (biólogo UFPA), Sônia Magalhães (antropóloga UFPA), Thiago Acca (advogado FGV Direito).

50 Estavam presentes na audiência pública representantes da Norte Energia, Secretaria de Patrimônio da União, Secretaria de Meio Ambiente do Estado do Pará, Instituto Chico Mendes de Conservação da Biodiversidade, Ibama, Ministério Público Federal, Sociedade Brasileira para o Progresso da Ciência, Prelazia do Xingu, Conselho Nacional de Direitos Humanos, Defensoria Pública da União, Defensoria Pública do Estado do Pará, Agência Nacional de Energia Elétrica e Agência Nacional de Águas.

51 Para um outro registro dessa audiência, bem como da questão dos ribeirinhos deslocados e a criação do Conselho Ribeirinho, ver a dissertação de mestrado em direito da FGV de Janaína Nascimento Silva (SILVA, 2017).

52 Com relação à cobertura dessas áreas e a predominância de áreas de pasto ver o mapa do zoneamento ambiental do Território Ribeirinho no Mapa 10, na p. 236.

53 Com relação à importância das redes sociais preexistentes em contexto de mudanças sociais abruptas, e mesmo de desastres, já mencionei o trabalho de Lygia Sigaud sobre Sobradinho. Neste mesmo sentido é interessante a pesquisa de Ana Elisa Bersani, realizada em Grand'Anse no Haiti após o terremoto de 2010. Nessa dissertação de mestrado, a antropóloga descreve como as pessoas encontraram socorro nos mecanismos de ajuda mútua da vida ordinária, mais do que nos esforços do Estado ou de organizações humanitárias internacionais (BERSANI, 2015).

54 Ana De Francesco, Antonia Melo, Cristiane Carneiro, Daniela Silva, Francilene Parente, Maria Elena de Araújo e Monica Lizardo.

55 Esse silenciamento das narrativas é um ponto recorrente na literatura sobre refugiados e sobre as consequências do deslocamento forçado. Alguns exemplos são o artigo "We refugees", publicado por Hannah Arendt em 1943; a tese de antropologia de Georgina Ramsay (RAMSAY, 2015) e um estudo de Michael Jackson com pessoas refugiadas (JACKSON, 2002).

56 Aqui, entendo o constrangimento público também como uma tecnologia

política e, nesse sentido, não é uma criação do Conselho Ribeirinho, mas uma estratégia amplamente utilizada em negociações complexas. A primeira vez que ouvi falar do constrangimento público como estratégia política foi durante a apresentação de um diretor da ACNUR (Alto-comissariado das Nações Unidas para os Refugiados), realizada no âmbito de um workshop sobre deslocamento forçado realizado pelo Brown University International Advanced Research Institute. Em sua exposição, o representante da ONU descreveu diversas situações em África nas quais o constrangimento público foi a estratégia adotada para obter compromissos com chefes de Estado.

57 Devo a reflexão sobre o movimento de resgate da memória e construção de narrativas que edificam a história do grupo à descrição da antropóloga Emilia Pietrafesa de Godói em seu trabalho em Zabelê, no sertão do Piauí. A autora descreve como o "trabalho da memória" é gerador de identidade. Por meio dessas narrativas são erigidas as regras de pertencimento e de exclusão do grupo. Em Zabelê, essas narrativas aparecerem com mais força no momento em que os direitos territoriais dos moradores estavam ameaçados pela implantação de uma unidade de conservação (GODÓI, 1999).

58 A empresa apresentou, em uma das tantas reuniões técnicas, o cruzamento que realizou entre a lista do Conselho Ribeirinho e seu cadastro socioeconômico. Segundo esse levantamento, das 263 famílias reconhecidas pelo Conselho, 75 não receberam nenhuma medida compensatória da empresa. Das famílias que receberam alguma medida de reparação, 110 receberam indenização em dinheiro, 43 foram reassentadas na cidade, 6 foram reassentadas na área rural e apenas 7 receberam duas formas de reassentamento, ou seja, tiveram, de alguma forma, sua dupla moradia reconhecida.

59 Conforme mencionado anteriormente, essa recusa da empresa em reconhecer os direitos coletivos e territoriais dos ribeirinhos se mantém mesmo após a elaboração e aprovação da implantação do Território Ribeirinho. Em meio à pandemia de Covid-19 a resposta da empresa sobre uma ação cautelar da DPE, que pedia a suspensão de processos de reintegração de posse no beiradão, afirmou novamente que os ribeirinhos não são uma coletividade e não tem direitos coletivos ou territoriais.

60 As pesquisadoras que participaram foram Cristiane Carneiro (UFPA/MPF), Ana De Francesco (UNICAMP/ISA), Geisyane Costa (UFPA) e Clara Baitello (ISA). Os especialistas locais foram Hildo da Costa, Leonardo Batista Juruna, Cleo Francelino Aquino, Francisco Barros Gomes, Gilmar Gomes da Silva, Raimundo Braga Gomes, Gelson Saraiva, Rita Cavalcante, José da Silva, seu Tracajá e Gilson.

61 Naquele mês aconteceram as eleições presidenciais no Brasil, com a vitória de Jair Bolsonaro. Era evidente que, com o novo governo, seria mais difícil ter apoio do governo federal para a implantação de um território coletivo para povos tradicionais. A manifestação do Conselho Ribeirinho foi protocolada um dia após o resultado das eleições.

62 "A Norte Energia também se posicionou sobre a necessidade de celebração de um termo de aceite individual das famílias, que se baseie na informação qualificada e na livre escolha dos ribeirinhos.
O empreendedor também entende que o aceite individual visa garantir a sua segurança jurídica, formalizando o atendimento de suas obrigações impostas pelo licenciamento ambiental" (IBAMA, 2019b, p. 14).

63 Escreveram este parecer os seguintes pesquisadores: Ana Alves De Francesco (Unicamp), Flávia Lucas (UEPA), Cristina Adams (USP), Geysiane Silva (UFPA/MPEG), Manuela Carneiro da Cunha (USP/SBPC), Mauro Willian Barbosa de Almeida (Unicamp), Ricardo R. Rodrigues (USP), Rodolfo Salm (UFPA), Sônia Magalhães (UFPA), Vinícius Honorato (UFOPA), William Balée (Tulane University).

Referências bibliográficas

ADAMS, Cristina, SAWAKUCHI, André, ZUANON, Jansen, MURIEL-CUNHA, Janice, SALM, Rodolfo, CARNEIRO, Cristiane, DE FRANCESCO, Ana, RODRIGUES, Ricardo, e PEREIRA, Tatiana (2017). "Situação ambiental no trecho do rio Xingu afetado pela UHE Belo Monte a montante da barragem Pimental". In: CARNEIRO DA CUNHA, Manuela e MAGALHÃES, Sônia Barbosa (orgs.) *A expulsão de ribeirinhos em Belo Monte: relatório da SBPC*. São Paulo: SBPC.

________., PEDROSO JÚNIOR, Nelson, e MURRIETA, Rui (2008). "A agricultura de corte e queima: um sistema em transformação". *Boletim Museu Paraense Emílio Goeldi*: Ciências Humanas, Belém, v. 3, n. 2, pp. 153-174.

________., MURRIETA, Rui e NEVES, Walter (orgs.) (2006). *Sociedades caboclas amazônicas: modernidade e invisibilidade*. São Paulo: Annablume.

AGAMBEN, Giorgio (2005). "O que é um dispositivo?". Revista *Outra Travessia*, Florianópolis, n. 5, pp. 9-16.

ALARCON, Daniela e TORRES, Maurício (2014). *Não tem essa lei no mundo, rapaz! A Estação Ecológica da Terra do Meio e a resistência dos beiradeiros do alto rio Iriri*. Altamira / São Paulo: AMORA/ISA.

ALBERT, Bruce (2004). "Territorialidad, etnopolítica e desarrollo: a propósito del movimiento indígena en la Amazonía brasileña". In: SURRALLÉS, Alexandre e HIERRO, Pedro (orgs.). *Tierra adentro: território indigena e percepción del entorno*. Copenhague: IWGIA.

ALMEIDA, Alfredo Wagner Berno de (2008). *Terras de quilombos, terras indígenas, babaçuais livres, castanhais do povo, faxinais e fundos de pastos: terras tradicionalmente ocupadas*. Manaus: UFAM.

ALVES, Fábio, BARBOSA, Leonard, CORNETTA, Andrei, e GONÇALVES, Amanda (2016). "Médio Xingu". In: ALVES, Fábio (org.) (2016). *A função socioambiental do patrimônio da União na Amazônia*. Brasília: IPEA.

ANDRADE, Anna Maria e POSTIGO, Augusto (2017). *Terra do Meio / Xingu: os saberes e as práticas dos beiradeiros do Iriri e Riozinho do Anfrísio no Pará*. São Paulo: ISA.

AQUINO, Heloisa de, CAMPAGNOLI, Fernando, CARVALHO, Maria Celina, MARQUES, Jorge (2016). "Desafios da regularização fundiária para as comunidades ribeirinhas na Amazônia. In: ALVES, Fábio (org.) *A função socioambiental do patrimônio da União na Amazônia*. Brasília: IPEA.

ARAMBURU, Mikel (1994). "Aviamento, modernidade e pós-modernidade no interior amazônico". *Revista Brasileira de Ciências Sociais*, São Paulo, v. 9, n. 25.

ARENDT, Hannah (1994). "We refugees". In: ROBINSON, Marc (org.). *Altogether Elsewhere*: *Writers on Exile*. Boston: Faber and Faber, pp. 100-119.

ARRUTI, José Maurício A. (1997). "A emergência dos 'remanescentes': notas para o diálogo entre indígenas e quilombolas". *Mana: Estudos de Antropologia Social*, Rio de Janeiro, v. 3, n. 2, pp. 7-38.

BARBOSA DE ALMEIDA, Mauro W. e CARNEIRO DA CUNHA, Manuela (2009). "Populações tradicionais e conservação ambiental". In: CARNEIRO DA CUNHA, Manuela. *Cultura com aspas e outros ensaios*. São Paulo: Cosac Naify. pp. 277-299.

BARBOSA DE ALMEIDA, Mauro W, (1993). *Rubber Tappers of the Upper Jurua Valley: the Making of a Forest Peasant Economy*. Tese de doutorado em Antropologia Social. Cambridge: Universidade de Cambridge.

________. (2004). "Direito à floresta e ambientalismo: seringueiros e suas lutas". *Revista Brasileira de Ciências Sociais*, São Paulo, v. 19 n. 55. pp. 33-53.

________. (2013). "Caipora e outros conflitos ontológicos". *RAU: Revista de Antropologia da UFSCar*, v. 5, n. 1, pp. 7-28.

________. (2012a). Sociodiversidade e desenvolvimento: considerações entre centro e margem, 4 de julho de 2012. Disponível em: https://

mwba.files.wordpress.com/2010/06/almeida-2012-sociodiversidade-e-desenvolvimento.pdf. Acesso em 27 de outubro de 2017.

________. (2012b). "As colocações: forma social, sistema tecnológico, unidade de recursos naturais". *Revista Mediações*, Londrina, v. 17, n. 1, pp. 121-152.

________., CARNEIRO, Cristiane, DE FRANCESCO, Ana, DOBLAS, Juan, GRAÇA, Denise, POSTIGO, Augusto, ROJAS, Biviany, SALAZAR, Marcelo, VILLAS-BOAS, André. (2017). "Recomendações para o planejamento do território ribeirinho". In: CARNEIRO DA CUNHA, Manuela e MAGALHÃES, Sônia Barbosa (orgs.). *A expulsão de ribeirinhos em Belo Monte: relatório da SBPC*. São Paulo: SBPC.

BENATTI, José Heder (2016). "Várzea e as populações tradicionais: a tentativa de implementar políticas públicas em uma região ecologicamente instável". In: ALVES, Fabio (org.). *A função socioambiental do patrimônio da União na Amazônia*. Brasília: IPEA.

BERMANN, Celio (2012). "O projeto da Usina Hidrelétrica Belo Monte: a autocracia energética como paradigma". *Novos Cadernos NAEA*, v. 15, n. 1, pp. 5-23.

BERSANI, Ana Elisa de Figueiredo (2015). *O (extra) ordinário da ajuda. Histórias não contadas sobre desastre e generosidade na Grand'Anse, Haiti*. Mestrado em Antropologia Social. Campinas: Unicamp.

CARNEIRO DA CUNHA, Manuela e MAGALHÃES, Sônia Barbosa (orgs.) (2017). *A expulsão de ribeirinhos em Belo Monte: relatório da SBPC*. São Paulo, SBPC.

CARNEIRO, Cristiane e DE FRANCESCO, Ana (2015a). "Impactos de Belo Monte nos recursos pesqueiros e a invisibilização dos pescadores no processo de licenciamento". In: ISA. *Vozes do Xingu: coletânea de artigos para o Dossiê Belo Monte*. São Paulo: ISA.

________. (2015b). *Atlas dos impactos de Belo Monte sobre a pesca*. São Paulo: ISA.

COUDREAU, Henri (1977). Viagem ao Xingu. Belo Horizonte/São Paulo, Itatiaia: Edusp (Coleção "Reconquista do Brasil").

CONRAD, Joseph (1984). *O coração das trevas*. São Paulo: Brasiliense.

CORDELL (1989). "Introduction: Sea Tenure". *A Sea of Small Boats*. Cambridge: Cultural Survival.

DE FRANCESCO, Ana Alves (2012). *Este é o nosso lugar: uma etnografia da territorialidade caiçara na Cajaíba*. Dissertação de mestrado em Antropologia Social. Campinas: Unicamp.

________., FREITAS, Alexandra, BAITELLO, Clara e GRAÇA, Denise (2017a). "História de ocupação do beiradão no Médio Xingu". In: CARNEIRO DA CUNHA, Manuela e MAGALHÃES, Sônia Barbosa (orgs.) (2017). *A expulsão de ribeirinhos em Belo Monte: relatório da SBPC*. São Paulo: SBPC.

________. (2017b). "O deslocamento forçado de ribeirinhos em Belo Monte". In: CARNEIRO DA CUNHA, Manuela e MAGALHÃES, Sônia Barbosa (orgs.) (2017). *A expulsão de ribeirinhos em Belo Monte: relatório da SBPC*. São Paulo: SBPC.

DOBLAS, Juan (2015). *Rotas do Saque: ameaças e violações à integridade territorial da Terra do Meio (PA)*. São Paulo: ISA.

DUNKER, Christian e KATZ, Ilana (2019). "Care Clinic on the Banks of the Xingu River. A Psychoanalytic Intervention with the Riverine Population Seriously Affected by Belo Monte". In *Recherches en psychanalyse*, nº 27, pp. 49-58.

DURKHEIM, Émile (2000). *O suicídio: estudo de sociologia*. São Paulo: Martins Fontes.

ESCOBAR, Arturo (2015). "Territorios de diferencia: la ontología política de los derechos al territorio". *Revista Desenvolvimento e Meio Ambiente*, Curitiba, v. 35, pp. 89-100.

_______. (2016). "Sentipensar con la Tierra: las luchas territoriales y la dimensión ontológica de las epistemologías del Sur". *Revista de Antropología Iberoamericana*, Madri, v. 11, n. 1, pp. 11-32.

FANON, Frantz (1968). *The Wretched of the Earth*. Nova York: Grove Press.

FAUSTO, Carlos (2001). *Inimigos fiéis: história, guerra e xamanismo na Amazônia*. São Paulo: Edusp.

_______. (2008). Donos demais: maestria e domínio na Amazônia. *Mana: Estudos de Antropologia Social*, Rio de Janeiro, v. 14, n. 2, pp. 329-366.

FARAGE, Nádia (1991). *As muralhas dos Sertões*. São Paulo: Paz e Terra.

FEARNSIDE, Philip (2015). "Barragens na Amazônia: Belo Monte e o desenvolvimento hidrelétrico da bacia do rio Xingu". In: FERNSIDE, P. *Hidrelétricas na Amazônia: Impactos ambientais e sociais na tomada de decisões sobre grandes obras*. Manaus: Editora do Instituto Nacional de Pesquisas da Amazônia (Inpa), v. 1, pp. 231-243.

FLEURY, Lorena Cândido (2013). *Conflito ambiental e cosmopolítica na Amazônia brasileira: a construção da Usina hidrelétrica de Belo Monte em perspectiva*. Tese de doutorado em Sociologia. Porto Alegre, UFRGS.

FONSECA, Igor Ferraz da (2013). *A construção de grandes barragens no Brasil, na China e na Índia: similitudes e peculiaridades dos processos de licenciamento ambiental em países emergentes*. Brasília/Rio de Janeiro: Ipea.

FREIRE, Carlos Augusto da Rocha (2008). "Vida de Sertanista: a trajetória de Francisco Meirelles". *Revista Tellus*, Campo Grande, n. 14, pp. 87-114.

GALLOIS, D. e GRUPIONI, D. (2003). *Povos indígenas no Amapá e Norte do Pará: quem são, onde estão, quantos são, como vivem e o que pensam?* São Paulo: Iepé.

GODÓI, Emília Pietrafesa de (1998). "O sistema do lugar: história, território e memória no sertão". In: GODÓI, Emília Pietrafesa de e NIEMAYER, Ana Maria de (orgs.). *Além dos territórios: para um diálogo entre a antropologia indígena, os estudos rurais e os estudos urbanos*. Campinas: Mercado de Letras.

_______. (1999). *O trabalho da memória: cotidiano e história no sertão do Piauí*. Campinas: Editora da Unicamp.

_______. (2014). "Mobilidades, encantamentos e pertença: o mundo ainda está rogando, porque ainda não acabou". *Revista de Antropologia*. São Paulo, v. 57, n. 2, pp. 143-170.

_______. e PINA-CABRAL, João de (2014). "Apresentação". *Revista de Antropologia*. São Paulo, USP, v. 57, n. 2, pp. 11-21.

HARRIS, Mark (2005). "Riding a Wave: Embodied Skills and Colonial History on the Amazon Floodplain". Ethnos: *Journal of Anthropology*, v. 10, n. 2, pp. 197-299.

_______. (2010). *Rebellion on the Amazon: the Cabanagem, Race, and Popular Culture in the North of Brazil, 1840*. Cambridge: Cambridge University Press.

HEURICH, Guilherme Orlandini (2015). "Impactos imediatos e futuros: os Araweté e os executores do Plano Emergencial de Belo Monte" In: ISA. *Vozes do Xingu: Coletânea de artigos para o Dossiê Belo Monte*. São Paulo: ISA.

INGOLD, Tim (2000). *The Perception of Environment: Essays on Livelihood, Dwelling and Skill*. Londres: Routledge.

_______. (2011). *Being Alive: Essays on Movement, Knowledge and Description*. Londres: Routledge.

ISA – Instituto Socioambiental (2012). *De olho na bacia do Xingu*. São Paulo: ISA.

ISAAC, Victoria et. al. (2017). "The Invisibility of Fisheries in the Process of Hydropower Development across the Amazon". *Ambio*, 47, pp. 453-465.

JACKSON, Michael (2002). *The Politics of Storytelling: Violence, Transgression and Intersubjectivity*. Copenhague: Museum Tusculanum Press.

KATZ, Ilana e OLIVEIRA, Lavínia. (2016). "Considerações sobre os impactos em saúde, no contexto do deslocamento forçado de ribeirinhos em Belo Monte". In: CARNEIRO DA CUNHA, Manuela e MAGALHÃES, Sônia Barbosa (orgs.) (2017). *A expulsão de ribeirinhos em Belo Monte: relatório da SBPC*. São Paulo: SBPC.

LACERDA, Paula (2014). "O sofrer, o narrar, o agir: dimensões da mobilização social de familiares de vítimas". *Horizontes Antropológicos*, Porto Alegre, v. 20, n. 42, pp. 49-75.

LATRUBESSE, Edgardo et al. (2017). "Damming the Rivers of the Amazon Basin". *Nature*, v. 546, pp. 363-369.

LEACH, James (2006). "Team spirit: the Pervasive Inuence of Place-Generation in 'Community Building' Activities along the Rai Coast of Papua New Guinea". *Journal of Material Culture*, v. 11, n. 1-2.

LETURCQ, Guillaume (2016). "Differences and Similarities in Impacts of Hydroeletric Dams between North and South of Brazil". *Revista Ambiente & Sociedade*, São Paulo, v. 19, n. 2, pp. 265-286.

LIMA, Deborah de Magalhães. (1999). "A construção histórica do termo caboclo: sobre estruturas e representações sociais no meio rural amazônico". *Novos cadernos NAEA*, v. 2, n. 2, pp. 5-32..

MACEDO, Eric Silva (2016). *Altamira: Ensaio histórico-maquínico sobre a colonização*. Tese de doutorado em Antropologia Social. Rio de Janeiro, Museu Nacional.

MAGALHÃES, Sônia Barbosa (2007). *Lamento e dor: uma análise sócio--antropológica do deslocamento compulsório provocado pela construção de barragens*. Tese de doutorado em Ciências Sociais. Belém: UFPA.

________. et al. (2016) "Não há peixe para pescar neste verão: efeitos socioambientais durante a construção de grandes barragens – o caso Belo Monte", *Desenvolvimento Meio Ambiente*, v. 37, pp. 111-134.

MANTOVANELLI, Thais (2016). *Os Xikrin do Bacajá e a Usina Hidrelétrica de Belo Monte: uma crítica indígena à política dos brancos*. Tese de doutorado em Antropologia Social. São Carlos: Ufscar.

________. (2020). "Quanto vale a vida? Os Mẽbengôkre-Xikrin do Bacajá e os Juruna da Volta Grande do Xingu contra a engenharia de cálculo e setores técnico-empresariais da hidrelétrica de Belo Monte". In: VILLELA, Jorge Mattar e VIEIRA, Suzane de Alencar (orgs.). *Insurgências, ecologias dissidentes e antropologia modal*. Goiânia: Editora da Imprensa Universitária.

MÁRQUEZ, Raúl (2014)."Limites e ambiguidades da vicinalidade num bairro de Salvador". *Revista de Antropologia*, São Paulo, v. 57, n. 2, pp. 47-52.

MAUÉS, Raymundo Heraldo (2005). "Um aspecto da diversidade cultural do caboclo amazônico: a religião". *Revista Estudos Avançados*, São Paulo, v. 19, n. 53, pp. 259-274.

MORAN, Emílio. (1975). *Pioneer Farmers of the Transamazon Highway: Adaptation and Agricultural Production in the Lowland Tropics*. Tese de doutorado em Filosofia. Flórida: Universidade da Flórida.

MARINHO, José Antônio Magalhães (2019). *As lutas camponesas e o cercamento do rio Xingu (PA): a construção da hidrelétrica Belo Monte*. Tese de doutorado em Geografia Humana. São Paulo: USP.

MOYA et al. (2007) "UHE Belo Monte – evolução dos estudos". XXVII Seminário Nacional de Grandes Barragens. Belém, 3 a 7 de junho de 2007.

NETO, José Queiroz de Miranda (2014). "Reassentamento da população urbana diretamente afetada pelo empreendimento hidrelétrico de Belo Monte em Altamira / PA". *Revista Nacional de Gerenciamento de Cidades*, v. 2, n. 13, pp. 43-57.

NÓBREGA, Francisco de Assis Nascimento (2015). "Moradia digna: reassentamentos urbanos coletivos e indenizações". In: ISA. *Vozes do Xingu: Coletânea de artigos para o Dossiê Belo Monte*. São Paulo: ISA.

NIMUENDAJÚ, Curt (1948). "Tribes of the lower and middle Xingu river". In: STEWARD, Julian (org.). *Handbook of South American Indians*, v. 3. Washington: Smithsonian Institution.

NUNES, André Costa (2003). *A batalha do Riozinho do Anfrísio: uma história de índios, seringueiros e outros brasileiros*. Marituba: Halley S/A – Gráfica e Editora.

PANTOJA, Mariana C. (2004). *Os Milton: cem anos de história nos seringais*. Recife: Ed. Fundação Joaquim Nabuco/ Massangana.

PEZZUTI, CARNEIRO, MANTOVANELLI e GARZÓN (2018). *Xingu, o rio que pulsa em nós*. São Paulo: ISA.

POSTIGO, Augusto (2010). *A terra vista do alto: usos e percepções acerca do espaço entre os moradores do Rio Bagé, Acre*. Tese de doutorado em Antropologia Social. Campinas: Unicamp.

________. e REZENDE (2017). "O aviamento e o modo de vida beiradeiro". In: ANDRADE, Anna Maria e POSTIGO, Augusto. *Terra do Meio/ Xingu: os saberes e as práticas dos beiradeiros do Iriri e Riozinho do Anfrísio no Pará*. São Paulo: ISA.

PRATES, Camila Dellagnese e RODRIGUES, Léo Peixoto (2020). *A Hidrelétrica Belo Monte: da controvérsia sobre energia limpa à produção da "verdade científica"*. Ciências Sociais Unisinos, São Leopoldo, v. 56, n. 1, pp. 80-93.

RAMSAY, Georgina K. (2015). *Beyond Resettlement as Refuge: Enduring and Emerging Dimensions of "Displacement" as Cosmological Rupture for Central African Refugee Women*. Tese de doutorado em Sociologia e Antropologia. Austrália: University of Newcastle.

RANDELL, H. (2016). "The Short-Term Impacts of Development-Induced Displacement on Wealth and Subjective Well-being in the Brazilian Amazon". *World Development*, n. 87, pp. 385-400.

REBOUÇAS, Lidia Marcelino (2000). *O planejado e o vivido: o reassentamento de famílias ribeirinhas no Pontal do Paranapanema*. São Paulo, Annablume/Fapesp.

REZENDE, Roberto Sanchez (2016). *Camponeses da bacia do rio Tejo: economia, política e afeto na Amazônia*. Tese de doutorado em Antropologia Social. Campinas: Unicamp.

RIBEIRO, Gustavo Lins (2014). "Quanto maior melhor? Projetos de grande escala: uma forma de produção vinculada à expansão de sistemas econômicos". In: OLIVEIRA, João Pacheco de e COHN, Clarice (orgs.). *Belo Monte e a questão indígena*. Brasília: ABA.

ROJAS, Biviany (2014). "(Des) cumprimento das condicionantes socioambientais de Belo Monte". In: OLIVEIRA, João Pacheco de e COHN, Clarice (orgs.). *Belo Monte e a questão indígena*. Brasília: ABA.

ROSA, Michel Fernandes da (2016). *Os Atingidos de Belo Monte: experiências de sofrimento e agravos à saúde no contexto de um megaprojeto hidrelétrico na Amazônia brasileira*. Tese de doutorado em Sociologia. Coimbra: Universidade de Coimbra.

SAHLINS, Marshall (2012). *What Kinship Is and Is Not*. Chicago: The University of Chicago Press.

SANJAD, N.; SNETHLAGE, R.; JUNGHANS, M.; OREN, D. (2013). "Emília Snethlage (1868-1929): um inédito relato de viagem ao rio Tocantins". *Boletim do Museu Paraense Emílio Goeldi: Ciências Humanas*. Belém, v. 8, n. 1, pp. 195-221.

SCABIN, Flávia et al. (2017). "A violação de direitos dos ribeirinhos no contexto de Belo Monte e os processos de assistência jurídica na DPU, em Altamira". In: CARNEIRO DA CUNHA, Manuela e MAGALHÃES, Sônia Barbosa (orgs.). *A expulsão de ribeirinhos em Belo Monte: relatório da SBPC*. São Paulo: SBPC.

SCHEIBE, Cristina (1999). *Mulheres da Floresta: uma história. Alto Juruá, Acre 1890 – 1945*. São Paulo: Hucitec.

SENA, Tânia Conceição (2014). *Trabalhadores nos canteiros de obra da UHE Belo Monte – Altamira: condições de saúde e políticas públicas*. Dissertação de mestrado em Desenvolvimento Sustentável do Trópico Úmido. Belém: UFPA.

SEPÚLVEDA, Luis (1993). *O velho que lia romances de amor*. São Paulo: Ática.

SNETHLAGE, Emilia (1910). "A travessia entre o Xingu e o Tapajós". *Boletim do Museu Goeldi*. Belém, v. 7, pp. 49-92.

SIGAUD, Lygia (1986). *Efeitos sociais de grandes projetos hidrelétricos: as barragens de Sobradinho e Machadinho*. Rio de Janeiro: Museu Nacional, Comunicação n. 9.

SILVA, Janaina Nascimento (2017). *O conflito socioambiental dos ribeirinhos esquecidos: os "velhos" no mar de Belo Monte*. Dissertação de mestrado em Direito e Desenvolvimento. São Paulo, FGV.

SIMONI, Alessandra Tradi (2013). *Demografia e identidade do povo Xipaya no médio Rio Xingu, PA*. Dissertação de mestrado em Demografia. Campinas: Unicamp.

SWEET, David G (1977). *A Rich Realm of Nature Destroyed: the Middle Amazon Valley, 1640-1750*. Tese de doutorado em sociologia. Madison: University of Wisconsin.

TAUSSIG, Michael (1993). *Xamanismo, colonialismo e o homem selvagem: um estudo sobre o terror e a cura*. Rio de Janeiro: Paz e Terra.

________. (1999). *Defacement: Public Secrecy and the Labor of the Negative*. California: Stanford University Press.

TERMINSKI, Bogumil (2015). *Development-Induced Displacement and Resettlement: Causes, Consequences, and Socio-Legal Context*. Stuttgart: Ibidem Press.

VAINER, Carlos (2008). "O Conceito de atingido: uma revisão do debate". In: ROTHMAN, F. D. (org.). *Vidas Alagadas: Conflitos Socioambientais, Licenciamento e Barragens*. Viçosa: Ed. UFV.

VELHO, Otávio (1981). *Frentes de expansão e estrutura agrária: estudo do processo de penetração numa área da Transamazônica*. Rio de Janeiro: Centro Edelstein de Pesquisas Sociais.

VIANNA, Catarina Morawska (2014). A trilha de papéis da Usina Hidrelétrica de Belo Monte: tecnologias de cálculo e a obliteração da perspectiva dos povos impactados. *Revista Anthropológicas*, v. 25, n. 2, pp. 22-40.

VIVEIROS DE CASTRO (1986). *Araweté: os deuses canibais*. Rio de Janeiro: Zahar/Anpocs.

WEINSTEIN, Barbara (1993). *A borracha na Amazônia – 1850-1920*. São Paulo: Hucitec.

ZARFL, Christiane et al. (2015). "A Global Boom in Hydropower Dam Construction". *Aquatic Sciences*, v. 77, pp. 161-170.

ZUANON, Jansen (2010). "Diversidade de peixes nas corredeiras". *Boletim Sociedade Brasileira de Ictiologia*, Rio de Janeiro, n. 98.

DOCUMENTOS

CONSELHO RIBEIRINHO (2018a). *Nota técnica: Critérios e premissas utilizados na construção do mapa das áreas indicadas para ocupação ribeirinha nas margens do reservatório da UHE Belo Monte*. Fevereiro de 2018. SEI nº 5694030 (Ibama).

________. (2018b). *O Território Ribeirinho. Nota técnica sobre a elaboração da proposta de reterritorialização do Conselho Ribeirinho*. 20 de agosto de 2018. SEI n. 5694030 (Ibama).

________. (2018c). *Manifestação sobre contraproposta territorial da Norte Energia*. 29 de outubro de 2018. SEI n. 5694030 (Ibama).

_______. et al. (2019). *Parecer técnico: uso e recuperação da APP do reservatório Xingu da UHE Belo Monte.* SEI n. 5694030 (Ibama).

CNDH – Comissão Nacional de Direitos Humanos (2015). *Relatório da missão do CNDH em relação à população atingida pela implementação da UHE Belo Monte.* Disponível em http://docplayer.com.br/3129230-Conselho-nacional-dos-direitos-humanos-cndh.html. Acesso 4 de março de 2017.

DIOGO e BRONZATTO (2016). *Relatório descritivo. UHE Belo Monte: mediação seminário de pesca.* São Paulo: Ramboll Environ.

DPE – Defensoria Pública do Estado do Pará (2020). Ação cautelar n. 0800891-11.2020.8.14.0005. A ação cautelar visa proteger o território dos povos ribeirinhos que residem e trabalham em faixa de terra situada o longo do rio Xingu/Altamira, inserida na área do reservatório da hidrelétrica Belo Monte, contra a conduta arbitrária da empresa Norte Energia S/A, que está adentrando nas comunidades, através de seus prepostos, em pleno período da pandemia do coronavírus (Covid-19), colocando em risco pessoas idosas e crianças, dentre outros.

DPU – Defensoria Pública da União (2017). Ofício n. 44/2017 – DPU Altamira /DIPROT Altamira, 22 de junho de 2017.

FUNDAÇÃO GETÚLIO VARGAS (2015). "Indicadores de Belo Monte". Disponível em http://indicadoresdebelomonte.eco.br/. Acesso em 10 de maio de 2017.

GT RIBEIRINHOS (2015). *Relatório final. Grupo de Trabalho dos pescadores e ribeirinhos removidos das ilhas e beiras da área destinada à formação do reservatório principal da UHE Belo Monte. MPF – Altamira.* Inquérito Civil n. 1.23.003.000078/2015-39.

GUERRERO, Natália Ribas (2015). *Nem na unha, nem na fome: resistência camponesa às margens do médio Xingu. Relatório de consultoria especializada para apoio à elaboração de termo de compromisso junto aos ribeirinhos e colonos do Parque Nacional da Serra do Pardo.*

IBAMA (2013a). PARECER n. 004933/2013 COHID/IBAMA. Análise do 3º Relatório Consolidado de Andamento do Projeto Básico Ambiental e das Condicionantes da Licença de Instalação 795/2011, da Usina Hidrelétrica Belo Monte, processo 02001.001848/2006-75.

_______. (2013b). Nota Técnica 006895/2013 COHID/IBAMA. Análise de revisão de caderno de preços da área rural – UHE Belo Monte, 12 de novembro de 2013.

_______. (2015a). Nota Técnica 02001.001537/2015-05 COHID/IBAMA, "Sobre documentos que apresentam Pesquisa de desenvolvimento socioeconômico da população moradora/ ocupante de ilhas e margens do rio Xingu", 24 de agosto de 2015.

_______. (2015b). Nota Técnica 02001.000740/2015-56 COHID/IBAMA, "Resposta à Procuradoria da República em Altamira, que solicita medidas para reavaliação dos impactos gerados pela realocação compulsória de ribeirinhos e pescadores atingidos pela UHE Belo Monte, e a readequação deste processo à premissa básica do PBA de garantia do modo de vida dessas populações", 23 de abril de 2015.

_______. (2015c). Nota Técnica 02001.001068/2015-16 COHID/IBAMA, "Relatório de vistoria – Participação na Inspeção do MPF-Altamira junto aos pescadores/ribeirinhos atingidos pela construção da UHE Belo Monte – de 01 a 03 de junho de 2015", 10 de junho de 2015.

_______. (2015d). Ofício 02001.007279/2015-62 DILIC/IBAMA, "Notificação – suspensão de remoção compulsória e demolição das casas nas ilhas interferidas pela UHE Belo Monte", 6 de julho de 2015.

_______. (2015e). Nota técnica 02001.001395/2015-78 COHID/IBAMA, "Restrições ao uso da APP do reservatório do Xingu para reassentamento – UHE Belo Monte", de 24 de julho de 2015.

________. (2015f). Nota Técnica 02001.001537/2015-05, "Sobre documentos que apresentam Pesquisa de desenvolvimento socioeconômico da população moradora/ocupante de ilhas e margens do rio Xingu (CE-273/2015-DS e CE-282/2015-DS, com versão revisada)", de 24 de agosto de 2015.

________. (2015g). Ofício 02001.009885/2015-12 DILIC/IBAMA, "Retomada da remoção compulsória e demolição das casas nas ilhas e beiradões do rio Xingu", 3 de setembro de 2015.

________. (2015h). Parecer 02001.003622/2015-08. "Análise da solicitação de Licença de Operação da Usina Hidrelétrica Belo Monte, processo n. 02001.001848/2006-75", 10 de setembro de 2015.

________. (2015i). Parecer 02001.003656/2015-94. "Análise de denúncia acolhida pelo MPF-Altamira e encaminhada para o IBAMA sobre retomada extemporânea da Norte Energia para demolição de casas em ilhas afetadas pela formação do reservatório Xingu", 11 de setembro de 2015.

________. (2019a). Relatório de vistoria 6/2019-COHID/CGTEF/DILIC. "Relatório de vistoria das áreas de interesse de relocação dos ribeirinhos, territórios I, II e III", 16 de maio de 2019.

________. (2019b). Parecer Técnico 126/2019-COHID/CGTEF/DILIC. "Análise do Projeto Básico Ribeirinhos. Número do Processo: 02001.001848/2006-75", 18 de novembro de 2019.

IDMC – International Displacement Monitoring Centre (2020). Global Report on Internal Displacement: Norwegian Refugee Council. Disponível em: https://www.internal-displacement.org/global-report/grid2020/. Acesso em 11 de agosto de 2020.

LEITÃO, Neidja et al. (2006). Custos e benefícios do complexo hidrelétrico Belo Monte: uma abordagem econômico-ambiental. Conservation Strategy Fund, Série técnica, edição 4. Disponível em http://www.iieb.org.br/index.php/publicacoes/livros/custos-e-beneficios-do-complexo-hidreletrico-belo-monte-uma/. Acesso em 3 de agosto de 2017.

TOLMASQUIM, Mauricio T. (2016). Energia renovável: hidráulica, biomassa, eólica, solar, oceânica. Rio de Janeiro, EPE. Disponível em http://www.epe.gov.br/Documents/Energia%20Renov%C3%A1vel%20-%20Online%2016maio2016.pdf. Acesso em 10 de agosto de 2017.

MAGALHÃES, S. e HERNANDEZ, F. (orgs.). (2009). *Painel de especialistas: análise crítica do Estudo de Impacto Ambiental do Aproveitamento Hidrelétrico de Belo Monte*. Belém, 29 set. 2009. Disponível em http://boelllatinoamerica.org/downloads/Painel_de_especialistas.pdf

MPOG – Ministério do Planejamento, Desenvolvimento e Gestão (2011). Portaria n. 48 de 7 de abril de 2011, que autoriza a realização das obras da usina em uma área de 474,9 hectares pertencentes à União e estabelece uma série de condições à autorização.

MPF – Ministério Público Federal (2014). "Encaminhamentos da Audiência Pública sobre o Reassentamento e Realocação da População Urbana Atingida pela UHE Belo Monte", Altamira, 12 de novembro de 2014. Disponível em: http://www.prpa.mpf.mp.br/news/2014/arquivos/Encaminhamentos-audiencia-publica-reassentamento-atingidos-Belo-Monte-12-nov14.pdf

MPF – Ministério Público Federal (2015a). "Relatório da Inspeção interinstitucional: áreas ribeirinhas atingidas pelo processo de remoção compulsória da UHE Belo Monte". Disponível em http://pfdc.pgr.mpf.mp.br/temas-de-atuacao/populacao-atingida-pelas-barragens/relatorios/relatorio-inspecao-interinstitucional-belo-monte. Acesso em 17 de novembro de 2020.

________. (2015b). "Ação Civil Pública do sobre as consequências genocidas da implantação da UHE Belo Monte". Disponível em http://www.mpf.mp.br/pa/sala-de-imprensa/documentos/2017/caso-belo-monte/3017-82-2015-4-01.3903-1/acp_belo_monte_componente_indigena_2.pdf . Acesso em: 18 de maio de 2020.

NORTE ENERGIA (2015a). Nota técnica. "Pesquisa de desenvolvimento socioeconômico da população moradora/ ocupante de ilhas e margens do rio Xingu, em área diretamente afetada pelo empreendimento UHE Belo Monte", de 15 de agosto de 2015.

_______. (2015b). Relatório técnico RT_SAF_N01-Reassentamentos-Meio-Rural-10-09-15_REV230915. "Desocupação de áreas, reassentamentos e acessibilidade no meio rural", setembro de 2015.

_______. (2017). "Parecer de estudo de caso", de 22 de novembro de 2017.

_______. (2020). Contestação da ação cautelar n. 0800891-11.2020.8.14.0005, 4 de abril de 2020. Trata-se de pretensão de tutela provisória de urgência de natureza cautelar, em caráter antecedente, movida pela Defensoria Pública do Estado do Pará, em face da Norte Energia, com o objetivo de (i) evitar a presença de equipes da Requerida no interior de suposto território de povos ribeirinhos, em perímetro localizado no entrono do reservatório da UHE Belo Monte, e (ii) obrigar a Requerida a apresentar, no prazo de 15 dias, um cronograma de execução do Projeto Básico do Território Ribeirinho, sob o pretexto de que as duas medidas teriam o condão de evitar o contágio de povos ribeirinhos pelo Covid-19.

PODER JUDICIÁRIO (PA) (2011). Sentença sobre as fraudes fundiárias na Fazendo Curuá. Disponível em https://www.conjur.com.br/dl/gleba-curua-sentenca-cancelamento.pdf . Acesso em 6 de maio de 2020.

_______. (2011). Decisão judicial do Tribunal regional Federal da 1 Região sobre as fraudes na SUDAM em Altamira. Disponível em https://trf-1.jusbrasil.com.br/jurisprudencia/393405797/28709120164010000-0002870-9120164010000/decisao--monocratica-393405804. Acesso em 3 de junho de 2018.

SPU – Secretaria de Patrimônio da União (2018a). Portaria de Auto de Demarcação n. 3.207, 3.208 e 3.209, de 26 de março de 2018 visando a reterritorialização das comunidades ribeirinhas atingidas pela instalação da UHE Belo Monte no rio Xingu.

_______. (2018b). Relatório Técnico I: Reterritorialização comunidades ribeirinhas atingidas pela UHE Belo Monte – Vitória do Xingu e Altamira/PA_ SEI/MP – 6786546.

_______. (2018c). Relatório Técnico II: Reterritorialização comunidades ribeirinhas atingidas pela UHE Belo Monte – Vitória do Xingu e Altamira/PA_ SEI/MP – 6786546.

_______. (2018d). Mapa Diagnóstico Fundiário Simplificado. PA_SEI/MP – 6786546.

TORRES, Maurício (2008). *A polifonia da terra.* Laudo pericial acerca de conflitos de uso da terra na Esec Terra do Meio nas proximidades da Estrada da Canopus e em parte das margens do rio Iriri. Altamira, FVPP.

TRF 1 – Tribunal Regional Federal da 1 Região (2016). "Decisão monocrática". Disponível em https://trf-1.jusbrasil.com.br/jurisprudencia/393405797/28709120164010000-0002870-9120164010000?ref=juris-tabs. Acesso em 29 de outubro de 2020.

UNHCR. Global Trends: Forced Displacement in 2019. Disponível em https://www.unhcr.org/globaltrends2019/ Acesso em 11 de agosto de 2020.

WORLEY PARSONS (2018). Proposta Norte Energia. Ribeirinhos, outubro de 2018.

REPORTAGENS

BRUM, Eliane (2014). "Belo Monte: a anatomia de um etnocídio". Disponível em: http://brasil.elpais.com/brasil/2014/12/01/opinion/1417437633_930086.html. Acesso em 13 de abril de 2017.

_______. (2015). "Vítimas de uma guerra amazônica". Disponível em: http://brasil.elpais.com/brasil/2015/09/22/

politica/1442930391_549192.html. Acesso em 27 de fevereiro de 2017.

________. (2017). "Mataram meu filho. Mas não quero polícia mais armada, eu quero políticas públicas". Com Belo Monte, Altamira mergulha num ciclo de violência e uma mãe se alia à comunidade para um levante pela paz. Disponível em: https://brasil.elpais.com/brasil/2017/10/16/opinion/1508154788_843826.html. Acesso em 28 de junho de 2018.

________. (2020). "A cidade que mata o futuro: em 2020, Altamira enfrenta um aumento avassalador de suicídios de adolescentes". Disponível em: https://brasil.elpais.com/sociedade/2020-04-27/a-cidade-que-mata-o-futuro-em-2020-altamira-enfrenta-um-aumento-avassalador-de-suicidios-de-adolescentes.html. Acesso em 30 de abril de 2020.

CONSULTOR JURÍDICO (2011). "Justiça cancela matrícula de maior grilagem do país". Disponível em https://www.conjur.com.br/2011-nov-19/justica-federal-poe-fim-maiores-grilos-amazonia. Acesso em 6 de maio de 2020.

DPU – Defensoria Pública da União (2015). "Aberta unidade em Altamira para atendimento dos atingidos por Belo Monte". Disponível em: https://www.dpu.def.br/noticias-defensoria-publica-da-uniao/27904-aberta-unidade-em-altamira-para-atendimento-dos-atingidos-pela-uhe-de-belo-monte. Acesso em 9 de abril de 2019.

ESTADÃO (2001). "Fraudadores da SUDAM atuavam em conjunto". Disponível em: https://politica.estadao.com.br/noticias/geral,fraudadores-da-sudam-atuavam-em-conjunto,20010513p31994. Acesso em 3 de junho de 2018.

ESTADÃO (2019). "Depois de 100% pronta, Belo Monte quer erguer usina térmica para compensar baixa produção de energia". Disponível em: https://economia.estadao.com.br/noticias/geral,depois-de-100-pronta-belo-monte-quer-erguer-usina-termica-para-compensar-baixa-producao-de-energia,70003124128. Acesso em 29 de outubro de 2020.

IBAMA (2016). "Ibama multa Norte Energia em R$ 35 milhões por mortandade de peixes em Belo Monte". Disponível em: http://www.ibama.gov.br/noticias/58-2016/171-ibama-multa-norte-energia-em-r-35-milhoes-por-mortandade-de-peixes-em-belo-monte. Acesso em 19 de novembro de 2020.

ISA – Instituto Socioambiental (2014a). "Belo Monte escancara injustiças no reassentamento de populações afetadas por grandes obras". Disponível em: https://www.socioambiental.org/pt-br/noticias-socioambientais/belo-monte-escancara-injusticas-no-reassentamento-de-populacoes-afetadas-por-grandes-obras. Acesso em 20 de fevereiro de 2017.

________. (2015). "Pescadores atingidos pela usina de Belo Monte ficam sem rio e sem peixe, aponta atlas". Disponível em: https://www.socioambiental.org/pt-br/noticias-socioambientais/pescadores-atingidos-pela-usina-de-belo-monte-ficam-sem-rio-e-sem-peixe-aponta-atlas. Acesso em 21 de setembro de 2017.

________. (2016a). "Cinco anos após início da instalação de Belo Monte, IBAMA reconhece impactos na pesca" Disponível em: https://www.socioambiental.org/pt-br/noticias-socioambientais/cinco-anos-apos-inicio-da-instalacao-de-belo-monte-ibama-reconhece-impactos-na-pesca. Acesso em 27 de fevereiro de 2017.

________. (2019). "Efeito Bolsonaro promove maior aumento anual do desmatamento neste século". Disponível em: https://www.socioambiental.org/pt-br/noticias-socioambientais/efeito-bolsonaro-promove-maior-aumento-anual-do-desmatamento-neste-seculo. Acesso em 18 de maio de 2020.

MAISONNAVE, Fabiano (2019). "Em Altamira, mau cheiro atrai urubus e embrulha estômago de parentes".

Disponível em: https://www1.folha.uol.com.br/cotidiano/2019/07/em-altamira-mau-cheiro-atrai-urubus-e-embrulha-estomago-de-parentes.shtml. Acesso em 16 de janeiro de 2020.

MOVIMENTO XINGU VIVO PARA SEMPRE (2015). "O pesadelo da perda lenta do lar de Antonia Melo". http://www.xinguvivo.org.br/2015/09/08/o-pesadelo-da-perda-lenta-do-lar-de-antonia-melo/. Acesso em 22 de fevereiro de 2017.

MPF – Ministério Público Federal (2017). "TRF1 ordena adequação das casas destinadas aos atingidos por usina de Belo Monte, em Altamira (PA)". Disponível em http://www.mpf.mp.br/regiao1/sala-de-imprensa/noticias-r1/trf1-ordena-adequacao-das-casas-destinadas-aos-atingidos-por-belo-monte-em-altamira/view. Acesso em 18 de maio de 2020.

_______. (2020). "Justiça reconhece interferência nos modos de vida dos indígenas afetados por Belo Monte e ordena mudanças". Disponível em http://www.mpf.mp.br/pa/sala-de-imprensa/noticias-pa/justica-reconhece-interferencia-nos-modos-de-vida-dos-indigenas-afetados-por-belo-monte-e-ordena-mudancas. Acesso em 17 de novembro de 2020.

PALMQUIST, Helena (2008). "MPF pede e Justiça bloqueia, em Altamira, 34 títulos de terra fraudados, com mais de 1 milhão e 300 mil hectares:". Disponível em: https://www.ecodebate.com.br/2008/08/26/mpf-pede-e-justica-bloqueia-em-altamira-34-titulos-de-terra-fraudados-com-mais-de-1-milhao-e-300-mil-hectares/. Acesso em 29 de outubro de 2020.

PÉREZ, Mark Sabaj (2015). Timeline of the Controversial Belo Monte Megadam in Brazil. Disponível em https://www.americanscientist.org/blog/the-long-view/timeline-of-the-controversial-belo-monte-megadam-in-brazil. Acesso em 3 de agosto de 2017.

RIBEIRO, Aline (2019). "O que explica o massacre no presídio de Altamira". Disponível em: https://epoca.globo.com/aline-ribeiro/coluna-o-que-explica-massacre-no-presidio-de-altamira-23841106. Acesso em 16 de janeiro de 2020.

WATANABE, Phillippe (2019). "Desmatamento na Amazônia em julho cresce 278% em relação ao mesmo mês em 2018". Disponível em: https://www1.folha.uol.com.br/ambiente/2019/08/desmatamento-na-amazonia-em-julho-cresce-278-em-relacao-ao-mesmo-mes-em-2018.shtml. Acesso em 18 de maio de 2020.

VÍDEOS

ISA – Instituto Socioambiental (2014b). "Presidente da Associação dos Pescadores de Vitória do Xingu (PA) fala sobre impactos de Belo Monte". Disponível em: https://www.youtube.com/watch?v=9teNZFrknJM. Acesso em 30 de maio de 2018.

_______. (2016b). "Impactos na pesca". Disponível em: https://www.youtube.com/watch?v=cX5plcj3XfA&feature=emb_logo. Acesso em 4 de novembro de 2020.

_______. (2016c). "Belo Monte: animação mostra impactos na pesca". Disponível em https://www.youtube.com/watch?v=oz6DK7gxU5k. Acesso em 4 de novembro de 2020.

_______. (2018). "Xingu, o rio que pulsa em nós. Juruna denunciam impactos de Belo Monte". Disponível em: https://www.youtube.com/watch?v=fh1mwlwOzLw. Acesso em 29 de outubro de 2020.

NASCIMENTO, Fábio (2015). "MPF – Inspeção Rio Xingu – Ribeirinhos – UHE Belo Monte". Disponível em: https://www.youtube.com/watch?v=LajJppkeVyQ. Acesso em 19 de fevereiro de 2017.

_______. (2020). "Volta Grande"

Dados Internacionais de Catalogação na Publicação (CIP)
(Câmara Brasileira do Livro, SP, Brasil)

Francesco, Ana Alves De
Terror e resistência no Xingu / Ana Alves De Francesco ; [ilustrações Valentina Fraiz (Estúdio Anêmona)]. -- São Paulo, SP : ISA - Instituto Socioambiental, 2021.

ISBN 978-65-88037-11-9

1. Antropologia social 2. Ecologia humana - Xingu, Rio, Região (PA e MT) 3. Resistência 4. Usinas hidrelétricas - Aspectos ambientais - Pará 5. Usinas hidrelétricas - Aspectos políticos - Pará 6. Usina Hidrelétrica de Belo Monte 7. Usina Hidrelétrica de Belo Monte - Aspectos ambientais 8. Vida ribeirinha - Xingu, Rio, Região (PA e MT) I. Fraiz, Valentina. II. Título.

21-83678 CDD-307.720981

Índices para catálogo sistemático:
1. Ribeirinhos : Resistência : Pará : Estado : História social 307.720981
Eliete Marques da Silva - Bibliotecária - CRB-8/9380

revisão
Íris Morais Araújo
Isabel Harari
Mariana Reino
Eloah Pina

projeto gráfico
Nina Farkas

ilustrações
Valentina Fraiz
(Estúdio Anêmona)

fotografias dos mapas
Lilo Clareto

mapas
Ana De Francesco
Juan Doblas
Ricardo Abad

Esse livro foi composto
em FreightText Pro e impresso
no papel pólen soft 80g,
em outubro de 2021,
pela Editora Geográfica.

O Instituto Socioambiental (ISA) é uma Organização da Sociedade Civil de Interesse Público (Oscip), fundada em 22 de abril de 1994, por pessoas com formação e experiência marcantes na luta por direitos sociais e ambientais. Tem como objetivo defender bens e direitos coletivos e difusos, relativos ao meio ambiente, ao patrimônio cultural, aos direitos humanos e dos povos. O ISA produz estudos e pesquisas, implanta projetos e programas que promovam a sustentabilidade socioambiental, valorizando a diversidade cultural e biológica do país.

www.socioambiental.org

Instituto Socioambiental Altamira
Av João Pessoa, 3466
Jardim Independente II
68372-235 Altamira – PA
(93) 3515-5749
admaltamira@socioambiental.org

REALIZAÇÃO
Instituto Socioambiental

COLABORAÇÃO
Conselho Ribeirinho

APOIO
Charles Stewart Mott Foundation
Gordon and Betty Moore Foundation